Stärkung des Anlegerschutzes
Neuer Rechtsrahmen für Sanierungen

Bankrechtstag 2011

BrV 33

Schriftenreihe der Bankrechtlichen Vereinigung

herausgegeben von

Mathias Habersack
Peter O. Mülbert
Gerd Nobbe
Arne Wittig

Band 33

De Gruyter

Stärkung des Anlegerschutzes
Neuer Rechtsrahmen für Sanierungen

Bankrechtstag 2011

De Gruyter

ISBN 978-3-11-028321-1
e-ISBN 978-3-11-028325-9

Bibliografische Information der Deutschen Nationalbibliothek

Die Deutsche Nationalbibliothek verzeichnet diese Publikation in der Deutschen Nationalbibliografie; detaillierte bibliografische Daten sind im Internet über http://dnb.d-nb.de abrufbar.

Datenkonvertierung/Satz: WERKSATZ Schmidt & Schulz GmbH, Gräfenhainichen
Druck: Strauss GmbH, Mörlenbach

∞ Gedruckt auf säurefreiem Papier

Printed in Germany

www.degruyter.com

Vorwort

Der Bankrechtstag 2011 der Bankrechtlichen Vereinigung – Wissenschaftliche Gesellschaft für Bankrecht e.V. fand am 1. Juli 2011 statt. Die beiden Abteilungen „Stärkung des Anlegerschutzes" und „Neue Rechtsrahmen für Sanierungen" behandelten wichtige Elemente des umfassenden gesetzgeberischen Regelungsprogramms zur Wiederherstellung des Anlegervertrauens und der Finanzmarktstabilität und konnten etwa 320 Teilnehmer nach München locken.

Mit einem Grußwort führte *A. Früh* zugleich in das zentrale Thema des Bankrechtstags 2011 ein, indem er einen Überblick über zahlreiche jüngere Regulierungsmaßnahmen und deren Bewertung aus Sicht der Kreditwirtschaft gab.

Die erste Abteilung nahm die zahlreichen Gesetzesänderungen zur „Stärkung des Anlegerschutzes" insbesondere beim Produktvertrieb, aber auch der Produktgestaltung in den Blick. *N. Philipp* stellte neben den Anforderungen an das Beratungsprotokoll vor allem die jüngsten Änderungen des WpHG durch das Anlegerschutz- und Funktionsverbesserungsgesetz (AnsFuG) in den Mittelpunkt seines Vortrags: neuerliche Änderungen bei der Anlageberatung, Beipackzettel, Mitarbeiter- und Beschwerderegister. Daran anschließend behandelte *T. Paul* die zahlreichen Änderungen im Recht der offenen Immobilienfonds durch das AnsFuG, unter anderem die Transformation dieser Anlageklasse in „halb geschlossene" Fonds. *K. Rotter* schließlich widmete sich den Neuerungen im Recht der geschlossenen Immobilienfonds, die sich mit der Ablösung des Wertpapier-Verkaufsprospektgesetzes durch das Gesetz für Vermögensanlagen (VermAnlG) verbinden.

Die zweite Abteilung „Neuer Rechtsrahmen für Sanierungen" eröffnete *C. Schäfer* mit Überlegungen zu sachgerechten Regeln für die Sanierung von (Publikums-) Personengesellschaften, wobei er sich insbesondere kritisch mit der Entscheidung des Bundesgerichtshofs zu den Nachschusspflichten eines Gesellschafters in der Krise der Gesellschaft (Sanieren oder Ausscheiden) beschäftigte. *K. Kuder* stellte sodann den neuen Rechtsrahmen für die Restrukturierung von Kreditinstituten dar. Neben dem Instrument der Pflichtwandelanleihe (CoCo-Bonds) galt ihre Aufmerksamkeit vor allem dem Restrukturierungsgesetz mit seinen drei Instrumenten – freiwilliges Sanierungsverfahren, freiwilliges Reorganisationsverfahren für systemrelevante Institute, Übertragungsanordnung der BaFin im Falle systemrelevanter Institute – und deren Finanzierung durch den aus der Bankenabgabe gespeisten Restrukturierungsfonds. *H. Eidenmüller* gab schließlich einen Überblick über die insolvenzrechtlichen Änderungen durch das Gesetz zur weiteren Erleichterung der Sanierung von Unternehmen (ESUG), wobei er insbesondere die Regeln zur Steuerung des Insolvenzverfahrens, Verbesserungen bei der Eigenverwaltung sowie das vorinsolvenzrechtliche Sanierungsverfahren behandelte.

Bei der Druckvorbereitung dieses Bandes haben dankenswerter Weise Frau *Isabell Sanjo*, die auch das Stichwortverzeichnis erstellte, und Herr *Alexander Sajnovits*, beide Universität Mainz, mitgewirkt.

Allen, die zum Gelingen des Bankrechtstages 2011 beigetragen haben, insbesondere Frau *Johanna Bäcker*, sei besonders gedankt.

München, Mainz, Karlsruhe, Frankfurt *Habersack, Mülbert, Nobbe, Wittig*
Im November 2011

Inhaltsverzeichnis

Regulierungsinitiativen im Zeichen der Krise*

Dr. *Andreas Früh*,
Rechtsanwalt, München

Hier ist weder der Ort noch habe ich den zeitlichen Rahmen, einen weiteren Versuch der Ursachenforschung für die Finanzkrise beizusteuern.

Mein Thema soll daher vielmehr sein, eine Antwort darauf zu versuchen, ob die aktuellen Regulierungsinitiativen die qualitativ richtige und die quantitativ angemessene Antwort auf die Ursachen der Krise darstellen.

1. Die Ursachen der Krise

Jedenfalls kurz skizzieren muss ich die Krise, ihre Ursachen und Wirkungen zuvor allerdings schon.[1]

Wir haben in den USA eine Immobilienblase gesehen, das heißt eine deutliche Überbewertung von Immobilien, die insbesondere durch zwei Faktoren bedingt war: eine exzessive steuerliche Förderung des Immobilienerwerbes durch den Staat und eine deutliche Ausweitung der Kreditgewährung seitens der Banken – auch an Kreditnehmer geringerer Bonität (Stichwort Subprime Loans).

Die Kreditgeber haben dieser Entwicklung nicht entgegengesteuert, da sie mit dem Instrument der Verbriefung sowohl die Risiken weiterplatzieren als auch ihr Eigenkapital für neue Kreditausreichungen frei bekommen konnten. Auch auf der Investorenseite fand kein Gegensteuern statt, da dort hohe Liquidität untergebracht werden musste und aufgrund komplexer Verbriefungsstrukturen[2] und im Vertrauen auf die Ratingagenturen kein ausreichendes Risikobewusstsein gegeben war.

Nachdem – am Ende – ein Gegensteuern durch eine straffere Geldpolitik erfolgte, kam es zu deutlich fallenden Immobilienpreisen und hohen Kreditausfällen – die Blase platzte. Dies führte zunächst zu einem Vertrauensverlust nur hin-

---

* Die Vortragsform wurde weitgehend beibehalten; der Text reflektiert den Sachstand und die Rechtslage am Tag des Vortrages, dem 1. Juli 2011.

1 Vgl. dazu auch *Früh*, in: Festschrift für Klaus J. Hopt, 2011, S. 1823, 1824.

2 Dazu bereits *Früh*, BB 1995, 105 ff.; *ders.*, WM 2000, 497 ff.

sichtlich der unmittelbar betroffenen ABS-Papiere. Dieser weitete sich jedoch sehr bald auf weitere Assetklassen aus und mündete schließlich in einer Vertrauenskrise im kompletten Interbankenmarkt – der zuvor so unkomplizierte Interbanken-Geldhandel versiegte praktisch komplett.

Letzteres führte sodann zu erheblichen Liquiditätsengpässen, und Verluste insbesondere durch notwendige Abschläge bei der Bewertung von gehaltenen Wertpapieren griffen das Eigenkapital der Banken an. Das Liquiditätsproblem wurde überdies durch erhebliche Fristentransformation (langfristig ausgereicht, kurzfristig refinanziert) und das Eigenkapitalproblem durch eine generell eher schwache Kapitalisierung verstärkt – letztere mag mitunter vielleicht auch dadurch bedingt gewesen sein, dass infolge geringer Eigenkapitalquoten die Kapitalrendite angehoben werden sollte.

Diese Finanzkrise wurde – wie hinlänglich bekannt – durch verschiedene **Hilfsprogramme** bekämpft, was aber nicht verhindern konnte, dass sie sich zur **Wirtschaftskrise** auswuchs. Zu einer **Kreditklemme** in Deutschland führte sie bislang nicht. Aber an die Wirtschaftskrise schloss sich die noch andauernde **Staatsschuldenkrise** an.

Während die **Rezession** sozusagen 2010 für beendet erklärt wurde, lässt sich dasselbe für die Krise des **Weltfinanzsystems** noch nicht sagen. Der Internationale Währungsfonds (IWF) jedenfalls stellte im Januar dieses Jahres anhaltende Bedrohungen des globalen Finanzsystems fest:[3] die Staatsschuldenkrise in den USA und der EU mit möglichen negativen Auswirkungen auf das europäische Bankensystem; ein zu geringer Fortschritt bei der Umwandlung von Fremd- in Eigenkapital sowohl in Europa als auch den USA, was insbesondere durch die Niedrigzinspolitik bedingt war; Abfluß von erheblichem Kapital in die Emerging Markets mit der Gefahr von neuen Preisblasen für andere Assetklassen.

2. Die neue Finanzmarktarchitektur der G 20

Das Stichwort **G20**[4] zeigt bereits ein wesentliches Problem bei der Schaffung einer neuen Finanzmarktarchitektur:

Die Willensbildung und die Initiativen für Reformen sind **politisch** getragen, wobei es – die gute Nachricht – insoweit **globale Foren** gibt (G20, FSB [Financial Stability Board][5], Baseler Ausschuss[6]).

Ein globales Rechtssetzungsorgan gibt es indessen – grundsätzlich auch eine gute Nachricht, aber hier ein Problem – nicht, und auch die **Mechanismen der Rechtssetzung** in der EU führen nicht immer zu harmonisierten Ergebnissen.

---

3 IWF, Global Financial Stability Report, 25. Januar 2011.
4 Zu Ursprung, Zusammensetzung und Aufgaben www.g20.org.
5 Zu dessen Aufgaben www.financialstabilityboard.org.
6 Dazu www.bis.org.

Nimmt man zum Beispiel Basel III, auf das ich noch etwas näher komme, so würde auf EU-Ebene alleine der Weg einer Verordnung eine wirkliche Harmonisierung bedeuten; über das Für und Wider von EU-Verordnungen wird ja bekanntlich gerade im Kontext von Basel III kontrovers diskutiert. Bewegt man sich sodann von der EU- weiter auf die globale Ebene, so ist es sicherlich nicht übertrieben zu sagen, dass eine Nicht-Implementierung von Basel III in den USA sowohl für die Stabilität des globalen Systems als auch für die Wettbewerbssituation der europäischen Banken extrem unglücklich wäre. Indessen: Man muss weder Prophet noch Fatalist sein, um vorherzusehen, dass es vermutlich dennoch so ähnlich kommen wird (so auch schon bei Basel II). Wirklich einheitliche Regeln weltweit bleiben eine Illusion.

In Deutschland wiederum haben wir ohnehin bereits heute die Besonderheit, dass die Regulierungen strikter sind als in anderen Staaten – wir der internationalen Regulierung also vorauseilen. Das bringt einerseits sicherlich die Möglichkeit, sich in der internationalen Diskussion und Meinungsbildung an die Spitze zu setzen, beinhaltet aber andererseits erhebliche Wettbewerbsnachteile für die deutschen Banken – ein Beispiel:

Deutschland ist kurz davor – nach langem Zerren – eine Bankenabgabe einzuführen[7]. Diese dürfte z.B. ein Haus wie das unsere für 2010 mit rund EUR 100 Mio. zusätzlich belasten. Nur um diese Zahl richtig einzuordnen: Die gesamte Division Privat- und Geschäftskunden z.B. unseres Hauses hat in 2010 mit ihren mehr als 7.600 Mitarbeitern ein Ergebnis vor Steuern in Höhe von EUR 33 Mio. erzielt[8].

In zahlreichen Staaten der EU (z.B. Italien) oder in den USA sind Bankenabgaben hingegen nicht vorgesehen, oder diese sind wenigstens steuerlich abzugsfähig (z.B. Österreich)[9]. Entsprechende Nachteile bei der Profitabilität können zur Verlagerung von Geschäft aus Deutschland weg führen und erschweren Kapitalgewinnung durch Investoren oder Thesaurierung. Die geplante Finanzmarktsteuer (vorgesehenes Volumen im Bundeshaushalt 2012: € 2 Mrd.) würde die Wettbewerbsverschiebung zulasten deutscher Institute noch einmal deutlich verstärken – dazu später näher.

Inhaltlich erscheint die **politische Grundaussage der G20** als Reaktion auf die Finanzmarktkrise im Übrigen völlig richtig, die da lautet: „Kein Produkt, kein Markt, kein Marktteilnehmer ohne angemessene Beaufsichtigung und Regulierung".[10] Wichtig ist jedoch ein internationaler Gleichklang zur Schaffung einer

---

7 Restrukturierungsgesetz, 9. Dezember 2010 (BGBl. I S. 1900)/Rechtsverordnung zum Restrukturierungsfonds in Verhandlung – präzisiert unter anderem die Höhe der Abgabesätze, den Mindestbeitrag und das Erhebungsverfahren.

8 Geschäftsbericht 2010 der HypoVereinbank, S. 124, 129.

9 *Schön/Hellgardt/Osterloh-Konrad*, WM 2011, 2193, 2203 halten die für Deutschland vorgesehene abweichende Regelung für in erheblichem Maß verfassungsrechtlich bedenklich.

10 G-20, Washington Summit on Financial Markets and the World Economy, 14./15. November, 2008.

wirklich globalen Finanzmarktarchitektur und zur Vermeidung von Wettbewerbsverzerrungen. Wichtig ist darüber hinaus – hierauf werde ich noch kommen – die Berücksichtigung kumulativer Effekte und eine ausgewogene Balance von Kosten und Nutzen.

3. Die einzelnen Maßnahmen mit ihren inhaltlich-qualitativen Ansatzpunkten

Von den in Angriff genommenen regulatorischen Themen kann ich im Folgenden natürlich nur einige wenige Themen etwas näher beleuchten.

Zu nennen ist hier vor allem **Basel III**[11], das im Ansatz sicherlich eine konsistente und richtige Antwort auf die Finanzkrise darstellt. Denn Basel III greift mit strengeren Regeln für das Eigenkapital, der Begrenzung des sog. Leverage sowie Vorgaben für Liquiditätskennziffern Aspekte auf, die, wie eingangs skizziert, für die Entstehung und Verstärkung der Finanzkrise eine erhebliche Rolle gespielt haben.

Bezogen auf das Thema **Eigenkapital** bringt Basel III sowohl in Bezug auf die Qualität des Eigenkapitals als auch – durch die vorgesehenen Polster und Puffer – quantitativ höhere Anforderungen. Das sog. harte Kernkapital (derzeit im Wesentlichen Aktien und Gewinnrücklagen; vgl. auch § 10 Abs. 2a Satz 1 Nr. 2 Halbsatz 1 KWG) muss sukzessive auf 4,5 % angehoben werden, wohingegen sog. Hybridkapital (s. § 10 Abs. 2a Satz 1 Nr. 10, Abs. 4 KWG) und Ergänzungskapital (vgl. § 10 Abs. 2b KWG) künftig nur noch in eingeschränktem Umfange zulässig sind. Somit bleibt zwar die Mindestgesamtkapitalquote von 8,0 % (§ 2 SolvV) erhalten, die Banken müssen jedoch insbesondere durch Kapitalerhöhungen und Gewinnthesaurierungen die Quote des harten Kernkapitals auf 10,5 % deutlich erhöhen. Denn auf die 4,5 % aus hartem Kernkapital kommen ein Kapitalerhaltungspuffer von 2,5 % sowie ein antizyklischer Kapitalpuffer von 0–2,5 % je nach Anforderung der Aufsichtsbehörden hinzu. Für die sog. Sifis, d.h. die 25 bis 30 weltweit Systemically Important Financial Institutions, hat der Baseler Ausschuss darüber hinaus am 25. Juni 2011 weitere Kernkapitalanforderungen in Höhe von 1% bis 2,5 % verlangt – je nach Größe, Komplexität, Vernetztheit, Risiko und Ersetzbarkeit. In Summe werden somit Kernkapitalquoten von bis zu 13 % verlangt – in besonderen Fällen kann ein weiteres Prozent hinzukommen.[12]

Damit komme ich zum sog. **Leverage**, also zur Hebelwirkung des Fremdkapitals auf die Eigenkapitalverzinsung, die ganz allgemein als ein maßgebender Anreiz

---

11 Baseler Ausschuss, Basel III: A global regulatory framework for more resilient banks and banking systems, Dezember 2010 (revidierte Fassung Juni 2011).

12 Baseler Ausschuss, Measures for global systemically important banks agreed by the Group of Governors and Heads of Supervision, 25. Juni 2011.

für das Eingehen hoher Risiken gilt. Das durch Basel III vorgegebene Berechnungsschema definiert eine Leverage-Ratio, indem sie das Gesamt-Kernkapital zum Gesamt-Exposure der Bank ins Verhältnis setzt und eine Quote von mindestens 3 % verlangt. Ich werde auf die Formel nicht näher eingehen. Was aber sicherlich zu Recht kritisiert und sogar als Rückschritt gegenüber Basel I bezeichnet wird, ist die Tatsache, dass diese Definition als solche nicht risikosensitiv ist. Das heißt, die neue Verschuldungsgrenze gewichtet die verschiedenen Positionen der Bilanzsumme einer Bank nicht nach ihrem Risikogehalt – dies war in der Tat die neue Errungenschaft der Eigenkapitalvorschriften in Basel I. Folglich könnte sie – insoweit kontraproduktiv – tatsächlich einen eigenen Anreiz für besonders risikoreiche Geschäfte setzen, wenn der Rahmen der neuen Leverage Ratio möglichst gewinnbringend genutzt werden soll. Nur am Rande bemerkt sei, dass die USA eine Leverage Ratio schon weit vor der letzten Finanzmarktkrise eingeführt hatten – Ergebnis bekannt.

Darüber hinaus sollen durch Basel III bis 2018 sukzessive zwei neue **Liquiditätskennziffern** eingeführt werden, die sowohl einen kurzfristigen als auch einen langfristigen Horizont abdecken. Das Ziel wäre, dass diese Kennziffern von den Banken zu ca. 105 % erreicht werden sollen; der Baseler Ausschuss hat allerdings errechnet, dass der Erreichungsgrad derzeit bei 83 bis 93 % liegt.[13] Mit diesen neuen Kennziffern müssen sich Regulator, Aufsicht und Banken erst noch vertraut machen, zumal sie erhebliche Auswirkungen auf die Geschäftsmodelle der Banken und die Refinanzierung haben werden (s. dazu noch u.).

Das – im Gesamtkatalog der regulatorischen Maßnahmen ebenfalls enthaltene – Thema **Ratingagenturen** wurde durch die EU-Regulierungen zur Registrierung, Überwachung und Governance adressiert[14]. Unter anderem ist – was sinnvoll erscheint – Ratingerstellung einerseits und Beratung andererseits künftig nicht mehr gleichzeitig möglich. Die Überwachung der Ratingagenturen soll durch die neue europäische Wertpapieraufsicht (ESMA) bewerkstelligt werden. Wie schwierig eine regionale Regulierung ist, hat der Ausschluss von Drittstaatenratings durch die EU gezeigt, sofern sie aus einem Staat kommen, die nicht die gleiche Regulierungsdichte wie die EU haben. Im konkreten Fall wären Ratings aus den USA in der EU nicht mehr zugelassen, was durch die EU jüngst ausgesetzt werden musste. Mit Sicherheit kann man heute schon sagen, dass externe Ratings weiterhin auf dem Prüfstand und Gegenstand weiterer Regulierung sein werden. Stichworte sind: Macht der Ratingagenturen, Belastbarkeit von Ratings, zentrale Rolle im Basel II-Regelwerk.

Die ins Auge gefassten und hier bereits kurz angesprochenen Sonderregulierungen für die erwähnten **Sifis** bzw. nach neuem Baseler Terminus **SIBs** (Systemically

---

13 Baseler Ausschuss, Results of the quantitative impact study, 16. Dezember 2010.

14 Europäisches Parlament und Europäischer Rat, Regulation (EU) No 513/2011 amending Regulation (EC) No 1060/2009 on credit rating agencies, 11. Mai 2011.

Important Banks) sind angesichts der ‚too big too fail-Doktrin' zunächst nachvollziehbar. Sie werden allerdings nicht zu Unrecht dennoch in ihrer Wirksamkeit kritisch gesehen, da zweifellos auch deutlich kleinere Banken aufgrund ihrer Vernetzung sehr wohl das globale System gefährden können.

Besondere **Restrukturierungsverfahren** für in Schwierigkeiten geratene Banken sind ein ebenso verständliches wie schwieriges Unterfangen. Auch hier bedürfte es aufgrund der internationalen Tätigkeit der Banken in jedem Falle internationaler Regulierungen, die äußerst schwierig zu bewerkstelligen sind. Und ob etwa die deutsche Regelung im Restrukturierungsgesetz[15] tatsächlich praxistauglich ist, sei ebenso dahin gestellt wie die Frage, ob eine Bank tatsächlich zu jeder Zeit ein exakt auf ihre Geschäftstätigkeit zugeschnittenes Testament („living will")[16] für ihre eigene Abwicklung vorhalten kann.

Im Grundsatz kann jedoch auf der **qualitativen** Ebene der vorgesehenen und zum Teil auch schon umgesetzten Maßnahmen resümiert werden, dass diese grundsätzlich an den richtigen Punkten ansetzen – wesentlich wäre allerdings die internationale Abstimmung solcher Regelungen.

4. Die quantitative Seite der regulatorischen Maßnahmen

Nicht zu unterschätzen sind allerdings die quantitativen Auswirkungen der neuen Regelungen, die wirkliche Zweifel an ihrer Umsetzbarkeit hinterlassen. Dies wird besonders deutlich, wenn man die kumulativen Auswirkungen der über 70 laufenden Initiativen sowie den Zeitplan für die wichtigsten regulatorischen Maßnahmen in Betracht zieht:

Der Baseler Ausschuss schätzt, dass die neuen **Kapitalanforderungen** gemäß Basel III bei globaler Betrachtung 600 Milliarden US-Dollar zusätzliches Kapital erforderlich machen, um alleine die Mindest-Core-Tier-One-Kennzahl inkl. Kapitalerhaltungspuffer, d.h. 7 % Kernkapital insgesamt, zu erreichen.[17] Die Bereitschaft von Investoren, in Kapitalerhöhungen von Banken zu investieren, ist heute unter Risiko- und Rendite-Gesichtspunkten aber durchaus begrenzt, so dass nur wenige Banken in der Lage sein werden, sich das notwendige Kapital über Kapitalerhöhungen zu schaffen. Die übrigen werden dies im Wesentlichen über Gewinnthesaurierungen, also das Einbehalten von Gewinnen und dessen Zuführung in das Eigenkapital, erreichen müssen, was ihre Attraktivität für Investoren noch einmal senkt.

Die neuen durch Basel III vorgesehenen Kennzahlen für die **Liquidität** der Banken werden erhebliche Änderungen in deren Geschäftsmodellen erfordern. Die

15 Restrukturierungsgesetz, 9. Dezember 2010 (BGBl. I S. 1900).

16 Dazu z.B. Dodd-Frank Wall Street Reform and Consumer Protection Act, Section 165(d).

17 Baseler Ausschuss, Results of the quantitative impact study, 16. Dezember 2010.

Banken werden sich hier viel stärker mit hochliquiden Anlagen eindecken müssen. Diese haben jedoch umgekehrt natürlich typischerweise eine geringe Rendite, d.h. die Gewinne werden auch hierdurch sinken und die Eigenkapitalbildung wird erschwert.

Auch die **parallele Einführung** von **Solvency II** für die Versicherungswirtschaft und von **Basel III** für die Banken schafft Wechselwirkungen. Beide Regelwerke verändern das Kapital-, Liquiditäts- und Asset Management der Finanzindustrie, wobei zu sehen ist, dass Versicherungen und Pensionskassen den Löwenanteil der Refinanzierung der Banken schultern.

Nach seriösen Schätzungen werden bereits die neuen Regelungen über die **Bankenabgabe**, zum **Konsumentenschutz** sowie zu weiteren Rahmenbedingungen für das Bankgeschäft unabhängig von den zusätzlichen Kapital- und Liquiditätskosten etwa 15 % der Profitabilität der deutschen Banken aufzehren (die Zahl ist sicherlich nicht übertrieben, da alleine die Bankenabgabe 15 bis 20 % – Details sind noch in der politischen Verhandlung – des Jahresgewinns abschöpfen kann). Würden noch die **Finanztransaktionssteuer**, die **Finanzaktivitätensteuer** oder die **Umsatzsteuer** auf Finanzdienstleistungen sowie weitere Regelungen über Einlagensicherung kommen, so könnte dies nach unseren Berechnungen durchaus dazu führen, dass weitere bis zu 30 % der Profitabilität der Banken aufgezehrt werden könnten – vorausgesetzt, der durchschnittliche Jahresbruttoüberschuss aller deutschen Banken und Sparkassen zusammen bleibt auf dem heutigen, eher mageren Niveau.

Im Übrigen sind beide Spielarten der diskutierten Finanzmarktsteuer[18] schon im Ansatz durchaus kritisch zu sehen: Eine nicht weltweit einheitliche Finanztransaktionssteuer würde in einem globalen Finanzsystem schlicht dazu führen, dass Aktivitäten von Deutschland weg an nicht besteuerte Standorte verlagert werden. Die Finanzaktivitätensteuer auf Gewinne und Gehälter wiederum würde zu einer weiteren Mehrfachbesteuerung führen, denn beides wird aktuell bereits besteuert. Im Übrigen gibt es aktuell keine steuerliche Bevorzugung der Kreditwirtschaft, die nun endlich zu korrigieren wäre: In den Jahren 2006 und 2007 (also im Wesentlichen vor der Krise) hat der Finanzsektor in der EU rund 20 % zum Körperschaftssteueraufkommen beigetragen. Die heutige Umsatzsteuerbefreiung im Finanzsektor wiederum begünstigt nicht die Banken, sondern die Finanzdienstleistungen – anders gesagt: Bei vorsteuerabzugsberechtigten Industrieunternehmen ist die Umsatzsteuer für die Unternehmen neutral und belastet den Endverbraucher. Finanzdienstleistungen sind für den Endverbraucher grundsätzlich umsatzsteuerfrei (§ 4 Nr. 8 UStG), die Banken aber sind grundsätzlich auch nicht vorsteuerabzugsberechtigt (§ 15 Abs. 2 Nr. 1 UStG), bezahlen also für jedes Gut und jede Leistung ihrerseits die Umsatzsteuer endgültig – sie sind also im Gegensatz zur Industrie selbst belastet. Eine Lenkungsfunktion im Sinne einer Krisen-

18 Etwa BMF, Finanzmarktsteuer: Modelle im Vergleich, 27. Mai 2010.

vermeidung hätte die Finanzmarktsteuer schließlich kaum, sie würde primär das Steueraufkommen erhöhen und dies um den Preis erheblicher Nachteile – ersteres wird mittlerweile von der Politik auch freimütig eingeräumt.

Wer darauf antwortet, dass die Banken dann eben einmal mit **geringerem Gewinn auskommen** müssten, der sei an Folgendes erinnert:

Wie bereits angesprochen werden die neuen Basel III – Eigenkapitalvorgaben nur durch die Thesaurierung von zunächst zu erzielenden Gewinnen möglich sein.

Der regulatorische Druck einerseits und die Verringerung der Profitabilität andererseits werden tendenziell die europäische Konsolidierung der Banken fördern und damit das too big to fail-Problem eher verstärken.

Können Banken das notwendige Eigenkapital nicht durch die Kapitalerhöhungen oder Gewinnthesaurierungen generieren, so müssen sie ihre Bilanz und damit insbesondere die Kreditvergabe reduzieren, so dass es tatsächlich doch noch zu einer Kreditklemme kommen könnte. Die Finanzplatz München Initiative (FPMI)[19], deren Mitglied wir sind, hat gerade in einer Wechselwirkungsstudie zu Solvency II und Basel III deren Auswirkungen auf die Wirtschaft dahingehend herausgearbeitet, dass tendenziell mit einer Erhöhung der Fremdkapitalkosten zu rechnen ist, die auch mittelständische Unternehmen treffen wird.

Führt man sich vor Augen, dass Unternehmen in Europa nur zu 26 % über den Kapitalmarkt und zu 74 % über Kredite finanziert sind (in den USA ist das Verhältnis umgekehrt – 76 % zu 24 %)[20], so kann dies auch gesamtwirtschaftliche Auswirkungen haben.

Wer sich schließlich damit tröstet, dass die **Aufgaben** der großen Banken dann doch stärker **durch Sparkassen und Genossenschaftsbanken erfüllt** werden könnten, die ja vergleichsweise gut durch die Krise gekommen seien, der sei daran erinnert, dass die Finanzierung von internationalen Konzernen mit dreistelligen Millionen- oder gar Milliardenkrediten tatsächlich nur durch internationale Großbanken sichergestellt werden kann; andere Institute sind hierzu – die Pflicht zur Eigenkapitalunterlegung von Krediten wird durch Basel III, wie gezeigt, gerade noch einmal deutlich erhöht – bereits aufgrund ihrer Eigenkapitalausstattung nicht ansatzweise in der Lage.

Wenigstens kurz hingewiesen sei schließlich noch auf das Problem der sogenannten **Schattenbanken**. Dies ist ein sehr ernst zunehmendes Phänomen, bei dem aufgrund der recht laxen Regulierung außerhalb des eigentlichen Bankensystems mittlerweile bereits eine Vielzahl von Aktivitäten in solche Schattenbanken wie Hedgefonds, Geldmarktfonds und Investmentvehicles verlagert worden sind. Nach Zahlen der FED sind in den USA die Verbindlichkeiten von Schattenbanken mittlerweile sogar höher als die der traditionellen Banken (Forderungen

---

19 Kaserer, im Auftrag der FPMI, Solvency II und Basel III, Die Reform der europäischen Versicherungs- und Bankenregulierung und deren Auswirkungen auf die Unternehmensfinanzierung, Juni 2011.

20 EZB, IWF, Dezember 2010.

Schattenbanken: USD 15.3 Billionen im Vergleich Forderungen Banken USD 15.3 Billionen.)[21]. Unserer Meinung nach muss sich die Regulierung des Schattenbankensystems auf drei wesentliche Bereiche konzentrieren:

1. Transparenz
   – Registrierung der Marktteilnehmer,
   – aufsichtsrechtliche Offenlegungspflichten, z.B. für erhebliche Verbindlichkeiten unter den Marktteilnehmern, und
   – Organisation des Handels und der Abwicklung über öffentliche Plattformen unter Einbindung von zentralen Gegenparteien;
2. Governance, d.h. Mindeststandards für die Geschäftsführung und das Risikomanagement;
3. Aufsicht, d.h. die konsequente Umsetzung des Grundsatzes „same risks, same rules", z.B. gleiche Regeln für Kapital, Liquidität und Leverage wie sie auch für Banken gelten werden.

Das Thema ist erkannt; es bleibt zu hoffen, dass es mit genau der gleichen Energie aufgegriffen wird, wie die Regulierung der Banken selbst – der November-Gipfel der G-20 wird sich jedenfalls intensiv damit beschäftigen.

5. Fazit

So verständlich der Wunsch ist, zum einen die Kosten der Krise deren Verursachern aufzuerlegen und zum anderen künftige Krisen völlig auszuschließen, so schwierig ist dessen Verwirklichung. Weder ist derzeit klar, welche Kosten z.B. an den einzelnen Staaten tatsächlich sozusagen „hängen bleiben" noch treffen die skizzierten Maßnahmen zielgenau diejenigen Banken, die wirklich durch unverantwortliches Handeln die angedeuteten Ursachen für die damalige Krise (die spätere Staatsschuldenkrise ist hiervon ohnehin zu unterscheiden) gesetzt oder auch nur von Stützungsmaßnahmen profitiert haben. Auch der Verursachungsbeitrag anderer Beteiligter – ich habe etwa die Steuer- und Geldpolitik des US-Gesetzgebers genannt – sollte nicht ganz vergessen werden; eine alleinige Verantwortung des Finanzsektors gibt es nicht. Und sogar diejenigen Banken, die unverantwortlich gehandelt haben, zahlen am Ende übrigens nicht „selbst" – es bezahlen die Aktionäre (also etwa Pensionskassen, Versicherungen etc.), die Bankmitarbeiter und – über die Bepreisung von Bankdienstleistungen – die Bankkunden.

Die besprochenen Maßnahmen wiederum sind – trotz Justierungsbedarfs in Einzelheiten – in ihren Ansatzpunkten durchaus richtig oder jedenfalls nachvollziehbar. Um die damit angestrebten Ziele zu erreichen, ist eine international einheitliche Umsetzung jedoch zwingend; die globale Vernetzung der Wirtschaft mit immer größeren Einheiten und deren Entsprechung im Bankensystem machen den

21 FED, Dezember 2010.

völligen Ausschluss einer Krise ohnehin sehr schwierig – nationale Alleingänge bei der Regulierung werden jedenfalls verpuffen und führen überdies zu gravierenden Wettbewerbsnachteilen. Schließlich hätten die skizzierten Regulierungsinitiativen – zumal kumulativ – solche Auswirkungen auf die wirtschaftliche Situation der Banken, dass die verfolgten Ziele z.T. konterkariert werden, weil insbesondere gar kein ausreichendes Eigenkapital durch Gewinnrücklagen gebildet werden könnte.

Die Kräfte der Selbstregulierung wirken schließlich deutlich besser als viele denken: Die Banken und ihre Organe und Mitarbeiter haben selbst größtes Interesse daran, vergleichbare Entwicklungen künftig zu vermeiden, denn sie sind durch deren Folgen aktuell sehr spürbar betroffen.

1. Abteilung:

Stärkung des Anlegerschutzes

Leitung: Dr. *Thomas Schürmann*, Rechtsanwalt, Berlin

Änderungen im Wertpapierhandelsgesetz zur Verbesserung des Anlegerschutzes[1]

Nils Philipp,
Frankfurt am Main[2]

I. Einführung

Beleuchtete bereits der letztjährige Bankrechtstag am 25. Juni 2010 den „Anlegerschutz im Wertpapiergeschäft" aus der Perspektive der Wissenschaft, der Rechtsprechung sowie der Bankpraxis, so hält die Diskussion um den regulatorischen Rahmen für die Anlageberatung auch in diesem Jahr unverändert an.

Das Wertpapierhandelsgesetz (WpHG) und die in der Wertpapierdienstleistungs-Verhaltens- und Organisationsverordnung (WpDVerOV) erlassenen näheren Bestimmungen sind ein gewichtiger Teil dieses regulatorischen Rahmens. Sie erfassen insbesondere die im Blickfeld der öffentlichen Diskussion stehende Anlageberatung zu Wertpapieren der privaten Banken, Genossenschaftsbanken und Sparkassen im standardisierten Mengengeschäft mit Kleinanlegern.

Die Stellschrauben, derer sich der Gesetzgeber im WpHG und der WpDVerOV bei der Ausformung des regulatorischen Rahmens bedienen kann, sind vielfältig.

Man mag hier zunächst an die Verhaltensregeln und dabei insbesondere an die dem Privatkunden zur Verfügung zu stellenden Informationen denken. Flankiert werden diese Verhaltensregeln aber auch durch auf sie bezogene Organisationspflichten. So muss das Wertpapierdienstleistungsunternehmen angemessene Grundsätze aufstellen, Mittel vorhalten und Verfahren einrichten, die darauf ausgerichtet sind, sicherzustellen, dass es selbst und seine Mitarbeiter den Verpflichtungen des WpHG nachkommen (§ 33 Abs. 1 Satz 2 Nr. 1 WpHG). Eine prominente Rolle nimmt dabei die Compliance-Funktion ein.

---

1 Das Manuskript befindet sich auf dem Stand September 2011.

2 Der Autor ist Referent im Bereich Wertpapieraufsicht der BaFin. Die hier vertretenen Auffassungen stellen ausdrücklich die private Meinung des Verfassers dar.

Die Einhaltung der Verbote und Gebote des WpHG überwacht die BaFin. Eine weitere wichtige Stellschraube des Gesetzgebers sind daher auch die der BaFin zur Wahrnehmung dieser Aufgabe an die Hand gegebenen Instrumente. Angesprochen sind hier zum einen die Befugnisse der BaFin als Träger hoheitlicher Macht. Grundlage der Aufsicht sind aber auch die den Wertpapierdienstleistungsunternehmen abverlangten Aufzeichnungen wie etwa solche über erbrachte Anlageberatungen („Beratungsprotokoll"). Ein weiteres Aufsichtsinstrument sind schließlich die Bußgeldvorschriften.

Im Folgenden gehe ich näher darauf ein, in welcher Weise sich der Gesetzgeber dieser genannten Stellschrauben mit dem Gesetz zur Stärkung des Anlegerschutzes und Verbesserung der Funktionsfähigkeit des Kapitalmarkts (Anlegerschutz- und Funktionsverbesserungsgesetz – AnsFuG) bedient hat.

In Kraft getreten sind die Änderungen im WpHG und in der WpDVerOV nur zu einem Teil bereits am 8. April 2011, dem auf die Verkündung des AnsFuG folgenden Tag. Erst zeitgleich mit dem Bankrechtstag am 1. Juli 2011 sind die Regelungen zum „Beipackzettel", dem Finanzinstrumente-Informationsblatt, in Kraft getreten. Und die Regelungen zum Mitarbeiter- und Beschwerderegister („Beraterregister") werden gar erst zum 1. November 2012 in Kraft treten. Ich suche daher um Nachsicht, wenn ich mich im Folgenden auf die Darstellungen der Regelungen selbst und die mit ihnen vom Gesetzgeber verfolgten Ziele beschränken muss.

Bereits näher erläutert und konkretisiert hat die BaFin hingegen die Anforderungen an die Gestaltung und den Inhalt der seit dem 1. Januar 2010 anzufertigenden Beratungsprotokolle. Bevor ich auf das AnsFuG zu sprechen komme, möchte ich daher zunächst noch auf dieses schon in der Praxis erprobte Instrument zur Stärkung des Anlegerschutzes näher eingehen.

II. Das Beratungsprotokoll im Fokus der BaFin

Welcher Gestalt müssen Aufzeichnungen über erbrachte Anlageberatungen sein, damit es der BaFin möglich ist, die Einhaltung der in den §§ 31 ff. WpHG geregelten Pflichten zu prüfen? Auch diese Frage stellte sich im Zuge des Vermögensverfalls von Lehman Brothers, infolge dessen eine Vielzahl deutscher Kleinanleger erhebliche Vermögenseinbußen erlitt. Beantwortet hat der Gesetzgeber sie mit der Einführung des Beratungsprotokolls zum 1. Januar 2010.

Bis dahin galt seit Umsetzung der Finanzmarktrichtline Folgendes: Aufzuzeichnen waren die eingeholten Angaben des Kunden über

die mit den Geschäften verfolgten Ziele,
seine finanziellen Verhältnisse sowie
seine Kenntnisse und Erfahrungen.

Kam es zu einem Geschäftsabschluss, der im Einklang mit den eingeholten Kundenangaben stand, dann waren keine Aufzeichnungen über die Anlageberatung erforderlich; allein der Umstand, dass ein Geschäftsabschluss auf einer Beratung beruhte, musste stets erkennbar sein (§ 14 Abs. 6 WpDVerOV in der bis zum 31.12.2009 geltenden Fassung).

Für die Aufzeichnung der Kundenangaben verwendeten die Kreditinstitute in der Regel standardisierte Erfassungsbögen („WpHG-Bögen"), die überwiegend vorformulierte Antwortmöglichkeiten enthielten.

Eine Grundstruktur für die Einholung der Kundenangaben gab insoweit § 6 WpDVerOV vor, wonach beispielsweise zu den Informationen über die mit den Geschäften verfolgten Ziele Angaben gehören über die Anlagedauer, über die Risikobereitschaft des Kunden und über den Zweck der Anlage. Wie dann der Berater im Einzelnen diese Aspekte des Kundeninteresses erfragte und aufzeichnete, variierte von Institut zu Institut. So mochte ein Berater die Angaben seines Kunden zum Zweck der Anlage unter die vorformulierten Antwortmöglichkeiten

> „Liquiditätsvorsorge", „Vermögensaufbau", „kurzfristige Gewinnerzielung (Spekulation)" und „kein konkretes Ziel"

fassen, während der Berater einer anderen Bank seine Aufzeichnungen über die Angaben seines Kunden zum Zweck der Anlage fertigte auf der Grundlage der vorformulierten Antwortmöglichkeiten

> „Liquidität bilden", „Liquidität sichern", „Zielsparen", „Ausbildung finanzieren", „Familie absichern", „Altersvorsorge", „Vermögensaufbau", „Spekulation" und „Sonstiges Ziel".

Seinem Kunden aushändigen musste der Berater die von ihm gefertigten Aufzeichnungen nicht. Es kam daher vor, dass der Kunde erstmals im Schadensersatzprozess erfuhr, was sein Berater seinerzeit notiert hatte. Auf der anderen Seite gab es aber auch Banken und Sparkassen, die ihren Kunden im Anschluss an die Einholung der Kundenangaben eine Ausfertigung des „WpHG-Bogens" gaben.

Worin lagen nun die Grenzen des „WpHG-Bogens"? Oder anders gefragt: Welche weiteren Aufzeichnungen erschienen der BaFin zur Prüfung der Einhaltung der §§ 31 ff. WpHG wünschenswert?

In ihrem Jahresbericht 2008 merkte die BaFin im Hinblick auf die an sie im Zuge des Vermögensverfalls von Lehman Brothers gerichteten Anlegerbeschwerden insoweit an[3]: Die nach dem WpHG geforderten Aufzeichnungen gäben nur einen Ausschnitt des Beratungsgesprächs wieder. So sei den Aufzeichnungen beispielsweise nicht zu entnehmen, von wem die Initiative des Gesprächs ausging, mit welchen konkreten Wünschen der Kunde zunächst in das Beratungsgespräch ging, welchen Verlauf das Gespräch dann nahm und wie lange die Beratung gedauert hat.

---

3 BaFin Jahresbericht 2008, S. 141 („Vertrieb von Lehman-Zertifikaten"), abrufbar unter www.bafin.de.

Die Kontrolle des Gesprächshergangs durch die Aufsichtsbehörde hat dann auch der Gesetzgeber im Rahmen des Gesetzes zur Neuregelung der Rechtsverhältnisse bei Schuldverschreibungen aus Gesamtemissionen und zur verbesserten Durchsetzbarkeit von Ansprüchen von Anlegern aus Falschberatung betont[4] und in § 14 Abs. 6 WpDVerOV entsprechende Bestimmungen getroffen. Danach hat das Protokoll vollständige Angaben zu enthalten über:

den Anlass der Anlageberatung,
die Dauer des Beratungsgesprächs,
die der Beratung zugrunde liegenden Informationen über die persönliche Situation des Kunden, einschließlich der nach § 31 Abs. 4 Satz 1 WpHG einzuholenden Informationen, sowie über die Finanzinstrumente und Wertpapierdienstleistungen, die Gegenstand der Anlageberatung sind,
die vom Kunden im Zusammenhang mit der Anlageberatung geäußerten wesentlichen Anliegen und deren Gewichtung und
die im Verlauf des Beratungsgesprächs erteilten Empfehlungen und die für diese Empfehlungen genannten wesentlichen Gründe.

Die Umsetzung der neuen Regelungen zum Beratungsprotokoll durch die Wertpapierdienstleistungsunternehmen begleitete die BaFin von Anfang an sehr eng:

Bereits Anfang Februar 2010 startete die BaFin eine Markterhebung, in deren Rahmen die BaFin unter anderem 1.099 Protokolle von 192 Unternehmen auswertete und die Schulungsunterlagen von 152 Instituten analysierte.[5] Die Ergebnisse ihrer Markterhebung stellte die BaFin dann im Mai 2010 vor und sah insbesondere einen Verbesserungsbedarf darin, dass die vom Kunden geäußerten wesentlichen Anliegen nicht immer in der vom Gesetzgeber vorgesehenen Weise dokumentiert wurden und insoweit der Inhalt der Beratung nicht ausreichend transparent war.[6] Weiter stellte die BaFin klar, dass die Protokollvordrucke der Institute nicht nur Textbausteine enthalten dürfen, sondern dass sie auch sogenannte Freitextfelder für individuelle Kundenangaben vorsehen müssen. Denn nur so sei gewährleistet, dass in einer Situation, in der der Kunde individuelle Wünsche äußert, diese ausreichend dokumentiert werden.[7]

---

4 Gesetzentwurf der Bundesregierung vom 20.02.2009, BR-Drs. 180/09, Begründung zu Art. 4 Nr. 4.

5 BaFin, Pressemitteilung vom 04.05.2010 („Markterhebung Beratungsprotokoll: BaFin sieht Verbesserungsbedarf"), abrufbar unter www.bafin.de -> Presse.

6 BaFin, Pressemitteilung vom 04.05.2010 („Markterhebung Beratungsprotokoll: BaFin sieht Verbesserungsbedarf"), abrufbar unter www.bafin.de -> Presse.

7 BaFin, Pressemitteilung vom 04.05.2010 („Markterhebung Beratungsprotokoll: BaFin sieht Verbesserungsbedarf"), abrufbar unter www.bafin.de -> Presse.

Im Anschluss hieran konsultierte die BaFin ein neues Model BT 6 für die MaComp[8] zur Erläuterung und Konkretisierung der Anforderungen an Beratungsprotokolle, das sie dann am 14.06.2011 veröffentlichte.

Hervorheben möchte ich im Hinblick auf die Verbesserung des Anlegerschutzes die gebotene Berücksichtigung des individuellen Kundeninteresses durch Freitextfelder. Der Berater darf zwar nach wie vor die erforderlichen Kundenangaben mittels vorformulierter Antwortmöglichkeiten einholen. Für ergänzende Angaben des Kunden über seine persönliche Situation sowie seine Anliegen und deren Gewichtung muss der Protokollvordruck aber ein entsprechendes Freitextfeld enthalten. Damit auch der Kunde erkennt, dass solche ergänzenden Angaben in das Protokoll aufgenommen werden können, muss das Freitextfeld auch bei EDV-technischer Erstellung für ihn sichtbar und mit einer entsprechenden Überschrift versehen sein.

Ein besonderes Augenmerk legt die BaFin ferner auf die vom Berater tatsächlich vorgebrachten wesentlichen Argumente, mit denen er den Kunden von seiner Empfehlung zu überzeugen beabsichtigt.[9] Insoweit stellt die BaFin klar, dass diese tatsächlich genannten Empfehlungsgründe aufzuzeichnen sind und dass hierzu der Protokollvordruck ein entsprechendes Freitextfeld enthalten muss.

Ob das Beratungsprotokoll auch in der Praxis zu einer Verbesserung des Anlegerschutzes führt, liegt allerdings nicht allein in den Händen der Wertpapierdienstleistungsunternehmen und der BaFin. Denn letztlich ist es der Kunde selbst, der entscheidet, ob er das Protokoll sorgsam liest und auf eine Aufnahme der ihm wichtigen Punkte besteht, bevor er den Empfehlungen seines Beraters folgt.

III. AnsFuG: Überblick über die am 08.04.2011 in Kraft getretenen Änderungen im 6. Abschnitt des WpHG

1. Konkretisierung der Informationspflicht zur Anlageberatung

Welche Informationen sind notwendig, damit der Privatkunde die Art und die Risiken der ihm angebotenen Anlageberatung verstehen und auf dieser Grundlage seine Anlageentscheidungen treffen kann? Hierzu hat der Gesetzgeber mit dem AnsFuG in der WpDVerOV nähere Bestimmungen erlassen. Danach müssen die nach § 31 Abs. 3 Satz 3 Nr. 1 WpHG zur Verfügung zu stellenden Informationen bei Privatkunden die folgenden Angaben enthalten:

---

8 Rundschreiben 4/2010 (WA) – Mindestanforderungen an die Compliance-Funktion und die weiteren Verhaltens-, Organisations- und Transparenzpflichten nach §§ 31 ff. WpHG für Wertpapierdienstleistungsunternehmen.

9 Siehe dazu bereits BaFin Journal 01/10, S. 6.

ob Einschränkungen hinsichtlich der Finanzinstrumente, der Emittenten oder der Wertpapierdienstleistungen, die berücksichtigt werden können, bestehen und

ob bestimmte Finanzinstrumente, Emittenten oder Wertpapierdienstleistungen bevorzugt berücksichtigt werden.[10]

Hierdurch soll die Anlageberatung für den Kunden transparenter gestaltet werden, denn der Kunde wird informiert, zu welcher Angebotspalette er grundsätzlich beraten wird.[11] Als Beispiele für Beschränkungen oder Bevorzugungen nennt Gesetzesbegründung das Angebot nur eigener oder konzerneigener Finanzinstrumente oder sonstige Einschränkungen des bei der Anlageberatung berücksichtigten Marktes.

Wie ausführlich müssen nun diese Informationen über die Angebotspalette sein? Oder anders gefragt: Bringt bereits der sehr allgemein gehaltene Hinweis auf das Bestehen von Einschränkungen und Bevorzugungen die gewünschte Transparenz? Das möchte ich bezweifeln. Denn für die Inanspruchnahme einer Anlageberatung erscheint es für den Kunden durchaus bedeutsam, wenn etwa der Berater ausschließlich in der Zeichnung befindliche Zertifikate empfiehlt[12] oder aktiv verwaltete Investmentfonds kostengünstigeren ETFs vorzieht.[13] Indes muss das Wertpapierdienstleistungsunternehmen seinen Kunden – anders als bei Erbringung der Finanzportfolioverwaltung[14] – keine Informationen zur Verfügung stellen, die dem Kunden eine Bewertung seiner Leistung ermöglicht.

Welchen Kundennutzen die Anlageberatung hat, ist gleichwohl eine Frage, die zu stellen ist. So hat auch jüngst die Bundesregierung in ihrer Antwort auf eine Kleine Anfrage betreffend die Umsetzung ihrer verbraucherpolitischen Vorhaben darauf verwiesen, dass das Bundesministerium für Ernährung, Landwirtschaft und Verbraucherschutz in einem Forschungsvorhaben dieser Frage nachgeht. Untersucht werden soll, so die Bundesregierung, welche Methoden im Hinblick auf die Messung des Kundennutzens der Anlageberatung bestehen und wie der

---

10 § 5 Abs. 2 Satz 2 Nr. 2a WpDVerOV.

11 Gesetzentwurf der Bundesregierung vom 24.09.2010, BR-Drs. 584/10, Begründung zu Art. 5 Nr. 1 AnsFuG.

12 Siehe zum Vertrieb von Zertifikaten auch den Jahresbericht 2009 der BaFin, S. 163 ff.

13 Zur Diskussion aktive versus passive Vermögensverwaltung siehe etwa *Fama/French*, Luck versus Skill in the Cross-Section of Mutual Fund Returns, The Journal of Finance, 65 (2010), 1915 ff.; *Busse/Goyal/Wahal*, Performance and Persistence in Institutional Investment Management, The Journal of Finance, 65 (2010), 765 ff.; *Müller/Weber*, Lohnen sich Fondsratings für Privatanleger – Eine Evaluierung der Prognosefähigkeiten von Finanztest, Behavioral Finance, Band 21, 2010; *Niebling/Meyer/Hackethal*, Whose money is smart? Mutual fund purchases of private investors (15.02.2009), abrufbar unter http://www.ssrn.com sowie Deutsche Bundesbank, Anlegerverhalten in Theorie und Praxis, Monatsbericht Januar 2011, S. 45 ff.

14 § 5 Abs. 2 Satz 2 Nr. 2 Lit. a WpDVerOV.

Kundennutzen für Verbraucher und die Öffentlichkeit transparent wird.[15] Das Forschungsvorhaben unter dem Titel „Messung des Kundennutzens der Anlageberatung“ wird von *Andreas Hackethal*[16] geleitet und ist auf eine Dauer bis zum 30.09.2011 angelegt.[17]

2. *Wegfall der „Vermutungsregelung“ und neue Bußgeldvorschrift zum Annehmen und Gewähren von Zuwendungen*

Den Kundennutzen im Blick hat auch § 31d WpHG, der es Wertpapierdienstleistungsunternehmen grundsätzlich untersagt, im Zusammenhang mit der Erbringung von Wertpapierdienstleistungen oder Wertpapiernebendienstleistungen Zuwendungen von Dritten anzunehmen oder an Dritte zu gewähren.

Näher eingegangen auf die Regelung des § 31d WpHG ist bereits *Ellenberger* beim Bankrechtstag 2010 in seinem Beitrag über die Rechtsprechung zur zivilrechtlichen Haftung beim Vertrieb von Kapitalanlagen.[18] Auch hat sich *CESR*, das Gremium der europäischen Wertpapieraufseher, bereits im Rahmen zweier Konsultation zum Thema „Anreize“ (Art. 26 Richtlinie 2006/73/EG) geäußert.[19] Ich beschränke mich an dieser Stelle daher auf die Änderung durch das AnsFuG.

Eine der drei Bedingungen, unter denen ausnahmsweise eine Zuwendung angenommen oder gewährt werden darf, lautet:

> „Die Zuwendung ist darauf ausgelegt, die Qualität der für den Kunden erbrachten Dienstleistung zu verbessern.“[20]

Die Umstände, aus denen sich dieses ergibt, sind aufzuzeichnen (§ 14 Abs. 2 Nr. 5 WpDVerOV).

---

15 BT-Drs. 17/6881 vom 01.09.2011.

16 Bereits unter www.ssrn.com abrufbar sind die Studien von *Hackethal/Haliassos/Jappelli*, Financial Advisors: A Case of Babysitters? (08.06.2011) und *Bhattacharya/Hackethal/Kaesler/Loos/Meyer*, Is Unbiased Financial Advice To Retail Investors Sufficient? Answers from a Large Field Study (Mai 2011).

17 Einzelheiten hierzu sind auf der Internetseite der Bundesanstalt für Ernährung und Landwirtschaft (www.ble.de) über die Suche unter Forschungsförderung/Entscheidungshilfe-Vorhaben abrufbar.

18 *Ellenberger* in: Habersack/Mülbert/Nobbe/Wittg, Anlegerschutz im Wertpapiergeschäft – AGB in der Kreditwirtschaft – Bankrechtstag 2010, 2011, S. 38 ff.; siehe auch *Ellenberger* in: Ellenberger/Schäfer/Clouth/Lang, Praktikerhandbuch Wertpapier- und Derivategeschäft, 3. Auflage, 2010, Rn. 965 ff.

19 „Inducements under MiFID: Recommendations“ (CESR/07-228b vom 29.05.2007) und „Inducements: Good and poor practices: Report“ (CESR/10-295 vom, 19.04.2010); siehe ferner „MiFID Supervisory Briefings – Inducements“ (CESR/08-734 vom 06.10. 2008) – alle abrufbar unter http://www.esma.europa.eu/.

20 § 31d Abs. 1 Nr. 1 WpHG.

Nähere Bestimmungen darüber, unter welchen Voraussetzungen eine Zuwendung auf eine Qualitätsverbesserung ausgelegt ist, enthält das WpHG nicht.[21] Allerdings war im Falle der Anlageberatung[22] unter einer bestimmten Voraussetzung zu vermuten, dass die Annahme einer Zuwendungen darauf ausgelegt ist, die Qualität der für den Kunden erbrachten Dienstleistung zu verbessern. Nämlich dann, wenn die Anlageberatung trotz der Zuwendung unvoreingenommen erbracht wird (§ 31d Abs. 4 WpHG aF).

Diese „Vermutungsregelung" hat der Gesetzgeber mit dem AnsFuG gestrichen. Hierzu sah er sich im Hinblick auf Aufsichtspraxis veranlasst, wonach die gesetzliche Vermutung kaum hatte widerlegt werden können; das für eine Zulässigkeit von Zuwendungen erforderliche Merkmal der Verbesserung der Qualität der Dienstleistung müsse in Zukunft durch die Institute der Aufsicht gegenüber dargelegt werden.[23]

Diese Darlegung kann einem Wertpapierdienstleitungsunternehmen aber auch in einem Zivilprozess obliegen, etwa dann, wenn es mit dem Kunden vereinbart hat, dass ihm und nicht dem Kunden von Dritten gewährte Provisionen zustehen sollen, die es im Einklang mit dem WpHG annehmen darf. Im Hinblick auf das beschriebene Regel-Ausnahme-Verhältnis des § 31d WpHG dürfte es dann dem Wertpapierdienstleistungsunternehmen obliegen, das Gericht vom Ausgelegt-Sein auf die Qualitätsverbesserung zu überzeugen.

Aber beenden wir den Exkurs ins Zivilrecht und wenden uns wieder dem Aufsichtsrecht zu. Hier ist zum Thema „Zuwendung" abschließend noch eine weitere Änderung durch das AnsFuG anzusprechen. So ist das Verbot der Annahme oder Gewähr von Zuwendungen nunmehr auch bußgeldbewehrt (§ 39 Abs. 2 Nr. 17a WpHG). Der BaFin soll es nunmehr, so der Gesetzgeber, insbesondere in solchen Fällen möglich sein, Bußgelder zu verhängen, in denen über Institutsprovisionen nicht informiert wurde.[24]

---

21 In ihrer Antwort auf eine Kleine Anfrage betreffend die Umsetzung ihrer verbraucherpolitischen Vorhaben weist die Bundesregierung allerdings darauf hin, dass im Zuge der laufenden Überarbeitung der MiFID eine Konkretisierung der Offenlegung von Zuwendungen zu erwarten sei (BT-Drs. 17/6881, Antwort auf Frage 16).

22 Ebenso dann, wenn die Annahme einer Zuwendung im Zusammenhang mit allgemeinen Empfehlungen, die Geschäfte in Finanzinstrumenten betreffen, erfolgte.

23 Gesetzentwurf der Bundesregierung vom 24.09.2010, BR-Drs. 584/10, Begründung zu Art. 1 Nr. 6 AnsFuG.

24 Gesetzentwurf der Bundesregierung vom 24.09.2010, BR-Drs. 584/10, Begründung/Wesentlicher Inhalt der Gesetzgebung.

3. Konkretisierung der Anforderungen an den Umgang mit Interessenkonflikten hinsichtlich „Vertriebsvorgaben“ einschließlich umfassender Aufzeichnungspflicht

Ging es bei der Regelung des § 31d WpHG um „Anreize“, die von außen auf das Wertpapierdienstleistungsunternehmen wirken, soll es im Folgenden um die innerbetriebliche Vertriebssteuerung gehen. Der mit dem AnsFuG für die Anlageberatung eingeführte Schlüsselbegriff lautet insoweit – „Vertriebsvorgaben“.

Hierbei handelt es sich um Grundsätze oder Ziele, die den Umsatz, das Volumen oder den Ertrag der im Rahmen der Anlageberatung empfohlenen Geschäfte unmittelbar oder mittelbar betreffen (§ 33 Abs. 1 Satz 2 Nr. 3a WpHG). Eine durchaus sehr weite Begriffsbestimmung, die aber den verschiedensten Formen der Vertriebssteuerung Rechnung trägt. Als Beispiele für Vertriebsvorgaben zählt der Gesetzgeber auf

Vorgaben für einzelne Mitarbeiter oder Abteilungen,
Absatzvorgaben für Zweigstellen, Niederlassungen oder sonstige betriebliche Organisationseinheiten
oder auch Zielvereinbarungen mit Mitarbeitern,
Anreiz- und Bonussysteme
oder schließlich auch die Verteilung von Zuwendungen.[25]

Diese Grundsätze oder Ziele sind im Rahmen der Vorkehrungen zum Umgang mit Interessenkonflikten derart auszugestalten, umzusetzen und zu überwachen, dass Kundeninteressen nicht beeinträchtigt werden (§ 33 Abs. 1 Satz 2 Nr. 3a WpHG).

Aufzuzeichnen hat das Wertpapierdienstleistungsunternehmen nicht nur die Vertriebsvorgaben selbst. Ebenso aufzuzeichnen sind die zur Umsetzung oder Überwachung getroffenen Maßnahmen, die Erfüllung der Vertriebsvorgaben und die Kriterien zur Überprüfung der Vereinbarkeit der Vertriebsvorgaben mit den Kundeninteressen sowie die Ergebnisse dieser Überprüfung (§ 14 Abs. 3a WpDVerOV).

4. Gebot, nur geeignete Finanzinstrumente zu empfehlen, sowie geänderte Bußgeldvorschrift zur Anlageberatung

Es ist verboten, Kunden den Ankauf oder Verkauf von Finanzinstrumenten zu empfehlen, wenn und soweit die Empfehlung nicht mit den Interessen der Kunden übereinstimmt – so das WpHG in der bis zum 31.10.2007 geltenden Fassung.[26]

---

25 Gesetzentwurf der Bundesregierung vom 24.09.2010, BR-Drs. 584/10, Begründung zu Art. 1 Nr. 7 AnsFuG.
26 § 32 Abs. 1 Nr. 1 WpHG a.F.

Im Zuge der 1:1-Umsetzung der Finanzmarktrichtlinie strich der Gesetzgeber diese bußgeldbewehrte[27] besondere Verhaltensregel. Ordnungswidrig handelte nun gemäß § 39 Abs. 2 Nr. 16 WpHG in der bis zum 7. April 2011 geltenden Fassung des WpHG, wer ein Finanzinstrument empfahl, ohne die erforderlichen Kundenangaben eingeholt zu haben – also gewissermaßen eine Empfehlung ins Blaue hinein gab. Ein Wertpapierdienstleistungsunternehmen, das indes alle erforderlichen Kundenangaben einholte und gleichwohl seinem Kunden ein nicht geeignetes Finanzinstrument empfahl, handelte nicht ordnungswidrig. Das mochte einem unplausibel erscheinen.

Mit dem AnsFuG hat der Gesetzgeber wieder die „Falschberatung" bußgeldbewehrt. So darf ein Wertpapierdienstleistungsunternehmen gemäß § 31 Abs. 4a Satz 1 WpHG seinen Kunden nur Finanzinstrumente empfehlen, die nach den eingeholten Informationen für den Kunden geeignet sind. Geeignet bedeutet gemäß § 31 Abs. 4 Satz 2 WpHG im Hinblick auf das konkrete Geschäft, das dem Kunden empfohlen wird:

es entspricht den Anlagezielen des Kunden,
die hieraus erwachsenden Anlagerisiken sind für den Kunden seinen Anlagezielen entsprechend finanziell tragbar und
der Kunde kann mit seinen Kenntnissen und Erfahrungen die hieraus erwachsenden Anlagerisiken verstehen.

Ordnungswidrig handelt, wer vorsätzlich oder leichtfertig entgegen dieser Vorgabe ein Finanzinstrument empfiehlt (§ 39 Abs. 2 Nr. 16a WpHG).

5. Neue Bußgeldvorschrift zur Bearbeitung und Dokumentation von Beschwerden von Privatkunden

Ebenso wie die Empfehlung ungeeigneter Produkte erachtet es der Gesetzgeber als besonders schwerwiegenden Verstoß gegen die Interessenwahrungspflichten, wenn Wertpapierdienstleistungsunternehmen ihren Pflichten im Umgang mit Beschwerden von Privatkunden nach § 33 Abs. 1 Satz 2 Nr. 4 WpHG nicht nachkommen.[28]

Ordnungswidrig handelt nunmehr, wer vorsätzlich oder leichtfertig keine wirksamen und transparenten Verfahren für eine angemessene und unverzügliche Bearbeitung von Beschwerden durch Privatkunden vorhält oder nicht jede Beschwerde sowie die zu ihrer Abhilfe getroffenen Maßnahmen dokumentiert (§ 39 Abs. 2 Nr. 17c WpHG).

27 § 39 Abs. 1 Nr. 3 WpHG a.F.

28 Gesetzentwurf der Bundesregierung vom 24.09.2010, BR-Drs. 584/10, Begründung zu Art. 1 Nr. 11 AnsFuG.

6. Konkretisierung der allgemeinen Organisationspflichten hinsichtlich des Umgangs mit festgestellten Defiziten, Konkretisierung der Anforderungen an die Befugnisse des Compliance-Beauftragten sowie Bußgeldvorschrift zur Einrichtung einer Compliance-Funktion

Wie bereits eingangs ausgeführt werden die Verhaltensregeln durch auf sie bezogene Organisationspflichten ergänzt. Ein Mittel, die Einhaltung der Vorschriften des WpHG sicherzustellen, sind angemessene Kontroll- und Überwachungsmaßnahmen.[29] Das hat der Gesetzgeber nun ausdrücklich in § 12 Abs. 1 Satz 2 WpDVerOV klargestellt und weiter bestimmt, dass das Wertpapierdienstleistungsunternehmen festlegen muss, welche Personen es mit der Durchführung dieser Kontroll- und Überwachungshandlungen betraut.

Weiter hat der Gesetzgeber in § 12 Abs. 2a WpDVerOV klargestellt, dass festgestellte Defizite innerhalb angemessener Zeit zu beheben sind. Und auch insoweit muss das Wertpapierdienstleistungsunternehmen die hierfür verantwortlichen Mitarbeiter benennen.

Zwei weitere neue Bestimmungen in § 12 WpDVerOV betreffen die Compliance-Funktion. So hat der Compliance-Beauftragte die Geschäftsleitung in Kenntnis zu setzen, wenn die zur Behebung von Defiziten erforderlichen Maßnahmen nicht innerhalb angemessener Zeit ergriffen und umgesetzt werden (§ 12 Abs. 4 Satz 2 WpDVerOV). Darüber hinaus muss der Compliance-Beauftragte berechtigt sein, geeignete und erforderliche vorläufige Maßnahmen zu treffen, um eine konkrete Gefahr der Beeinträchtigung von Kundeninteressen bei der Erbringung von Wertpapierdienstleistungen oder Wertpapiernebendienstleistungen abzuwenden (§ 12 Abs. 3 Satz 2 WpDVerOV)[30].

Richtet indes ein Wertpapierdienstleistungsunternehmen keine Compliance-Funktion ein, so handelt es nunmehr ordnungswidrig (§ 39 Abs. 2 Nr. 17b WpHG). Indizien für das Fehlen einer wirksamen Compliance-Funktion können beispielsweise wiederholte Mängel im Rahmen der jährlichen Prüfungen nach § 36 WpHG sein.[31]

IV. Finanzinstrumente-Informationsblätter (seit 01.07.2011)

Zu Risiken und Nebenwirkungen von Finanzanlagen lesen sie – das Finanzinstrumente-Informationsblatt. Oder die wesentlichen Anlegerinformationen. Oder das

---

29 Siehe etwa AT 6 MaComp.

30 Eine konkrete Gefahr besteht, wenn bei ungehindertem Geschehensablauf des Einzelfalles in überschaubarer Zukunft mit einer Beeinträchtigung der Kundeninteressen mit hinreichender Wahrscheinlichkeit gerechnet werden kann (Gesetzentwurf der Bundesregierung vom 24.09.2010 , BR-Drs. 584/10, Begründung zu Art. 5 Nr. 3 AnsFuG).

31 Gesetzentwurf der Bundesregierung vom 24.09.2010, BR-Drs. 584/10, Begründung zu Art. 1 Nr. 11 AnsFuG.

Vermögensanlagen-Informationsblatt.[32] Oder zukünftig womöglich das „new pre-contractual product disclosure instrument“.[33]

In dieser Welt der Anlegerinformationen[34] nimmt das hier näher zu behandelnde Finanzinstrumente-Informationsblatt eine gewisse Sonderstellung ein. Denn anders als etwa bei den wesentlichen Anlagerinformationen nach dem Investmentgesetz (InvG) wird im Wertpapierhandelsgesetz nicht der „Produzent“, sondern das die Anlageberatung erbringende Wertpapierdienstleistungsunternehmen in die Pflicht genommen. So ordnet seit dem 1. Juli 2011 § 31 Abs. 3a WpHG an, dass im Falle einer Anlageberatung dem Kunden[35] rechtzeitig vor dem Abschluss eines Geschäfts über Finanzinstrumente ein kurzes und leicht verständliches Informationsblatt über jedes Finanzinstrument zur Verfügung zu stellen ist, auf das sich eine Kaufempfehlung bezieht. Die Angaben in den Informationsblättern dürfen weder unrichtig noch irreführend und müssen mit den Angaben des Prospekts vereinbar sein.

Hierin wird eine Konkretisierung der der allgemeinen Informationspflichten nach § 31 Abs. 3 Satz 1 bis 3 WpHG gesehen[36], wonach dem Kunden insbesondere auch Informationen über die Arten von Finanzinstrumenten einschließlich der damit verbundenen Risiken zur Verfügung zu stellen sind (§ 31 Abs. 3 Satz 3 Nr. 2 WpHG in Verbindung mit § 5 Abs. 1 WpDVerOV).

An die Stelle des Finanzinstrumente-Informationsblattes treten bei Investmentanteilen die wesentlichen Anlegerinformationen nach den §§ 42 Abs. 2, 122 Abs. 1 Satz 2 und 137 Abs. 2 InvG.[37] Für andere Finanzinstrumente wie beispielsweise Aktien, „Zertifikate“ oder auch Swap-Verträge ist indes das Wertpapierdienstleistungsunternehmen selbst für die dem Kunden zur Verfügung zu stellenden Informationen verantwortlich.

---

32 Gesetz zur Novellierung des Finanzanlagenvermittler- und Vermögensanlagenrechts, § 13 E-VermAnlG (Gesetzentwurf der Bundesregierung vom 15.04.2011, BR-Drs. 209/11).

33 Siehe dazu die Konsultation zu legislativen Schritten für die Umsetzung der Initiative zu Anlageprodukten für Kleinanleger vom November 2010, abrufbar unter http://ec.europa.eu/internal_market/finservices-retail/investment_products_de.htm.

34 Für das BMELV erfolgt derzeit eine „Evaluation von Produktinformationsblättern für Geldanlageprodukte“. Die Untersuchung hat eine Laufzeit bis zum 09.12.2011. Einzelheiten hierzu sind auf der Internetseite der Bundesanstalt für Ernährung und Landwirtschaft (www.ble.de) über die Suche unter Forschungsförderung/Entscheidungshilfe-Vorhaben abrufbar.

35 Gegenüber professionellen Kunden im Sinne des § 31a Abs. 2 WpHG besteht diese Pflicht nicht (§ 31 Abs. 9 Satz 2 WpHG).

36 Gesetzentwurf der Bundesregierung vom 24.09.2010, BR-Drs. 584/10, Begründung zu Art. 1 Nr. 5 AnsFuG; Rundschreiben 6/2011 (WA) der BaFin vom 01.06.2011, WA 36-Wp 2002-2010/0002, unter II.4.e, abrufbar unter www.bafin.de.

37 Für EU-Investmentanteile, für die nach den Vorschriften des jeweiligen Herkunftsstaates noch keine wesentlichen Anlegerinformationen erstellt und gemäß § 122 Abs. 1 Satz 2 InVG veröffentlicht worden sind, gilt bis zum 01.07.2012 der vereinfachte Verkaufsprospekt als angemessene Information (§ 42e WpHG).

Neu sind produktspezifische Informationen in der Anlageberatung freilich nicht. Denn schon bisher durfte der Anlageberater die „Geeignetheit" eines dem Kunden zum Kauf empfohlenen Finanzinstruments nur dann bejahen, wenn auch der Kunde die aus diesem konkreten Finanzinstrument erwachsenden Anlagerisiken verstehen konnte. Insbesondere bei komplexen Finanzinstrumenten, die sich von den bis dahin vom Kunden erworbenen Kapitalanlagen unterscheiden, wird der Berater deshalb oftmals seinem Kunden das zum Kauf empfohlene Finanzinstrument erst erläutern müssen. Das geschah auch schon bisher vielfach anhand schriftlicher Produktinformationen wie etwa Produktbroschüren oder Produktflyern.

In der Praxis habe sich aber, so der Gesetzgeber, gezeigt, dass die wesentlichen Informationen zu einzelnen Produkten besser als bisher weithin üblich auf den Punkt gebracht und verständlicher aufbereitet werden müssen, um den Kunden ein hinreichendes Verständnis der verschiedenen Finanzinstrumente und vor allem einen Vergleich der Produkte untereinander zu ermöglichen.[38]

Nähere Bestimmungen zu Inhalt und Aufbau und der Art und Weise der Zurverfügungstellung können durch Rechtsverordnung getroffen werden. Eine Neuheit ist, dass das Bundesministerium der Finanzen diese Bestimmungen im Einvernehmen mit dem Bundesministerium für Ernährung, Landwirtschaft und Verbraucherschutz zu treffen hat (§ 31 Abs. 11 Satz 1 Nr. 2a WpHG).

Erste Bestimmungen hat der Gesetzgeber auch schon gleich mit dem AnsFuG in § 5a WpDVerOV getroffen. Danach sind die Informationsblätter inhaltlich und im Aufbau so zu gestalten, dass der Kunde insbesondere einschätzen und mit den Merkmalen anderer Finanzinstrumente vergleichen kann:

die Art des Finanzinstruments,
seine Funktionsweise,
die damit verbundenen Risiken,
die Aussichten für eine Kapitalrückzahlung und Erträge unter verschiedenen Marktbedingungen und
die mit der Anlage verbundenen Kosten.

Das Informationsblatt darf sich jeweils nur auf ein Finanzinstrument beziehen und muss die wesentlichen Informationen über das jeweilige Finanzinstrument in übersichtlicher und leicht verständlicher Weise enthalten. Werbende oder sonstige nicht dem vorgenannten Zweck dienende Informationen darf es indes nicht enthalten.

Der Umfang ist bei nicht komplexen Finanzinstrumenten[39] auf zwei, bei allen übrigen Finanzinstrumenten auf drei DIN-A4-Seiten beschränkt.

---

38 Gesetzentwurf der Bundesregierung vom 24.09.2010, BR-Drs. 584/10, Begründung zu Art. 1 Nr. 5 AnsFuG.
39 § 7 WpDVerOV.

Als Informationen, die Wertpapierdienstleistungsunternehmen Privatkunden zugänglich machen, müssen die in dem Finanzinstrumente-Informationsblatt enthaltenen Informationen redlich, eindeutig und nicht irreführend sein (§ 31 Abs. 2 Satz 1 WpHG) und insoweit auch den Bestimmungen in § 4 WpDVerOV genügen.[40]

Folgt aus den in § 5a Abs.1 WpDVerOV getroffenen Bestimmungen bereits recht konkret, über welche Merkmale des Finanzinstruments das Wertpapierdienstleistungsunternehmen informieren muss, so fehlen entsprechende Bestimmungen darüber, in welcher Weise dieses im Einzelnen geschehen soll.[41]

Schon am 14. März 2011 haben aber die im Zentralen Kreditausschuss vertretenen Spitzenverbände der deutschen Kreditwirtschaft einen einheitlichen Standard für ein Produktinformationsblatt für Wertpapiere vorgestellt (ZKA-Standard), der über die Gliederung hinaus eine erste Orientierung für die über die einzelnen Merkmale zu gebenden Informationen gibt.[42] So sieht der ZKA-Standard beispielsweise zu dem Merkmal „Risiken" einen Hinweis auf die jeweiligen wesentlichen Risiken wie Bonitäts-/Emittentenrisiko, Kursrisiko/Zinsänderungsrisiko, Fremdwährungsrisiko oder sonstige Risiken und unter der Überschrift „Kosten/ Vertriebsvergütung" neben Informationen über Erwerbskosten, laufende Kosten und Veräußerungskosten auch Informationen über Rückvergütung/Zuwendung vor. Ob hiernach im Hinblick auf die angestrebte bestmögliche Vergleichbarkeit weitere Bestimmungen zu Inhalt und Aufbau der Informationsblätter zu treffen sind, wird sich allerdings erst nach einer Auswertung der der am Markt verwendeten Finanzinstrumente-Informationsblätter zeigen.

Hinsichtlich der Art und Weise der Zurverfügungstellung gilt, dass das Wertpapierdienstleistungsunternehmen das Informationsblatt auch als elektronisches Dokument zur Verfügung stellen kann (§ 5a Abs. 2 WpDVerOV). Dieses soll insbesondere auch durch einen Hinweis auf die exakte Fundstelle im Internet geschehen können.[43]

---

40 Siehe dazu auch die Erläuterungen und Konkretisierungen in BT 3 MaComp.

41 Für die Gestaltung und in den Inhalt der wesentlichen Anlegerinformationen hat *CESR* bereits Guidelines veröffentlicht, siehe insbesondere „CESR's guidelines on the methodology for the calculation of the synthetic risk and reward indicator in the Key Investor Information Document" (CESR/10-673 vom 01.07.2010), „CESR's level 3 guidelines on the selection and presentation of performance scenarios in the Key Investor Information document (KII) for structured UCITS" (CESR/10-1318 vom 20.12.2010) und „CESR's guidelines on the methodology for calculation of the ongoing charges figure in the Key Investor Information Document" (CESR/10-674, 01.07.2010) – alle abrufbar unter http://www.esma.europa.eu/.

42 Der ZKA-Standard ist auf der Internetseite der Deutschen Kreditwirtschaft http://www.die-deutsche-kreditwirtschaft.de unter Pressemitteilungen abrufbar. Muster-Produktinformationsblätter hat auch der Deutsche Derivate Verband für die elf von ihm unterschiedenen Produkt-Kategorien veröffentlicht (http://www.derivateverband.de/DEU/Transparenz/Produktinformationsblaetter).

43 Gesetzentwurf der Bundesregierung vom 24.09.2010, BR-Drs. 584/10, Begründung zu Art. 1 Nr. 5 AnsFuG; Rundschreiben 6/2011 (WA) der BaFin vom 01.06.2011, WA 36-Wp 2002-2010/0002, unter II.4.d, abrufbar unter www.bafin.de.

Ordnungswidrig handelt, wer das Finanzinstrumente-Informationsblatt oder die wesentlichen Anlegerinformationen nicht, nicht richtig, nicht vollständig oder nicht rechtzeitig zur Verfügung stellt (§ 39 Abs. 2 Nr. 15a WpHG).

Eine Prüfung der Einhaltung der Informationspflicht nach § 31 Abs. 3a WpHG soll das Wertpapierdienstleistungsunternehmen dadurch ermöglichen, dass es die Bezeichnung der konkreten Informationsblätter, die Art und Weise sowie den Zeitpunkt ihrer Zurverfügungstellung im Beratungsprotokoll dokumentiert.[44]

V. Mitarbeiter- und Beschwerderegister (ab 01.11.2012)

Während sich der Gesetzgeber bei den zuvor beschriebenen Änderungen des WpHG und der WpDVerOV im Kern in bekannten Bahnen – Ausformung der Verhaltensregeln und Organisationspflichten – bewegte, hat er mit dem abschließend vorzustellenden Mitarbeiter- und Beschwerderegister Neuland betreten.

Mit der Registrierung sucht der Gesetzgeber den Aufsichtsfokus auf die einzelnen Personen zu richten, die beraten, solche, die Einfluss auf diesen Prozess und insbesondere Vertriebsvorgaben ausüben können, und diejenigen, die rechtskonformes Verhalten überwachen. Der Aufsicht werde aufgrund der ihr anzuzeigenden Informationen ein deutlicheres Bild der Situation in der Anlageberatung und der auf sie einwirkenden Strukturen vermittelt. Dieses solle helfen, in der Vergangenheit beobachtete Fehlentwicklungen in der Anlageberatung einzudämmen.[45] Insbesondere die Erfassung der Kundenbeschwerden werde eine zentrale Rolle für den neuen Aufsichtsansatz spielen.[46]

Dazu hat der Gesetzgeber zunächst ausdrücklich klargestellt, dass Wertpapierdienstleistungsunternehmen nur dann Mitarbeiter mit der Anlageberatung, mit der Ausgestaltung, Umsetzung oder Überwachung von Vertriebsvorgaben oder der Verantwortlichkeit für die Compliance-Funktion betrauen dürfen, wenn diese sachkundig sind und über die für die Tätigkeit erforderliche Zuverlässigkeit verfügen (§ 34d Abs. 1 Satz 1, Abs. 2 Satz 1 und Abs. 3 Satz 1 WpHG). Nähere Bestimmungen über die erforderliche Sachkunde und Zuverlässigkeit sollen in der WpHG-Mitarbeiteranzeigeverordnung (WpHGMaAnzV) getroffen werden.[47] Hierzu hat die BaFin am 12. Juli 2011 einen Entwurf veröffentlicht[48] und am 5. August 2011 eine öffentliche Anhörung durchgeführt.

---

44 Rundschreiben 6/2011 (WA) der BaFin vom 01.06.2011, WA 36-Wp 2002-2010/0002, unter II.4.e, abrufbar unter www.bafin.de.

45 Gesetzentwurf der Bundesregierung vom 24.09.2010 (BR-Drs. 584/10), Wesentlicher Inhalt der Gesetzgebung.

46 Bericht Finanzausschuss (BT-Drs. 17/4739 vom 10.02.2011), S. 12.

47 Die Anforderungen an die Sachkunde des Compliance-Beauftragten hat die BaFin bisher in BT 1.1.2 MaComp erläutert und konkretisiert.

48 Konsultation 14/2011 (Geschäftszeichen WA 11-FR 4100-2011/0001), abrufbar auf der Internetseite der BaFin unter Unternehmen → Konsultationen. Zum Verordnungsentwurf siehe auch BaFin Journal 07/11, S. 13 ff.

Anzuzeigen sind die Personen selbst und darüber hinaus zu dem jeweiligen Berater auch noch der unmittelbar für ihn zuständige Vertriebsbeauftragte. Zu erfolgen haben die Anzeigen vor Aufnahme der jeweiligen Tätigkeit (§ 34d Abs. 1 Satz 2, Abs. 2 Satz 2 und Abs. 3 Satz 2 WpHG); Änderungen sind ebenfalls anzuzeigen (§ 34d Abs. 1 Satz 3, Abs. 2 Satz 3 und Abs. 3 Satz 3 WpHG).

Ebenfalls anzeigen muss das Wertpapierdienstleistungsunternehmen gegen Berater gerichtete Beschwerden von Privatkunden. Dabei sind neben der Beschwerde und dem Namen des Beraters auch die Organisationseinheit, welcher der Mitarbeiter zugeordnet oder für welche er überwiegend oder in der Regel als Berater tätig ist, anzuzeigen (§ 34d Abs. 1 Satz 4 WpHG).

Auf dieser Grundlage soll die BaFin die angezeigten Beschwerden nach Auffälligkeiten auswerten. Als solche Auffälligkeiten sieht der Gesetzgeber beispielsweis zahlreiche Beschwerden gegen einen Anlageberater oder gegen verschiedene Anlageberater eines einzelnen Vertriebsbeauftragten oder aber auch eine Häufung von Beschwerden in einzelnen Regionen oder Gebieten.[49]

Um der Intention des Gesetzgebers gerecht zu werden, werde die BaFin verstärkt in der Fläche tätig werden, Filialen vor Ort besuchen, Gespräche mit Vertriebsbeauftragten und einzelnen Mitarbeitern in der Anlageberatung führen sowie Verdachtshinweisen auf Fehlverhalten nachgehen. Zur Durchsetzung der Anforderungen werde die BaFin des Weiteren im Rahmen der risikoorientierten Aufsicht Ermittlungen und Untersuchungen vornehmen, um Verstöße einzelner Mitarbeiter nachweisen zu können. Neben der Vernehmung von Mitarbeitern in der Anlageberatung und Vertriebsbeauftragten sowie Auskunfts- und Vorlageersuchen schließe dies auch anlassbezogene Sonderprüfungen und die Schwerpunktsetzung im Rahmen der jährlichen WpHG-Prüfung mit ein.[50]

Die beschriebenen Pflichten sind bußgeldbewehrt (§ 39 Abs. 2 Nr. 22 und 23 WpHG). Darüber hinaus werden der BaFin besondere Befugnisse eingeräumt. So wird die BaFin dem Institut untersagen können, den Mitarbeiter in der angezeigten Tätigkeit einzusetzen, solange der Mitarbeiter die gesetzlichen Anforderungen an Qualifikation und Zuverlässigkeit nicht erfüllt (§ 34d Abs. 4 Satz 1 Nr. 1 WpHG). Bei bestimmten Verstößen wird die BaFin den Mitarbeiter oder das Institut verwarnen und als „Ultima Ratio“[51] dem Institut auch den Einsatz des Mitarbeiters für die Dauer von bis zu zwei Jahren untersagen können (§ 34d Abs. 4 Satz 1 Nr. 2 WpHG).

Schwerwiegende Fälle, in denen eine zeitlich begrenzte Untersagung der Beratung gerechtfertigt sein kann, könnten, so der Gesetzgeber, bei eklatanter Verlet-

---

49 Gesetzentwurf der Bundesregierung vom 24.09.2010, BR-Drs. 584/10, Begründung zu Art. 1 Nr. 8 AnsFuG.

50 Gesetzentwurf der Bundesregierung vom 24.09.2010, BR-Drs. 584/10, Begründung zu Art. 1 Nr. 8 AnsFuG.

51 Siehe dazu auch den Bericht des Finanzausschusses, BT-Drs. 17/4739 vom 10.02.2011, S. 13 f.

zung von Kundeninteressen oder Missachtung elementarer Pflichten vorliegen. Hierzu gehörten Fälle, wenn Kunden Geschäfte empfohlen werden, deren Zweck bei sachlicher Betrachtung hauptsächlich darin liegt, Gebühren oder Zuwendungen (z.B. Provisionen) anfallen zu lassen. Ferner Sachverhalte, in denen Kunden aus für sie günstigen Finanzinstrumenten „herausberaten" werden, zum Beispiel kurz vor Zinsterminen oder Dividendenzahlungen, ohne dass hierfür nachvollziehbare Gründe vorliegen. Außerdem, so der Gesetzgeber, solche Beratungsmissstände, bei denen Kunden entgegen ihrem ausdrücklich geäußerten Wunsch nach „mündelsicherer" Anlage zum Beispiel ein komplex strukturiertes Finanzinstrument mit erhöhtem Totalverlustrisiko verkauft wurde oder andere Fälle eklatant risikounangemessener Empfehlung im Widerspruch zu ausdrücklichen Absichten des Kunden.[52]

Fälle, die eine zeitweise Untersagung gegenüber einem Vertriebsbeauftragten rechtfertigen, könnten beispielsweise dann vorliegen, wenn dieser auf Mitarbeiter in der Anlageberatung enormen Verkaufsdruck ausübt, so dass das Kundeninteresse bei der Beratung zwangsläufig völlig in den Hintergrund tritt.[53]

Unanfechtbar gewordene Anordnungen werden – ohne Nennung des Namens des betroffenen Mitarbeiters – öffentlich bekannt gemacht werden können, es sei denn, diese Veröffentlichung wäre geeignet, den berechtigten Interessen des Unternehmens zu schaden (§ 34d Abs. 4 Satz 2 und 3 WpHG).

Die Frage, wie sich das Mitarbeiter- und Beschwerderegister in der Aufsichtspraxis bewährt, hat der Finanzausschuss bereits auf seine Agenda genommen und insoweit das Bundesministerium der Finanzen gebeten, fünf Jahre lang jährlich Bericht zu erstatten über die Verwendung der Datenbank und die tatsächliche Ausübung des risikoorientierten Aufsichtsansatzes durch die BaFin sowie über die in der Praxis von der BaFin verhängten Sanktionen bei Missständen in der Anlageberatung, insbesondere über Untersagungsanordnungen nach § 34d Abs. 4 Nr. 2 WpHG. Im Rahmen dieser Berichte solle jeweils auch eine Evaluierung des Nutzens der Datenbank und des neuen Aufsichtsansatzes sowie der vorgesehenen Sanktionsmöglichkeiten vorgenommen werden. Erstattet werden soll der erste Bericht ein Jahr nach Inkrafttreten der § 34d Abs. 1 bis 5 WpHG.[54]

---

52 Gesetzentwurf der Bundesregierung vom 24.09.2010, BR-Drs. 584/10, Begründung zu Art. 1 Nr. 8 AnsFuG.

53 Gesetzentwurf der Bundesregierung vom 24.09.2010, BR-Drs. 584/10, Begründung zu Art. 1 Nr. 8 AnsFuG.

54 Bericht Finanzausschuss, BT-Drs. 17/4739 vom 10.02.2011, S. 14.

VI. Ausblick

„War's das?"

Diese Frage mag sich aufdrängen, wenn man sich noch einmal vor Augen führt, an welchen Stellschrauben der Gesetzgeber mit dem AnsFuG alles gedreht hat. Verhaltensregeln und Organisationspflichten, Aufzeichnungspflichten, Bußgeldvorschriften – und das Mitarbeiter- und Beschwerderegister.[55]

Gleichwohl ist es für ein „Ja, das war's" zu früh.

Denn schon mit dem Gesetz zur Novellierung des Finanzanlagenvermittler- und Vermögensanlagenrechts[56] soll auch der Vertrieb von „geschlossenen Fonds" dem regulatorischen Rahmen des WpHG unterworfen werden. Jedenfalls dann, wenn es sich bei dem Vertreibenden um ein Wertpapierdienstleistungsunternehmen handelt.

Und auch an der Stellschraube der Befugnisse und Aufsichtsinstrumente der BaFin hat der Gesetzgeber bereits die Hand. So kündigte Bundesverbraucherministerin Aigner am 27.12.2010 in einem Interview mit dem Handelsblatt den Einsatz „verdeckter Ermittler" an.[57] In ihrer Antwort auf eine Kleine Anfrage zum „finanziellen Verbraucherschutz durch verdeckte Testkäufe" hat die Bundesregierung dann noch einmal dieses Vorhaben bekräftigt. Um den Belangen des Datenschutzes angemessen Rechnung zu tragen, sei es aber sachgerecht, eine spezielle Rechtsgrundlage zur Durchführung von Testberatungen zu schaffen; Testkäufer würden dann erstmals nach Inkrafttreten der gesetzlichen Regelung zum Einsatz gelangen.[58]

Ich wage daher die Prognose, dass sich vielleicht schon der Bankrechtstag 2012 mit weiteren Änderungen im WpHG zur Verbesserung des Anlegerschutzes befassen wird.

---

55 Und darüber hinaus erfolgte noch eine am 08.04.2011 in Kraft getretene Änderung in § 36 Abs. 4 Satz 1 WpHG: Die BaFin kann nunmehr auch „ohne besonderen Anlass" die Regelprüfung anstelle des vom Wertpapierdienstleistungsunternehmen gewählten Prüfers selbst oder durch Beauftragte durchführen.

56 Gesetzentwurf der Bundesregierung vom 15.04.2011, BR-Drs. 209/11, Art. 3 Nr. 1 (§ 2 Abs. 2b E-WpHG).

57 Das Interview ist auch auf der Interseitseite der Bundesregierung unter http://www.bundesregierung.de/nn_1272/Content/DE/Interview/2010/12/2010-12-27-handelsblatt-aigner.html abrufbar.

58 BT-Drs. 17/6080 vom 03.06.2011.

Das neue Recht der offenen Immobilienfonds

Dr. *Thomas Paul*, LL.M. (Tulane)
Rechtsanwalt, Partner Hengeler Mueller

I. Einleitung

1. Überblick über die Neuregelungen

Das Recht der offenen Immobilienfonds erfuhr im Rahmen des Anlegerschutz- und Funktionsverbesserungsgesetzes (AnsFuG)[1] wesentliche Änderungen, welche im Folgenden dargestellt und bewertet werden sollen.

Das AnsFuG verfolgt neben der Stabilisierung der offenen Immobilienfonds die folgenden drei weiteren Ziele:[2]

1 Gesetz zur Stärkung des Anlegerschutzes und Verbesserung der Funktionsfähigkeit des Kapitalmarkts vom 5. April 2011; BGBl. I vom 7. April 2011, S. 538 ff.

2 Pressemitteilung des Bundesministeriums der Finanzen Nr. 8/2010 vom 2. März 2010.

- die Verbesserung des Anlegerschutzes vor Falschberatung (u.a. durch die Registrierung von Beratern);[3]
- die Einführung eines Beipackzettels für Finanzprodukte (dem sogenannten „PIB“ oder „Produktinformationsblatt“)[4] und
- die Verhinderung verdeckter Übernahmen durch Anschleichen (durch Erweiterung der Transparenzpflichten).[5]

Die Neuregelung der offenen Immobilienfonds erfolgte unabhängig von einer EU-Richtlinie; sie war eine gesonderte deutsche Initiative als Reaktion auf massive Probleme einiger offener Immobilienfonds, welche die Rücknahme von Anteilen aussetzen mussten und zum Teil sogar zur Auflösung gezwungen waren.[6]

Die Änderungen des Rechts der offenen Immobilienfonds betreffen im Wesentlichen die folgenden Bereiche:

- die Rücknahme von Anteilen und deren Einschränkungen;[7]
- die Aussetzung von Anteilrücknahmen;[8]
- die Ertragsverwendung;[9]
- die Begrenzung der Kreditaufnahme[10] und
- die Bewertung von Immobilien.[11]

Außerdem werden durch das AnsFuG auch die Regelungen über die Rücknahme von Anteilen an sogenannten Immobilien-Dachfonds geändert.[12]

Häufig zu spät beachtet, aber von großer praktischer Wichtigkeit sind darüber hinaus die Übergangsvorschriften, die im Folgenden im Detail dargestellt werden sollen.[13]

Mittlerweile wurde das Investmentgesetz erneut geändert, und zwar durch das Gesetz zur Umsetzung der OGAW IV-Richtlinie.[14] Diese Änderungen traten am 1. Juli 2011 in Kraft und beinhalten neben umfangreichen Änderungen für richtlinienkonforme Sondervermögen, den sogenannten OGAW, auch einige weitere Änderungen für Immobilienfonds. Hier ist an erster Stelle die Verpflichtung zu

---

3 §§ 34c, 34d Wertpapierhandelsgesetz (WpHG).
4 § 31 Abs. 3a WpHG.
5 § 25a WpHG.
6 Gesetzesentwurf der Bundesregierung, BT-Drucksache 17/3628, Begründung A. II.
7 § 80c Investmentgesetz (InvG).
8 §§ 81, 81a, 81b InvG.
9 § 78 InvG.
10 § 80a InvG.
11 § 79 InvG.
12 § 83 Abs. 2 InvG.
13 § 145 InvG.
14 Gesetz zur Umsetzung der Richtlinie 2009/65/EG zur Koordinierung der Rechts- und Verwaltungsvorschriften betreffend bestimmte Organismen für gemeinsame Anlagen in Wertpapieren (OGAW-IV-Umsetzungsgesetz – OGAW-IV-UmsG), Gesetz vom 22. Juni 2011, BGBl. I. S. 1126.

nennen, neben dem Verkaufsprospekt eine Art Kurzprospekt, genannt die „wesentlichen Anlegerinformationen“, beim Vertrieb einzusetzen.[15] Diese wesentlichen Anlegerinformationen stehen an Stelle des oben genannten Produktinformationsblatts, das für andere Finanzinstrumente als Investmentfonds zur Verfügung gestellt werden muss.

Den Abschluss der Darstellung bildet eine eigene Stellungnahme und Bewertung der Frage, ob die offenen Immobilienfonds durch die neuen Regelungen tatsächlich nachhaltig stabilisiert werden können.

2. Der Begriff des „offenen Immobilienfonds“

Zunächst soll jedoch der Begriff des „offenen Immobilienfonds“ definiert werden. Darunter sind Sondervermögen[16] zu verstehen, die das bei ihnen angelegte Geld in Immobilien anlegen.[17] Diese Sondervermögen werden von einer Kapitalanlagegesellschaft[18] (KAG) in der Form von Treuhandvermögen aufgelegt.[19] Diese Treuhandvermögen haben keine eigene Rechtspersönlichkeit, sondern werden von einer KAG im eigenen Namen für Rechnung der Anteilinhaber verwaltet.[20] Die KAG ist entweder die juristische Eigentümerin der Immobilien oder – insbesondere bei Auslandsimmobilien – Gesellschafterin von Immobiliengesellschaften, welche die Immobilien halten.[21] Die Anleger sind wirtschaftliche Eigentümer und untereinander ähnlich einer Bruchteilsgemeinschaft organisiert.[22]

Anders als bei unregulierten geschlossenen Fonds erfolgt die Anlage des Fondsvermögens nach dem Grundsatz der Risikostreuung.[23] So darf z.B. keine Immobilie mehr als 15 % des NIW[24] des Fonds ausmachen und der Gesamtwert aller Immobilien, deren einzelner Wert mehr als 10 % des NIW beträgt, darf 50 % des NIW nicht übersteigen.[25]

Darüber hinaus enthält das InvG detaillierte Regelungen für das Vorhalten von Mindest- und Höchstliquidität und deren Anlage sowie für die Kreditaufnahme.

---

15 § 42 Abs. 2a InvG.

16 § 2 Abs. 2 InvG.

17 Also „Immobilien-Sondervermögen“ im Sinne des § 66 InvG.

18 Siehe Legaldefinition in § 2 Abs. 6 InvG.

19 § 75 InvG.

20 § 31 Abs. 2 InvG.

21 Die zulässigen Vermögensgegenstände sind in §§ 67 und 68 InvG für Publikums-Immobilien-Sondervermögen abschließend aufgeführt.

22 *Beckmann,* in: Beckmann/Scholtz, Investment, Ergänzungslieferung 2/07 – III.07, § 30 Rdn. 23 ff.

23 § 2 Abs. 2 in Verbindung mit § 1 Satz 1 InvG.

24 „Netto-Inventarwert“, d.h. der gemäß § 36 Abs. 1 InvG zu ermittelnde Gesamtwert aller Vermögensgegenstände abzüglich aller aufgenommenen Kredite und sonstigen Verbindlichkeiten.

25 § 73 Abs. 1 InvG.

So sind mindestens 5 % des NIW in liquiden Mitteln vorzuhalten, die für mögliche Anteilrücknahmen zur Verfügung stehen sollen.[26] Maximal darf die Liquidität 49 % des NIW betragen,[27] weil ein Immobilienfonds aus Gründen der Produktwahrheit und -klarheit überwiegend in Immobilien angelegt sein muss. Die Beschränkung der Kreditaufnahme und die durch das AnsFuG ausgelöste Neuregelung soll unter „V." im Einzelnen beschrieben werden.

Schließlich gelten besondere Vorschriften für die Bewertung der Fondsimmobilien durch unabhängige Sachverständige. Alle Immobilien, gleich ob direkt oder über Immobiliengesellschaften gehalten, müssen von unabhängigen Sachverständigen bewertet werden.[28]

Eine besondere Charakteristik offener Immobilienfonds ist die Möglichkeit der Anleger, zumindest bis zum Inkrafttreten der hier darzustellenden Gesetzesnovelle, ihre Anteile grundsätzlich täglich zurückgeben zu können.

Dieser Beitrag behandelt ausschließlich Immobilien-Sondervermögen in der Form von Publikums-Sondervermögen, also Investmentvermögen, die ohne Einschränkungen für das Publikum erwerbbar sind. Daneben gibt es Immobilien-Sondervermögen auch in Form sogenannter Spezial-Sondervermögen (herkömmlich als „Spezialfonds" bezeichnet), die nur institutionellen Anlegern offen stehen.[29] Auf solche Spezialfonds finden die darzustellenden Änderungen durch die Gesetzesnovelle vom April 2011 keine Anwendung, insbesondere nicht die Beschränkungen der Anteilrücknahmen.[30]

3. Das bisherige Rücknahmeverhalten der offenen Immobilienfonds

Der erste offene Immobilienfonds, der „iii-Fonds Nr. 1", wurde im Mai 1959 aufgelegt.[31] In den folgenden fast fünf Jahrzehnten waren die offenen Immobilienfonds stets in der Lage, rücknahmewilligen Anlegern den auf sie entfallenden Anteil des Sondervermögens auszuzahlen, da nicht zuletzt durch die Ausgabe neuer Anteile stets ausreichend Liquidität vorhanden war.[32] Im Dezember 2005 wurde erstmals – und nur für wenige Monate – die Rücknahme eines offenen Immobilienfonds („grundbesitz invest") ausgesetzt,[33] nicht wegen unmittelbarer

26 § 80 Abs. 1 Satz 2 InvG.
27 § 80 Abs. 1 Satz 1 InvG.
28 § 77 InvG.
29 § 2 Abs. 3 InvG.
30 § 91 Abs. 3 und 4 InvG.
31 Eine kleine Investmentgeschichte – anlässlich des 40-jährigen Bestehens des BVI Bundesverband Investment und Asset Management e.V., S. 5 (abrufbar unter http://www.bvi.de/de/sonderseiten/bestellcenter/Downloads/2010_03_25_Eine_kleine_Investmentgeschichte_40_Jahre_BVI.pdf).
32 Gesetzesentwurf der Bundesregierung, BT-Drucksache 17/3628, Begründung A. II.
33 Siehe Handelsblatt vom 14. Dezember 2005 (http://www.handelsblatt.com/finanzen/fonds/nachrichten/fonds-probleme-belasten-deutsche-bank/2588628.html).

Liquiditätsengpässe, sondern wegen Unsicherheiten über die Immobilienbewertung (ähnlich dem „Uni-Immo Global", der kurz nach der Fukushima-Katastrophe geschlossen und mittlerweile wieder geöffnet wurde).[34]

Der Anlass für die hier darzustellende Gesetzesnovelle waren vermehrte Rücknahmeaussetzungen bei Immobilienfonds, welche nicht durch Probleme bei der Bewertung, sondern durch massive Rücknahmeverlangen der Anleger ausgelöst wurden.

Die erste Welle von Schließungen war eine Folge der Finanzkrise und folgte unmittelbar der Insolvenz von Lehman Brothers im Herbst 2008; drei der damals geschlossenen Immobilienfonds werden mittlerweile liquidiert, ebenfalls ein Novum in der Geschichte der offenen Immobilienfonds.[35]

Die zweite Welle folgte im Frühjahr 2010, nachdem Pläne des Bundsfinanzministeriums publik wurden, die einen zwangsweisen Bewertungsabschlag von 10 % auf den von den Sachverständigen ermittelten Wert vorsahen, welcher beim Verkauf mit einem Preis über dem Verkehrswert zugunsten der Anleger aufgelöst werden sollte.[36] Nach heftiger Kritik der Immobilienfonds-Lobby[37] wurde dieser Bewertungsabschlag aufgegeben und ist in der am 8. April dieses Jahres in Kraft getretenen Investmentgesetz-Novelle nicht mehr enthalten.

Die Anwendbarkeit der neuen Regeln erfordert grundsätzlich eine vorherige Änderung der sogenannten Vertragsbedingungen, welche das Rechtsverhältnis zwischen der KAG und den Anlegern regeln.[38] Der Gesetzgeber hat den KAG'en für die Umsetzung der neuen Regelungen durch Änderung der Vertragsbedingungen eine Übergangsfrist bis Ende 2012 eingeräumt[39] (mit Ausnahme der Reduzierung der Kreditaufnahmegrenze von 50 % auf 30 % des NIW, welche erst am 1. Januar 2015 erfolgen muss).[40]

---

34 Siehe Pressemitteilung der Union Investment Real Estate GmbH vom 16. Juni 2011 (http://www.bvi.de/de/presse/presseraum-offene-immobilienfonds/news/2011/2011_06_16_union.pdf).

35 Mittlerweile (Stand 26. Oktober 2011) befinden sich insgesamt sieben Immobilienfonds in der Phase der Auflösung (siehe Börsen-Zeitung vom 26. Oktober 2011, S. 4).

36 Siehe § 79 InvG in der Fassung des Diskussionsentwurfes des Bundesministeriums der Finanzen, Bearbeitungsstand 3. Mai 2010, 10.01 Uhr (http://www.bundesfinanzministerium.de/nn_1940/DE/BMF_Startseite/Service/Downloads/Abt_VII/DiskE_Gesetz_Anlegerschutz_Verbesserung_20Funktionalit_C3_A4t_20Finanzm_C3_A4rkte,templateId=raw,property=publicationFile.pdf).

37 Siehe nur Pressemitteilung des BVI Bundesverband Investment und Asset Management e.V. vom 6. Mai 2010 (http://www.bvi.de/de/presse/pressemitteilungen/presse2010/2010_05_06_Immobilien/pm_2010_05_06_immobilien.pdf).

38 § 43 InvG.

39 § 145 Abs. 2 InvG.

40 § 145 Abs. 5 InvG.

II. Rücknahme von Anteilen

Die beiden Rücknahmewellen in 2008 und 2010 haben deutlich gemacht, dass das Problem der Fristeninkongruenz für viele KAG'en nicht mehr beherrschbar war. Die Fristeninkongruenz entsteht bei Immobilienfonds aus der zwangsläufig langfristigen und wenig liquiden Immobilienanlage auf der einen Seite und dem Recht der Anleger auf jederzeitige tägliche Rücknahme ihrer Anteile auf der anderen Seite.[41]

Die meisten Fonds sahen bislang tägliche Rückgaben vor. Im Dezember 2007 wurde die Möglichkeit geschaffen, die Rücknahme auf einen Rücknahmetermin pro Monat zu beschränken, wenn der Anleger einen in den Vertragsbedingungen festgelegten Schwellenwert für eine Rücknahmeorder überschritten hat. Für diesen Fall mussten die Vertragsbedingungen zusätzlich eine Rückgabefrist vorsehen, die zwischen 1 und 12 Monaten liegen konnte.[42]

Von dieser Möglichkeit haben jedoch nur wenige Immobilienfonds Gebrauch gemacht. Das neue Recht sieht nun vor, dass die Rücknahmen grundsätzlich nur zu den in den Vertragsbedingungen bestimmten Rücknahmeterminen erfolgen, mindestens aber einmal jährlich.[43]

Darüber hinaus unterliegt jeder Anleger einer lock-up Frist von 24 Monaten, beginnend mit dem Datum des individuellen Erwerbs, innerhalb derer die Anteile nicht zurückgegeben werden dürfen.[44]

Schließlich unterliegen Anteilrücknahmen zusätzlich einer 12-monatigen Rückgabefrist,[45] die allerdings bereits während der 24-monatigen lock-up Periode in Gang gesetzt werden kann.

Aus den Reihen der Fondsindustrie stammt die Annahme, Hauptschuldige für die massiven Rücknahmen seien institutionelle Anleger, die durch gleichgerichtetes Verhalten seit Oktober 2008 in hohem Maße Liquidität aus offenen Immobilienfonds abgezogen hätten.[46] Institutionelle Anleger sollen ihre überschüssige Liquidität in offenen Immobilienfonds geparkt und bei Bedarf kurzfristig wieder abge-

---

41 Gesetzesentwurf der Bundesregierung, BT-Drucksache 17/3628, Begründung A. II., S. 18 linke Spalte.

42 Siehe § 80c Abs. 2 InvG in der Fassung des Gesetzes zur Änderung des Investmentgesetzes und zur Anpassung anderer Vorschriften (Investmentgesetz) vom 21. Dezember 2007 (BGBl. I vom 27. Dezember 2007, S. 3089 ff.).

43 § 80c Abs. 2 Satz 1 InvG.

44 § 80c Abs. 3 InvG.

45 § 80c Abs. 4 InvG.

46 Stellungnahme der Union Asset Management Holding AG anlässlich der öffentlichen Anhörung des Finanzausschusses des deutschen Bundestages am 1. Dezember 2010 zu dem Gesetzentwurf des AnsFuG, abrufbar unter http://www.kapitalmarktrecht-im-internet.eu/de/Rechtsgebiete/Kapitalmarktrecht/Artikelgesetze/197/Anlegerschutz-_und_Funktionsverbesserungsgesetz.htm.

zogen haben.[47] Um gezielt diese Anlegergruppe in Zukunft von den offenen Immobilienfonds fern zu halten und die Attraktivität der Immobilienfonds für die Gruppe der sogenannten „Kleinanleger" nicht zu vermindern, dürfen in Zukunft nur noch maximal € 30.000 im Kalenderhalbjahr ohne Berücksichtigung der vorgenannten Beschränkungen zurückgegeben werden.[48]

Zum Beleg der Rückgabeberechtigung muss in Zukunft jeder Anleger mindestens den seiner Rückgabeerklärung entsprechenden Anteilbestand durchgehend für die gesamten, dem Rücknahmebegehren vorausgehenden, 24 Monate nachweisen, und zwar entweder durch einen Nachweis der depotführenden Bank oder auf eine andere in den Vertragsbedingungen vorgesehene Art und Weise.[49] Die Bestätigung durch die depotführende Bank soll sich hierbei an § 123 AktG orientieren;[50] diese Vorschrift regelt bei Inhaberaktien deutscher Aktiengesellschaften den Nachweis der Berechtigung zu Stimmrechtsausübung auf der Hauptversammlung.

Einige Details dieser Nachweispflicht sind noch nicht geklärt. So gelten die vorgenannten Regeln zwar eindeutig pro Anleger, doch kann freilich ein Anleger Depots bei mehreren Banken unterhalten. Anteile an offenen Immobilienfonds sind nahezu regelmäßig girosammelverwahrfähige Inhaberpapiere. Die depotführenden Banken aggregieren typischerweise alle Rücknahmeverlangen (wobei auch ein Netting mit Anteilzeichnungen erfolgt) und teilen diese, ohne Offenlegung der Anlegeridentität, der Depotbank des Immobilienfonds mit. Theoretisch könnten Anleger also durch Verteilung ihrer Fondsanlagen auf mehrere Depots die vorgenannten Rücknahmebeschränkungen unterlaufen. Dies ist praktisch nur dadurch zu vermeiden, dass auch die Identität der Anleger der Depotbank des Fonds mitgeteilt wird, welche dann zusätzlich prüfen müsste, ob ein Anleger nicht Anteile aus Depots bei anderen Banken zurückgegeben und damit die Grenze von € 30.000 überschritten hat. Auf diese Prüfung sind allerdings die Depotbanken bislang nicht vorbereitet, und sie dürfte in der Praxis auch einen erheblichen Mehraufwand bedeuten. Es bleibt abzuwarten, wie die Depotbanken in Zukunft mit dieser Herausforderung umgehen werden.

---

47 Stellungnahme der Verbraucherzentrale Bundesverband vom 28. Mai 2010 zum Diskussionsentwurf des AnsFuG vom 19. April 2010, abrufbar unter http://www.kapitalmarktrecht-im-internet.eu/de/Rechtsgebiete/Kapitalmarktrecht/Artikelgesetze/197/Anlegerschutz-_und_Funktionsverbesserungsgesetz.htm; siehe auch *Möllers/Wenninger*, Das Anlegerschutz- und Funktionsverbesserungsgesetz, NJW 2011, 1697, 1702.

48 § 80c Abs. 3 Satz 1 und Abs. 4 Satz 1 InvG.

49 § 80c Abs. 3 Satz 3 und Abs. 4 Satz 2 InvG.

50 Gesetzesentwurf der Bundesregierung, BT-Drucksache 17/3628, Begründung A. II., zu Artikel 3, Nr. 7b), § 80c Abs. 3, S. 27.

III. Aussetzung der Rücknahme von Anteilen

Die praktischen Erfahrungen der vergangenen zwei Jahre haben auch gezeigt, dass die Regelungen über die Aussetzung von Anteilrücknahmen verbesserungswürdig waren.

Das InvG sieht für Immobilienfonds zwei Möglichkeiten vor, um ihre Anteilrücknahmen auszusetzen:

1. Aussetzung gemäß § 37 InvG

Bei Vorliegen außergewöhnlicher Umstände, also z.B. bei Schließung der maßgeblichen Börsen oder der Unmöglichkeit einer ordentlichen Bewertung, kann die Rücknahme für jeden Fondstyp des InvG ausgesetzt werden, wenn dies in den Vertragsbedingungen vorgesehen ist.[51] Solche Rücknahmen unterliegen keinen besonderen Fristen; die KAG muss vielmehr die Anteilrücknahmen wieder aufnehmen, sobald die außergewöhnlichen Umstände nicht mehr bestehen. Während dieser Aussetzung ruht zwingend auch die Ausgabe neuer Anteile.[52]

Die Rücknahmeaussetzung kann von der Bundesanstalt für Finanzdienstleistungsaufsicht (im Folgenden „BaFin“) angeordnet werden, wenn dies im Interesse der Anleger erforderlich ist. Insbesondere kann die BaFin bei Immobilienfonds die Aussetzung der Rücknahme anordnen, wenn die KAG nicht ihrerseits die Rücknahmeaussetzung vornimmt, obwohl sie hierzu eigentlich gemäß § 37 InvG oder gemäß § 81 InvG verpflichtet wäre.[53]

Sowohl die Mitte März 2011 erfolgte Rücknahmeaussetzung des „Uni-Immo Global“ wegen Bewertungsschwierigkeiten bei seinen japanischen Immobilien als auch die erste Rücknahmeaussetzung überhaupt im Jahre 2005 waren solche gemäß § 37 InvG.[54] Im Zusammenhang mit der Rücknahmeaussetzung im Jahre 2005 hat das LG Frankfurt, in der – soweit ersichtlich – einzigen veröffentlichten Entscheidung zur Zulässigkeit einer Rücknahmeaussetzung, festgestellt, dass bei massiven Rücknahmeverlangen die Interessen der verbleibenden Anleger höher zu werten seien als die Interessen der rückgabewilligen Anleger. Das Gericht sah im Vorliegen von Rücknahmeverlangen im Wert von mehreren 100 % der durchschnittlichen monatlichen Rücknahmen einen außergewöhnlichen Umstand, der im Interesse der verbleibenden Anleger eine Aussetzung der Rücknahmen rechtfertigte.[55]

---

51 § 37 Abs. 2 Satz 1 InvG.
52 § 37 Abs. 2 Satz 2 InvG.
53 § 37 Abs. 3 InvG.
54 Siehe oben I. 3.
55 LG Frankfurt am Main, WM 2007, 2108 ff.

2. Aussetzung gemäß § 81 InvG

Darüber hinaus gibt es eine Verpflichtung spezifisch für Immobilienfonds, die Rücknahmen auszusetzen, wenn die Mindestliquidität für Rücknahmen von 5 % des NIW unterschritten wird.[56]

Diese Rücknahmeaussetzung ist auf maximal 30 Monate begrenzt.[57] Bislang war diese Aussetzung auf 12 Monate befristet und konnte, wenn die Vertragsbedingungen dies vorsahen, was sie regelmäßig taten, um weitere 12 Monate verlängert werden.[58]

Nach Ablauf der 30-Monatsfrist muss die KAG entweder die Anteilrücknahmen wieder aufnehmen oder die Verwaltung des Immobilienfonds kündigen. Ansonsten geht das Immobilienvermögen per Gesetz auf die Depotbank über.[59] Die KAG würde in dieser Situation voraussichtlich ihr Verwaltungsmandat kündigen, da der Übergang des Immobilienvermögens auf die Depotbank mit erheblichen Nachteilen verbunden ist. Der Übergang des Immobilienvermögens löst nämlich Grunderwerbsteuern für in Deutschland belegene Immobilien[60] und in vielen anderen Jurisdiktionen ähnliche Transfersteuern aus. Außerdem dürfte die Kündigung regelmäßig zu einem Kündigungsgrund unter den Kredit- und Derivateverträgen führen, die für Rechnung des Immobilienfonds abgeschlossen wurden.

Anders als bei einer Aussetzung gemäß § 37 Abs. 2 InvG sind im Fall der Aussetzung wegen Unterschreitens der Mindestliquidität gemäß § 81 InvG die Ausgaben neuer Anteile möglich[61] und, soweit dies unter Haftungsgesichtspunkten opportun erscheint, auch sinnvoll, um weitere Liquidität für Rücknahmen zu generieren. Allerdings gilt dies nicht, wenn die Aussetzung von der BaFin angeordnet wird.[62]

Während die KAG Immobilien grundsätzlich nicht unter ihrem Verkehrswert verkaufen darf (es sei denn, es werden zwei oder mehr Immobilien an denselben Erwerber veräußert, in welchem Fall die Gegenleistung insgesamt die Summe des Verkehrswerts um nicht mehr als 5 % unterschreiten darf),[63] sieht das Gesetz mit fortlaufender Dauer der Rücknahmeaussetzung die Möglichkeit steigender Rück-

---

56 § 81 Abs. 1 Satz 1 InvG.
57 § 81 Abs. 3 Satz 3 InvG.
58 § 12 Abs. 5 des zwischen dem BVI Investment und Asset Management e.V. und der BaFin abgestimmten Musters der Allgemeinen Vertragsbedingungen für Immobilien-Sondervermögen.
59 § 39 Abs. 1 InvG.
60 § 1 Abs. 1 Nr. 3 Grunderwerbsteuergesetz in Verbindung mit § 39 Abs. 1 InvG, wonach das Sondervermögen per Gesetz im Falle des Erlöschens des Verwaltungsrechts der KAG auf die Depotbank übergeht.
61 Siehe nur *Zöll*, in: Beckmann/Scholtz, Investment, Ergänzungslieferung 6/10 – VI.10, § 81 Rdn. 21.
62 § 37 Abs. 3 Satz 2 in Verbindung mit § 37 Abs. 2 Satz 2 InvG.
63 § 82 Abs. 1 Satz 3 InvG.

nahmeabschläge vor.[64] Diese Regelung reflektiert die bisherige Verwaltungspraxis der BaFin. Allerdings hatte sich die BaFin bisher nicht auf die konkrete Höhe der Abschläge festlegen lassen.[65]

Die einzelnen Phasen der Rücknahmeaussetzung lassen sich am besten durch ein Schaubild verdeutlichen:[66]

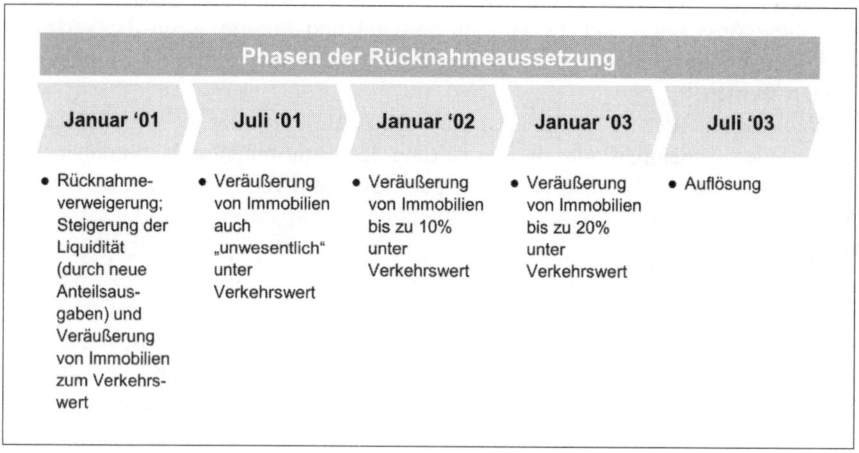

Die Darstellung geht von der Annahme aus, dass der Immobilienfonds halbjährlich Anteile zurücknimmt, und zwar jeweils zum 1. Januar und 1. Juli eines jeden Jahres.

Nach der ersten Rücknahmeverweigerung muss die KAG vorrangig versuchen, die Liquidität zu steigern, z.B. durch neue Anteilausgaben. In dieser Phase gilt das grundsätzliche Verbot, Immobilien unter dem Verkehrswert zu verkaufen.

In den zweiten 6 Monaten der Aussetzungsphase muss die KAG alle Anstrengungen unternehmen (und dies auch dokumentieren), um Immobilien zu „angemessenen Preisen" zu verkaufen, die auch „unwesentlich" unter dem Verkehrswert liegen dürfen.[67] Das Gesetz definiert nicht, was unter „unwesentlich" zu verstehen

64 § 81 Abs. 2 Satz 3 und Abs. 3 Satz 2 InvG.

65 Zur Frage der Veräußerung von Vermögensgegenständen des Sondervermögens durch die Kapitalanlagegesellschaft während der Aussetzung der Rücknahme von Anteilscheinen nach § 81 InvG; Veröffentlichung der BaFin vom 6. Februar 2009 (http://www.bafin.de/nn_722564/SharedDocs/Veroeffentlichungen/DE/Service/Auslegungsentscheidungen/Wertpapieraufsicht/ae_090206_verauesserung_81InvG.html).

66 Dieses Beispiel ist dem Gesetzesentwurf der Bundesregierung, BT-Drucksache 17/3628, Begründung Besonderer Teil zu Artikel 3 Nr. 9 Buchstabe b) (S. 28) entnommen.

67 Gesetzesentwurf der Bundesregierung, BT-Drucksache 17/3628, Begründung Besonderer Teil zu Artikel 3 Nr. 9 zu § 81 (S. 27 f.).

ist. In Anlehnung an die bisherige Verwaltungspraxis der BaFin wird man wohl von einem Wert von 3 % des Verkehrswertes ausgehen müssen, wobei im Einzelfall auch denkbar ist, dass ein höherer Abschlag im Interesse der Anleger liegen kann.

Im 2. Jahr der Rücknahmeaussetzung darf der Abschlag vom Verkehrswert bis zu 10 % betragen.

Im darauffolgenden Jahr sind Abschläge bis zu 20 % möglich, allerdings nur für einen Zeitraum von 6 Monaten. Dann muss die KAG entweder ihr Verwaltungsmandat kündigen, oder das Immobilienvermögen geht auf die Depotbank über.

3. Beschlüsse der Anleger

Bislang sah das Investmentgesetz für Sondervermögen kein Mitspracherecht der Anleger bei der Verwaltung vor. Anleger konnten letztlich nur „mit den Füßen abstimmen“, also ihre Anteile zurückgeben, wenn sie mit der Verwaltung des Immobilienfonds oder der Änderung der Vertragsbedingungen nicht einverstanden waren. Da diese Möglichkeit bei Fonds, die ihre Anteilrücknahmen ausgesetzt haben, freilich nicht mehr besteht, wollte der deutsche Gesetzgeber den Anlegern in diesem Fall zumindest ein sachlich beschränktes Mitspracherecht einräumen.[68]

Diese Regelung, die dem Schuldverschreibungsgesetz[69] nachgebildet ist, gibt der KAG die Möglichkeit, einen Notverkauf bestimmter Immobilien auch unter dem Verkehrswert und zu objektiv nicht angemessenen Bedingungen vorzunehmen. Um einerseits Zufallsergebnisse zu vermeiden, andererseits aber auch die Hürde für die Mindestbeteiligung der Anleger nicht zu hoch zu setzen,[70] schreibt das Gesetz ein Quorum von mindestens 30 % der Stimmrechte vor.[71] Für den Beschluss reicht eine einfache Mehrheit. Anders als im Schuldverschreibungsgesetz sieht der Gesetzgeber hier im Regelfall eine Beschlussfassung außerhalb einer Versammlung vor,[72] um gerade Privatanleger wegen des mit der Teilnahme an einer Versammlung verbundenen Aufwands nicht von der Stimmabgabe abzuschrecken.[73]

Hat die Anlegerversammlung ihre Zustimmung verweigert, darf die KAG die Immobilie nicht zu den vorgeschlagenen Bedingungen verkaufen. Gibt die Anlegerversammlung dagegen ihre Zustimmung, kann die KAG dennoch entscheiden, den Verkauf nicht vorzunehmen.[74]

---

68 Gesetzesentwurf der Bundesregierung, BT-Drucksache 17/3628, Begründung Besonderer Teil zu Artikel 3 Nr. 10 zu § 81b Abs. 1 (S. 29).

69 Gesetz über Schuldverschreibungen aus Gesamtemissionen (Schuldverschreibungsgesetz – SchVG) vom 31. Juli 2009 (BGBl. I S. 2512, geändert durch Artikel 9 des Gesetzes vom 19. November 2010, BGBl. I S. 1592).

70 Gesetzesentwurf der Bundesregierung, a.a.O., zu § 81b Abs. 2 (S. 29).

71 § 81b Abs. 2 Satz 1 InvG.

72 § 81b Abs. 3 InvG.

73 Gesetzesentwurf der Bundesregierung, a.a.O., zu § 81b Abs. 2 (S. 29).

74 § 81b Abs. 1 Satz 3 InvG.

Laut der Gesetzesbegründung soll die KAG den überstimmten Anlegern wegen des Verkaufs der Immobilie unter Verkehrswert grundsätzlich nicht haften, es sei denn in extremen Ausnahmefällen, in denen sich z.B. zwischenzeitlich eine andere Verkaufsmöglichkeit zu besseren Bedingungen ergeben hat.[75]

4. Die Kündigung der Verwaltung des offenen Immobilienfonds durch die KAG

Um eine zwangsweise Abwicklung des Fonds durch die Depotbank (und die damit verbundenen zusätzlichen Verluste des Fonds) zu vermeiden, wird eine KAG typischerweise vor Ablauf der Aussetzungsfrist die Verwaltung des Fonds kündigen.[76]

Die Kündigungserklärung stellt einen außerordentlichen Umstand dar, der ein Rücknahmeverweigerungsrecht gemäß § 37 InvG begründet.[77] In diesem Fall wird die bislang befristete Rücknahmeaussetzung also unbefristet und führt gleichzeitig zum endgültigen Verbot der Anteilausgabe.[78]

Das Gesetz sieht lediglich eine Mindestkündigungsfrist von sechs Monaten vor; die Vertragsbedingungen können jedoch eine längere Kündigungsfrist bestimmen.[79] Diese Regelung ist auf Wertpapier-Sondervermögen und andere Fonds mit höherer Liquidität zugeschrieben, bei denen eine Liquidation ohne weiteres auch innerhalb einer kürzeren Frist möglich wäre. Bei Immobilienfonds stellt sich jedoch eher das Problem der Begrenzung der Kündigungsfrist. Hier hat sich der Gesetzgeber offenbar nicht festlegen wollen, sondern überlässt es letztlich der BaFin, gegen übermäßig lange Kündigungsfristen einzuschreiten. Die BaFin hat in der Vergangenheit Kündigungsfristen von bis zu 36 Monaten akzeptiert.[80]

Nach Erklärung der Kündigung ist die KAG berechtigt und verpflichtet, mit Zustimmung der Depotbank alle Vermögensgegenstände zu „angemessenen" Preisen zu veräußern, sofern nicht die Anleger einer Veräußerung zu niedrigeren Preisen zustimmen.[81] Welche Preise angemessen sind, hat die KAG nach pflichtgemäßem Ermessen zu entscheiden. Mit fortschreitender Kündigungsfrist dürften die hinzunehmenden Abschläge auf den Verkehrswert immer größer werden,[82]

75 Gesetzesentwurf der Bundesregierung, a.a.O., zu § 81b Abs. 1 (S. 29).

76 Dies ist zwar nicht gesetzlich zwingend, entspricht aber der bisher zu beobachtenden Praxis der KAG'en, welche ansonsten ihr Verwaltungsrecht gemäß § 39 Abs. 1 InvG verloren hätten.

77 § 81a Abs. 1.

78 Das Verbot der Ausgabe neuer Anteile ergibt sich aus § 37 Abs. 2 Satz 2 InvG.

79 § 38 Abs. 1 InvG; die zwischen BVI Investment und Asset Management e.V. und BaFin abgestimmten Muster für die Allgemeinen Vertragsbedingungen sehen in § 16 Abs. 1 eine Kündigungsfrist von „mindestens sechs Monaten" vor.

80 Siehe Übersicht über alle offenen Immobilienfonds und Immobilien-Dachfonds, welche die Rückgabe ihrer Anteile ausgesetzt haben, sowie der Sondervermögen, deren Verwaltung von der KAG gekündigt wurde, Börsen-Zeitung vom 13. August 2011, S. 5.

81 § 81a Abs. 2 InvG.

82 Siehe auch Veröffentlichung der BaFin vom 6. Februar 2009 (Fn. 65).

zumal potentielle Käufer die Notsituation des Fonds typischerweise nutzen, um die Preise der Immobilien zu drücken. In dieser Phase haben die Anlegerinteressen am zügigen Verkauf eindeutig Vorrang vor dem Verbot der Veräußerung an Gruppengesellschaften gem. § 68a InvG sowie der Einhaltung der gesetzlichen und vertraglichen Anlagegrenzen.[83] Darüber hinaus sollen in dieser Phase die Anleger so schnell wie möglich wieder ihre Einlagen zurückerhalten. Daher verlangt das Gesetz halbjährliche Ausschüttungen, selbst wenn die Vertragsbedingungen nur jährliche Ausschüttungen vorsehen.[84] Es sollen hierbei nicht nur Erlöse ausgeschüttet werden, sondern auch Ausschüttungen aus der Substanz erfolgen, wenn die Liquiditätslage des Fonds dies zulässt.[85]

5. Abwicklung des offenen Immobilienfonds durch die Depotbank

Die letzte Phase der Liquidation eines Immobilienfonds ist die Abwicklung durch die Depotbank. Diese Phase kann durch verschiedene Anlässe eingeleitet werden, nämlich durch

(a) den Ablauf der Aussetzungsfrist gemäß § 81 InvG, oder
(b) die dritte Aussetzung der Anteilrücknahmen binnen fünf Jahren; diese Frist wird durch kurzfristige, nicht-nachhaltige Wiedereröffnungen weder gehemmt noch unterbrochen;[86] oder
(c) den Ablauf der Kündigungsfrist bei Kündigung der Verwaltung durch die KAG.[87]

Es ist davon auszugehen, dass eine KAG den beiden erstgenannten Abwicklungsgründen regelmäßig durch Kündigung zuvorkommen wird, um die Gelegenheit zu haben, innerhalb der Kündigungsfrist den Fonds selbst abzuwickeln. Denn ansonsten geht der Fonds auf die Depotbank über, mit den bereits erwähnten nachteiligen Folgen für die Anleger.

Obwohl das InvG nunmehr wesentlich detailliertere Regelungen für die Aussetzung der Anteilrücknahmen von Immobilienfonds vorsieht, bleiben viele Einzelheiten der Abwicklung weiterhin offen. Ungeklärt ist vor allem die Frage, welche Preise als angemessen gelten können, also welcher Abschlag vom Verkehrswert gerechtfertigt ist. Gerade diese Frage treibt sowohl die KAG als auch die Depotbank um. Denn hier liegen die potentiell größten Risiken für Anlegerklagen. Unklar ist auch, welche Kosten dem Fonds im Rahmen der Abwicklung noch

83 § 81 Abs. 3 InvG; Gesetzesentwurf der Bundesregierung, BT-Drucksache 17/3628, Begründung Besonderer Teil zu Artikel 3 Nr. 10 zu § 81a Abs. 3 (S. 29).
84 § 81a Abs. 4 InvG.
85 Gesetzesentwurf der Bundesregierung, BT-Drucksache 17/3628, Begründung Besonderer Teil zu Artikel 3 Nr. 10 zu § 81a Abs. 4 (S. 29).
86 § 81 Abs. 4 InvG.
87 § 39 Abs. 2 InvG.

belastet werden können. Die Vertragsbedingungen gelten in dieser Phase nicht mehr, aber es ist der Depotbank auch nicht zuzumuten, den Fonds kostenlos abzuwickeln.[88]

Offen ist ferner die Frage, ob die Depotbank die Abwicklung auslagern darf,[89] z.B. auf die KAG, welche wohl am ehesten in der Lage sein dürfte, eine ordnungsgemäße Abwicklung sicher zu stellen, und welche Vergütung der Auslagerungsstelle hierfür aus dem Fonds gezahlt werden darf. Vor dem Hintergrund, dass die Depotbank auf einen Verkauf von Immobilien überhaupt nicht eingerichtet ist und hierfür weder Personal noch die erforderliche Infrastruktur unterhält, stellt sich auch die Frage nach dem Haftungsmaßstab für die Depotbank für etwaige Schäden bei der Abwicklung des Fonds. Schließlich ist ungeklärt, in welchem Zeitraum die Abwicklung des Fonds durch die Depotbank erfolgen soll und ob die Depotbank z.B. einseitig ihr Mandat für die Abwicklung beenden kann.

IV. Ertragsverwendung

Mindestens 50 % der Erträge des Fonds müssen an die Anleger ausgeschüttet werden, sofern sie nicht für künftige Instandsetzungen der Immobilien benötigt werden.[90] Gemeint sind hiermit nur die „ordentlichen" Erträge. Außerordentliche Erträge aus der Veräußerung von Immobilien sind hiervon ausdrücklich ausgenommen.[91] Diese sind nicht zwingend auszuschütten, sondern können den Anlegern auch für etwaige Rücknahmeverlangen zur Verfügung stehen.[92] Diese

88 Das zwischen BaFin und BVI Investment und Asset Management e.V. abgestimmte Muster der Allgemeinen Vertragsbedingungen sieht in § 16 Abs. 3 Satz 3 vor, dass die Depotbank für die Zeit der Abwicklung die der KAG zustehenden Vergütung verlangen kann. Nicht klar ist, welche Rechtswirkung diese Regelung überhaupt entfalten kann, weil die Vertragsbedingungen bereits gekündigt sind, wenn die Depotbank die Abwicklung übernimmt, und die Depotbank überdies nicht Partei der Vertragsbedingungen ist. Man wird wohl davon ausgehen müssen, dass eine vertragliche Vereinbarung zwischen Anlegern und Depotbank zustande kommt, sofern die Depotbank die Abwicklung tatsächlich übernimmt (und nicht zuvor den Depotbankvertrag kündigt) und die Depotbank dann die zuvor der KAG zustehende Vergütung, einschließlich der einmaligen Verkaufsvergütungen, verlangen kann.

89 Denn gemäß Nr. 9.3 der Mindestanforderungen an das Risikomanagement für Investmentgesellschaften – InvMaRisk (Rundschreiben 5/2010 (WA) ist bei der Auslagerung der Verwaltung von Immobilien zu beachten, dass das Letztentscheidungsrecht über den Erwerb oder die Veräußerung nicht delegierbar ist. Da es sich bei der Abwicklung jedoch nicht um eine Portfolioverwaltung handelt, sollte Nr. 9.3 der InvMaRisk der Auslagerung nicht entgegenstehen.

90 § 78 Abs. 1 Satz 2, 1. Halbsatz InvG.

91 § 78 Abs. 1 Satz 2, 2. Halbsatz InvG.

92 Siehe Bericht des Finanzausschusses des deutschen Bundestages, BT-Drucksache 17/4739, Begründung Besonderer Teil zu Artikel 3 Nr. 4 zu § 78 Absatz 1 (S. 22).

Mindestausschüttung dient dem Ausgleich der durch die Rücknahmefristen eingeführten Kapitalbindung. Der Gesetzgeber hielt diesen Ausgleich insbesondere vor dem Hintergrund für erforderlich, dass die Anleger aus dieser Ausschüttung die Liquidität für die jährlich fällig werdenden Steuern auf die thesaurierten Erträge erhalten sollten.[93]

V. Begrenzung der Kreditaufnahme

Um die Sicherheit und Liquidität der Immobilienfonds und damit ihre Attraktivität für Privatanleger zu erhöhen, soll die Eigenkapitalquote der Fonds deutlich erhöht werden.[94] Bislang konnten Kredite bis zur Höhe von 50 % des Verkehrswertes der Immobilien aufgenommen werden. Diese Grenze soll nun auf 30 % reduziert werden.[95] Bei Spezial-Sondervermögen, welche in Immobilien anlegen, bleibt es mangels Ausrichtung auf Privatanleger bei der bisherigen Kreditaufnahmegrenze von 50 %.[96]

Mit dieser Regelung wird zwar das Anlagerisiko reduziert. Gleichzeitig wird jedoch auch die Steueroptimierung beim Erwerb ausländischer Immobilien behindert, und die Kosten der Währungssicherung werden erhöht, da die Kreditaufnahme in der Landeswährung eingeschränkt wird.[97]

VI. Bewertung der Immobilien

Die Krise der offenen Immobilienfonds hat auch eine Diskussion über die Angemessenheit der Bewertungsregelungen für Immobilien ausgelöst.[98] Bislang mussten Immobilien erstmalig beim Kauf und anschließend jährlich bewertet werden.

---

93 Gesetzesentwurf der Bundesregierung, BT-Drucksache 17/3628, Begründung Besonderer Teil zu Artikel 3 Nr. 4 zu § 78 (S. 26).

94 Siehe Bericht des Finanzausschusses des deutschen Bundestages, BT-Drucksache 17/4739, Begründung Besonderer Teil zu Artikel 3 Nr. 7 zu § 80a Satz 1 (S. 23).

95 § 80a Satz 1 InvG.

96 § 91 Abs. 4 InvG; zur Begründung für diese Regelung siehe Bericht des Finanzausschusses des deutschen Bundestages, BT-Drucksache 17/4739, Begründung Besonderer Teil zu Artikel 3 Nr. 7 zu § 80a Satz 1 (S. 23).

97 Siehe Pressemitteilung der deutschen Ratingagentur Scope vom 18. Mai 2011, S. 4 (abrufbar unter http://realestate.union-investment.de/docme/unternehmen/difa/wirueberuns/Moody_s_rating/Scope_Pressemitteilung_Rating_OIF_2011.pdf).

98 Siehe nur Manager Magazin vom 4. Mai 2009; „Die Fonds ignorieren die Wirklichkeit" (abrufbar unter http://www.manager-magazin.de/finanzen/artikel/0,2828,druck-619136,00.html) sowie die Stellungnahmen der Deutsche Steuer-Gewerkschaft und der Verbraucherzentrale Bundesverband zum AnsFuG (abrufbar unter http://www.kapitalmarktrecht-im-internet.eu/de/Rechtsgebiete/Kapitalmarktrecht/Artikelgesetze/197/Anlegerschutz-_und_Funktionsverbesserungsgesetz.htm).

Sehen die Vertragsbedingungen in Zukunft nur eine Rücknahmemöglichkeit pro Jahr vor, so bleibt es bei dieser Regelung.[99] Ansonsten erfolgen die Nachbewertungen in den Abständen der Rücknahmetermine, mindestens aber in Abständen von 3 Monaten.[100] Um eine gleichmäßige Verteilung der Nachbewertungen sicher zu stellen, darf nur die Bewertung von maximal 30 % des Immobilienvermögens älter sein als ein Drittel des Bewertungsintervalls.[101]

Die Unabhängigkeit der Sachverständigen wurde in den vergangenen Jahren ebenfalls immer wieder in Frage gestellt. Selbst der Gesetzgeber ging offenbar davon aus, dass diese Unabhängigkeit zum Schutz der Anleger weiter gestärkt und die entsprechenden Regelungen für die Bestellung der Sachverständigen weiter verschärft werden müssen.[102] Bildet eine KAG mehrere Sachverständigenausschüsse, so darf ein Sachverständiger nur Mitglied in einem dieser Ausschüsse sein; die Bestellung ist maximal bis zum Ablauf des zweiten auf die erstmalige Bestellung folgenden Kalenderjahres begrenzt[103] (vormals waren Bestellungen bis zum Ablauf des fünften auf die erstmalige Bestellung folgenden Kalenderjahres limitiert). Anschließend besteht die Möglichkeit der dreimaligen Verlängerung, jeweils für ein Jahr, sofern der Sachverständige seine wirtschaftliche Unabhängigkeit von der KAG dadurch nachweist, dass die Einnahmen aus seiner Tätigkeit für den Fonds 30 % seiner Gesamteinnahmen nicht überschritten haben.[104] In der Folgezeit darf die KAG diesen Sachverständigen erst nach Ablauf von zwei Jahren erneut als Mitglied eines ihrer Sachverständigenausschüsse bestellen.[105]

VII. Immobilien-Dachfonds

Die Krise der offenen Immobilienfonds hat auch vor den Immobilien-Dachfonds nicht Halt gemacht. Mittlerweile[106] mussten drei Immobilien-Dachfonds ihre Rücknahmen aussetzen, weil sie wegen der Anlage in Immobilienfonds, die ihrerseits die Anteilrücknahmen ausgesetzt hatten, selbst nicht mehr über ausreichende Liquidität verfügten. Einer von ihnen wird in der Zwischenzeit aufgelöst.[107]

---

99 § 79 Abs. 1 Satz 3 InvG.

100 § 79 Abs. 1 Satz 10 InvG.

101 § 79 Abs. 1 Satz 11 InvG.

102 Bericht des Finanzausschusses des deutschen Bundestages, BT-Drucksache 17/4739, Begründung Besonderer Teil zu Artikel 3 Nr. 3 – § 77 Abs. 2 InvG (S. 22); Stellungnahme des Bundesrats zum AnsFuG, Drucksache 584/10 vom 1. November 2010, S. 16, Nr. 11.

103 § 77 Abs. 2 Satz 3 InvG.

104 § 77 Abs. 2 Satz 4 Nr. 1 InvG.

105 § 77 Abs. 2 Satz 5 InvG.

106 Stand 1. September 2011.

107 Die Kapitalanlagegesellschaft Allianz Global Investors hat die Verwaltung des Immobilien-Dachfonds „Premium Management Immobilien-Anlagen" zum 1. Juni 2012 gekündigt; Börsen-Zeitung vom 13. August 2011, S. 5.

Die Gesetzesnovelle führte daher Rücknahmebeschränkungen auch für Immobilien-Dachfonds ein. Hierunter versteht man so genannte Gemischte Sondervermögen, die nach ihren Vertragsbedingungen eine Anlage von mehr als 50 % ihres NIW in Publikums-Immobilienfonds erlauben.[108]

Analog zu den Regelungen der Immobilienfonds wird es auch hier in Zukunft eine Mindesthaltefrist von 24 Monaten geben.[109] Zusätzlich müssen Rücknahmen mit einer Frist von 12 Monaten angekündigt werden. Auch hier kann diese Frist bereits während der Mindesthaltefrist in Gang gesetzt werden.[110] Ebenfalls wie bei den offenen Immobilienfonds sieht das Kleinanlegerprivileg eine unbeschränkte Rückgabemöglichkeit für Anteile im Wert von bis zu € 30.000 im Kalenderhalbjahr vor.[111] Der Nachweis der Einhaltung der Rücknahmebeschränkungen erfolgt, wie bei den offenen Immobilienfonds, ebenfalls durch die depotführende Stelle.[112]

Aus Gründen des Anlegerschutzes verlangt die BaFin seit April dieses Jahres einen ausdrücklichen Hinweis im Verkaufsprospekt des Immobilien-Dachfonds, wenn mehr als 5 % seines NIW in Immobilienfonds angelegt sind, welche ihre Rücknahmen ausgesetzt haben. Diese Hinweispflicht gilt übrigens auch für andere Fondstypen, die in Immobilienfonds anlegen dürfen, wie z.B. gemischte Sondervermögen, die keine Immobilien-Dachfonds sind.

Darüber hinaus hat die BaFin in einem Schreiben vom 15. April 2011[113] ausgeführt, wie eine Bewertung der Anteile der Zielfonds zu erfolgen hat, deren Rücknahmen ausgesetzt sind. Hierbei besteht ein Wahlrecht zwischen dem zuletzt festgestellten Rücknahmepreis und dem aktuellen Kurswert gemäß § 23 Abs. 1 InvRBV.[114] Ein eigenes Bewertungsmodell darf die KAG, welche den Immobilien-Dachfonds verwaltet, nur anwenden, wenn keine der beiden vorgenannten Preisquellen zur Verfügung steht. Dies erscheint jedoch für Zielfonds, deren Anteile nicht an einer Börse notiert sind und für die es keinen Börsenkurs gibt, unverhältnismäßig rigide. Denn in diesen Fällen ist der Dachfonds gegebenenfalls gezwungen, die Anteile bis zur Wiedereröffnung oder dem Abschluss des Abwicklungsverfahrens zu halten, selbst wenn er die Möglichkeit hätte, an einen Dritten zu veräußern (freilich nur mit einem erheblichen Abschlag, der aber möglicherweise auch nicht höher ist als die Differenz zwischen Rücknahmepreis und Kurswert bei

108 § 83 Abs. 2 InvG.
109 § 83 Abs. 2 iVm § 80c Abs. 3 InvG.
110 § 83 Abs. 2 iVm § 80c Abs. 4 InvG.
111 § 83 Abs. 2 iVm § 80c Abs. 3 Satz 1 und Abs. 4 Satz 1 InvG.
112 § 83 Abs. 2 iVm § 80c Abs. 4 Satz 2 InvG.
113 Abrufbar unter http://www.bafin.de/cln_179/nn_721290/SharedDocs/Veroeffentlichungen/DE/Service/Auslegungsentscheidungen/Wertpapieraufsicht/ae_110415_immofonds_bewertung.html?_nnn=true.
114 Verordnung über Inhalt, Umfang und Darstellung der Rechnungslegung von Sondervermögen und Investmentaktiengesellschaften sowie die Bewertung der einem Investmentvermögen zugehörigen Vermögensgegenstände.

börsennotierten Immobilienfonds). Hier sollte der Dachfonds ein weitgehendes Ermessen haben, Anteile unter dem gegebenenfalls unrealistisch hohen Rücknahmepreis zu veräußern, falls dies im Interesse der Anleger angezeigt erscheint.

VIII. Übergangsfristen

Die Übergangsfristen waren ebenfalls Gegenstand kontroverser Diskussionen zwischen dem Gesetzgeber und der Immobilienfonds-Lobby, welche die Anwendbarkeit der neuen Regeln möglichst weit hinauszögern wollte.[115] Dieses Ziel hat sie auch weitgehend erreicht, zumal die Anwendbarkeit der neuen Regeln nahezu ausnahmslos zunächst eine Änderung der Vertragsbedingungen erfordert.

Die am 8. April 2011 bestehenden Immobilienfonds müssen ihre Vertragsbedingungen spätestens mit Wirkung zum 1. Januar 2013 entsprechend ändern, um sie an das neue Recht anzupassen.[116] Für die Reduzierung der Kreditaufnahmegrenze von 50 % auf 30 % besteht sogar eine um weitere zwei Jahre verlängerte Übergangsregelung.[117]

Die Änderung von Vertragsbedingungen setzt regelmäßig voraus, dass der Anleger seine Anteile zurückgeben kann, wenn er mit der Änderung nicht einverstanden ist. Für die Fonds, die derzeit ihre Anteilrücknahmen ausgesetzt haben, kommen die neuen Regeln also zu spät. Sollten diese Fonds die Anteilrücknahme nicht am 31. Dezember 2012 wieder aufgenommen haben, müssen sie ihre Vertragsbedingungen innerhalb von 6 Monaten nach Wiederaufnahme der Anteilrücknahmen ändern.[118]

Für Anleger, die vor Aufnahme der Rücknahmebeschränkungen in die Vertragsbedingungen Anteile an einem offenen Immobilienfonds hielten, gilt die Mindesthaltefrist von 24 Monaten als erfüllt, selbst wenn die Anteile erst einen Tag vor der entsprechenden Änderung der Vertragsbedingungen erworben wurden.[119] Allerdings findet die 12-monatige Rückgabefrist Anwendung,[120] so dass diese Anleger grundsätzlich die einjährige Kündigungsfrist beachten müssen, sobald die Vertragsbedingungen geändert wurden.

Gemäß § 145 Abs. 6 InvG müssen Immobilien-Dachfonds ebenfalls spätestens mit Wirkung zum 1. Januar 2013 ihre Vertragsbedingungen ändern, um die vor-

---

115 So sollen z.B. die Anpassungen für die offenen Immobilienfonds der DekaBank erst zum spätest möglichen Zeitpunkt, dem 1. Januar 2013, in Kraft treten (Aktuelle Kundeninformation der DekaBank vom 13. April 2011, abrufbar unter https://www.deka.de/globaldownload/de/fonds/produktprospekt/Endkundeninfo_BMF_Immo.pdf).

116 § 145 Abs. 4 S. 1 InvG.

117 § 145 Abs. 5 S. 1 InvG.

118 § 145 Abs. 4 S. 4 InvG.

119 § 145 Abs. 4 S. 2 InvG.

120 Dies ergibt sich daraus, dass § 145 Abs. 4 S. 3 InvG ausschließlich auf § 83c Abs. 3 InvG verweist, nicht aber auf § 83c Abs. 4 InvG.

genannten Rücknahmebeschränkungen einzuführen. Nach dem Wortlaut dieser Vorschrift würde allerdings das Grandfathering für die 24-monatige Mindesthaltefrist bei offenen Immobilienfonds keine Anwendung finden. Hier muss es sich jedoch wohl um ein Redaktionsversehen des Gesetzgebers handeln. Denn nach der Gesetzesbegründung sollen die Übergangsvorschriften für Immobilien-Dachfonds an diejenigen der offenen Immobilienfonds angepasst werden,[121] so dass man davon ausgehen muss, dass auch für Anleger in Immobilien-Dachfonds die 24-monatige Mindesthaltefrist als erfüllt gilt, wenn Anteile vor der Änderung der Vertragsbedingungen des Immobilien-Dachfonds erworben wurden.

Werden die Vertragsbedingungen eines Publikums-Sondervermögens geändert, so sieht das InvG keine Zustimmung der Anleger vor, sondern eine vorherige Genehmigung der Änderungen durch die BaFin.[122] Betrifft die Änderung die Anlagegrundsätze oder die Kostenbelastung der Anleger, so dürfen die Änderungen grundsätzlich erst 3 Monate nach ihrer Bekanntmachung in Kraft treten.[123] Werden die Vertragsbedingungen allerdings nur insoweit angepasst, als dies gemäß der Gesetzesnovelle im Rahmen des AnsFuG erforderlich ist, so treten die Änderungen bereits am Tag nach der Bekanntmachung in Kraft.[124] Anleger, die Anteile unter dem alten Regime erwarben, müssen also täglich gewärtigen, an die einjährige Rückgabefrist gebunden zu werden.

IX. Ausblick

1. Aktueller Stand der ausgesetzten und der in Auflösung befindlichen Fonds

Am 30. Juni 2011 hatten 13 Immobilienfonds mit einem Anlagevolumen von etwa € 24,672 Mrd ihre Anteilrücknahmen ausgesetzt.[125] Das entspricht einem Volumen in der Größe von etwa einem Viertel des gesamten Marktes der offenen Immobilienfonds.[126] Sieben der vorgenannten Immobilienfonds befinden sich bereits in der Auflösung durch die KAG. Die Kündigungsfrist ist bislang noch in keinem Fall abgelaufen, so dass bisher noch keine Depotbank tatsächlich einen Immobilienfonds abwickeln musste. Hiermit ist frühestens im Herbst 2013 zu rechnen, wenn bis dahin nicht das Fondsvermögen der betreffenden Immobilienfonds bereits durch die KAG an die Anleger zurückgezahlt wurde.

Im Mai 2012 läuft die 2-Jahresfrist für 4 weitere Fonds mit einem Anlagevolumen von etwa € 16,7 Mrd ab. Auch diese Fonds profitieren noch nicht von den

---

121 Siehe Bericht des Finanzausschusses des deutschen Bundestages, BT-Drucksache 17/4739, Begründung Besonderer Teil zu Artikel 6 Nr.14 zu § 145 Absatz 6 (S. 24).

122 § 43 Abs. 2 S. 1 InvG.

123 § 43 Abs. 3 InvG.

124 § 43 Abs. 5 S. 5 InvG.

125 Siehe Börsen-Zeitung vom 19. August 2011, S. 3.

126 Quelle BVI homepage (www.bvi.de).

neuen Regelungen. Zusätzlich wurden im Zeitraum zwischen September 2010 und August 2011 die Rücknahmen von drei Immobilien-Dachfonds ausgesetzt, von denen sich einer bereits in der Auflösung befindet.[127]

Für alle diese Fonds kommen die neuen Regelungen zu spät, da sie erst nach Änderung der Vertragsbedingungen Anwendung finden, welche, wie oben dargestellt, nur bei Fonds möglich ist, die ihre Anteile zurücknehmen.

2. Anlageverhalten der institutionellen Anleger

Es ist damit zu rechnen, dass institutionelle Anleger ihre Gelder aus offenen Immobilienfonds abziehen und diese in Zukunft meiden werden. So sieht z.B. das Kapitalanlagerundschreiben für Versicherungen und Pensionskassen vor, dass Immobilienfonds nur dann für das Sicherungsvermögen geeignet sind, wenn die Anteile jederzeit mit einer Frist von maximal 6 Monaten zurückgegeben werden können.[128] Damit dürfen diese institutionellen Anleger in Zukunft nicht mehr in Publikums-Immobilienfonds anlegen.[129] Nach der Verwaltungspraxis der Versicherungsaufsicht müssen allerdings Anlagen, die bereits am 8. April 2011 bestanden, nicht veräußert werden.[130] Auch institutionelle Anleger, die nicht der Versicherungsaufsicht unterliegen, werden offene Immobilienfonds in Form von Publikumsfonds wegen der massiven Beschränkungen der Anteilrücknahmen voraussichtlich in Zukunft meiden. Anlagen in Immobilien-Spezialfonds,[131] die von den neuen Regelungen nicht betroffen sind, dürften für diese Anlegergruppe im Gegenzug erheblich an Attraktivität gewinnen.

Man kann also davon ausgehen, dass der Gesetzgeber sein Ziel erreicht hat, offene Immobilienfonds in der Form von Publikumsfonds für institutionelle Anleger unattraktiv zu machen. Aber auch hohe Mittelabflüsse von Privatanlegern sind nicht auszuschließen. Dabei wird es sich voraussichtlich nicht nur um hochvermögende Privatanleger mit Anlagen von deutlich über € 30.000 handeln, sondern ebenfalls um Anleger, die Direktanlagen in Vermögensverwaltungsmandaten halten. Denn auch für Vermögensverwalter werden die Anlagen in offene Immobi-

---

127 Siehe Börsen-Zeitung vom 13. August 2011, S. 5.

128 Siehe B.4.12 i) des Rundschreibens 4/2011 (VA) – Hinweise zur Anlage des gebundenen Vermögens von Versicherungsunternehmen (abrufbar unter: http://www.bafin.de/cln_171/nn_724174/SharedDocs/Veroeffentlichungen/DE/Service/Rundschreiben/2011/rs_1104_anlr_va.html#doc2077334bodyText28).

129 So ausdrücklich B.4.12 der BaFin-Veröffentlichung „Häufig gestellte Fragen (FAQ) zu Rundschreiben 4/2011" (http://www.bafin.de/cln_171/SharedDocs/Downloads/DE/Unternehmen/VersichererUndPensionfonds/Kapitalanlagen/faq_zu_r411,templateId=raw,property=publicationFile.pdf/faq_zu_r411.pdf).

130 B.4.12 der BaFin-Veröffentlichung „Häufig gestellte Fragen (FAQ) zu Rundschreiben 4/2011" (Fn. 129).

131 Siehe dazu I.2. oben.

lienfonds durch die Rücknahmebeschränkungen gegebenenfalls weniger attraktiv. Ferner muss damit gerechnet werden, dass Strukturvertriebe versuchen werden, die Anleger in andere, liquidere Anlagen umzuschichten, solange dies noch ohne Einhaltung von Rückgabefristen möglich ist. Denn eine Umschichtung wird nach Eingreifen der Rücknahmebeschränkungen erheblich erschwert werden. Darüber hinaus besteht das Risiko einer Haftung der Vermögensverwalter und der Fondsvermittler, wenn sie ihre Kunden nicht ausreichend über alle mit der Anlage in offene Immobilienfonds verbundenen Risiken aufgeklärt haben. Während ein Haftungsrisiko der Kapitalanlagegesellschaften der betreffenden Immobilienfonds nicht ersichtlich ist, sofern sie nicht konkret gegen Anlagegrenzen verstoßen haben, stellt sich die Situation für Vermögensverwalter und den Vertrieb deutlich anders dar. Hier ist mit zahlreichen Verfahren zu rechnen, in denen eine mangelhafte Anlegeraufklärung, insbesondere über die vereinnahmten Rückvergütungen (oder Bestandsprovisionen) geltend gemacht werden.

Es stellt sich also die Frage, ob die offenen Immobilienfonds durch die Gesetzesnovelle tatsächlich in ein ruhigeres Fahrwasser geraten werden. Dies kann man ihnen und den Anlegern freilich nur wünschen. Dennoch sind Zweifel angebracht: die Mindesthalte- und Rückgabefristen können Rücknahmen letztlich nur verzögern, nicht jedoch wirksam verhindern. Das gilt insbesondere dann, wenn die KAG nur wenig Einfluss auf den Vertrieb der Fondsanteile hat und Umschichtungen in andere, liquidere Produkte zu befürchten sind, wenn der Fonds in eine Schieflage gerät.

Sondervermögen werden sich in Zukunft voraussichtlich im Streubesitz vornehmlich von Kleinanlegern befinden.[132] Denn die institutionellen Anleger werden Immobilienfonds in Zukunft meiden, und Privatanleger werden voraussichtlich etwaige Immobilienfondsanlagen breiter streuen, um unter das Rückgabeprivileg der € 30.000 pro Kalenderhalbjahr zu fallen. Dass vornehmlich die institutionellen Anleger die Liquiditätsengpässe durch ihr massives Rücknahmeverhalten ausgelöst haben sollen, ist – soweit ersichtlich – bislang nicht durch Studien belegt. Vielmehr muss man davon ausgehen, dass sich auch die Privatanleger dem „Herdentrieb“ nicht entziehen konnten.

3. Unbeantwortete Fragen zur Abwicklung von Immobilienfonds durch die Depotbank

Sollte schließlich eine Auflösung und anschließende Abwicklung eines offenen Immobilienfonds unvermeidlich sein, sind die hierbei auftretenden Fragen noch immer nicht angemessen gesetzlich geregelt. Die bestehenden Kündigungsregeln, insbesondere die Mindestkündigungsfrist von 6 Monaten, passen nicht auf Immobilienfonds. Hier stellt sich umgekehrt die Frage nach einer Begrenzung der maxi-

132 Siehe auch Möllers/Wenninger, NJW 2011, 1697, 1702.

malen Kündigungsfrist, die es der KAG erlaubt, die Auflösung und Auszahlung des Fonds möglichst noch selbst vorzunehmen.

Auch die Abwicklung durch die Depotbank nach Ablauf der Kündigungsfrist ist keine angemessene Lösung für einen Immobilienfonds. Bei Wertpapierfonds kann man grundsätzlich davon ausgehen, dass die Vermögenswerte unproblematisch innerhalb der Kündigungsfrist von der KAG veräußert werden können, so dass die Depotbank allenfalls noch die verbleibende Liquidität ausschütten muss. Bei Immobilienfonds ist dies jedoch selbst nach einer Kündigungsfrist von 36 Monaten nicht garantiert. Mit Wirksamwerden der Kündigung erfolgt dann ein Eigentumswechsel bezüglich aller Vermögensgegenstände des Fonds, der im In- und Ausland hohe Steuerlasten auslösen kann. Außerdem stellt die Wirksamkeit der Kündigung (und typischerweise nicht schon die Kündigungserklärung selbst) oftmals ein Recht zur Kündigung der noch bestehenden Darlehensverträge und gegebenenfalls auch der Derivateverträge (z.B. zur Währungssicherung) dar. Die kündigenden Darlehensbanken würden voraussichtlich die Zwangsversteigerung oder andere Zwangsmaßnahmen einleiten. Zudem würde gegebenenfalls die Währungssicherung des Fonds entfallen und zusätzliche Währungsrisiken von den Anlegern zu tragen sein. Die Depotbank würde also mit einer Situation konfrontiert, auf welche sie in keiner Weise vorbereitet ist.

Es läge nahe, dass die Depotbank die Abwicklung auf einen entsprechend qualifizierten Dritten auslagern würde.[133] Ironischerweise wäre die KAG, deren Verwaltungsrecht mit Wirksamkeit ihrer Kündigung erloschen ist, am besten geeignet, um diese Aufgabe zu übernehmen, und es dürfte nicht überraschen, wenn diese auch tatsächlich als Auslagerungsstelle von der Depotbank beauftragt würde. Vor diesem Hintergrund stellt sich die Frage, ob es wirklich sinnvoll ist, die Kündigungsfrist der KAG zu begrenzen, wenn sie letztlich doch weiter in die Abwicklung eingeschaltet bleibt (bzw. bleiben muss), zumal in dieser letzten Phase die oben dargestellten Nachteile für die Anleger (zusätzliche Steuerbelastung, Fälligstellung der Kredite, Kündigung der Währungssicherungen, etc) bereits eingetreten sind.

Hinzu kommen noch weitere Fragen wie etwa die des Haftungsmaßstabes für die Depotbank und die Möglichkeit der Beendigung des Depotbankmandats in der Abwicklungsphase.

Angesichts der vorgenannten Probleme und der Haftungsrisiken, die mit der Übernahme der Abwicklung des Immobilienfonds in einem gesetzlich nahezu vollständig ungeregelten Rahmen verbunden sind, könnte man es der Depotbank

---

133 Das in Nr. 9.4 des Rundschreibens 5/2010 (WA) zu den Mindestanforderungen an das Risikomanagement für Investmentgesellschaften (abrufbar unter http://www.bafin.de/cln_179/nn_724240/SharedDocs/Veroeffentlichungen/DE/Service/Rundschreiben/2010/rs_1005_wa_invmarisk.html) enthaltene Verbot der Übertragung der Letztentscheidungskompetenz zur Veräußerung von Grundstücken dürfte hier nicht mehr anwendbar sein, da die Abwicklung keine Maßnahme der Portfolioverwaltung darstellt.

nicht verübeln, wenn sie den Depotbankvertrag kündigen würde, bevor ihr die gesetzliche Verpflichtung zur Abwicklung des Fonds zufällt.

Eine solche Kündigung des Depotbankvertrags wäre keine unzulässige Kündigung zur Unzeit.[134] Die Depotbank ist zwar grundsätzlich verpflichtet, unabhängig von der KAG und ausschließlich im Interesse der Anleger zu handeln.[135] Das Verbot der Kündigung zur Unzeit ist jedoch ein allgemeiner Grundsatz des bürgerlichen Rechts und verbietet lediglich, dass eine Kündigung zu einem Zeitpunkt erfolgt, in dem der Dienstberechtigte nicht in der Lage ist, sich die Dienste anderweitig zu besorgen. Dem Dienstberechtigten muss die Möglichkeit erhalten bleiben, die Dienste nach Zugang der Kündigung auf einen Dritten zu übertragen, sobald und soweit er die Dienste benötigt.[136] Die Kündigung erfolgt jedoch nicht zur Unzeit, wenn für sie ein wichtiger Grund vorliegt.[137] Der Umstand, dass der Dienstverpflichtete außerstande ist, die geschuldeten Dienste zu erbringen, begründet einen solchen wichtigen Grund.[138] Die Depotbank ist nämlich typischerweise weder personell noch sachlich dafür ausgestattet, die Abwicklung eines Immobilienportfolios zu übernehmen. Die mit der Übernahme dieser Abwicklungsaufgabe einhergehenden Haftungsrisiken sind, insbesondere vor dem Hintergrund eines nahezu völligen Fehlens gesetzlicher Rahmenbedingungen, für die Depotbank unzumutbar.

Eine ähnliche Problematik stellt sich auch im Zusammenhang mit der Abwicklung eines Immobilien-Dachfonds durch die Depotbank. Wenn die KAG die Zielfondsanteile nicht vor Wirksamwerden der Kündigungsfrist (gegebenenfalls mit einem erheblichen Abschlag auf den Rücknahmewert, zu Kurswerten) veräußert, überlässt sie diese undankbare Aufgabe der Depotbank, die sich dann u.U. mit den Klagen der Anleger auseinandersetzen muss, warum die Zielfondsanteile nicht wesentlich früher zu Kurswerten bewertet (und gegebenenfalls veräußert) wurden. Auch hier stellt sich also die Frage, ob die Depotbank nicht vor Übergang der Abwicklungsaufgabe auf sie den Depotbankvertrag kündigen sollte.

Der Muster-Depotbankvertrag für Immobilien-Sondervermögen[139] sieht für den Fall der Beendigung des Depotbankvertrages vor, dass die Depotbank die ihr zur Verwahrung anvertrauten Vermögensgegenstände bei dem für die KAG

134 § 627 Abs. 2 Satz 1 BGB.

135 § 22 Abs. 1 S. 1 InvG.

136 *Henssler*, in: Münchener Kommentar zum BGB, 5. Auflage 2009, § 627 Rn. 29 f.; *Belling*, in: Erman, BGB, 12. Auflage 2008, § 627 Rn. 9.

137 § 627 Abs. 1 Satz 1 BGB.

138 LG Mannheim VersR 1973, 1175; Erman/*Belling* (Fn. 136), § 627 Rn. 9; *Fuchs*, in: Beck'scher Online-Kommentar BGB, Hrsg: Bamberger/Roth, Stand: März 2011, § 627 Rn. 9.

139 § 10 Abs. 3 des Gemeinsamen Muster-Depotbankvertrages des Zentralen Kreditausschusses und des BVI Investment und Asset Management e.V. (Stand 14. Juli 2011). Die hier in Bezug genommene Regelung findet sich ebenfalls in dem Muster-Vertrag für Immobilien-Dachfonds.

zuständigen Amtsgericht auf deren Kosten hinterlegen muss, falls die KAG nicht gleichzeitig eine neue Depotbank beauftragt (was praktisch sehr problematisch werden dürfte) und soweit die BaFin nicht andere Maßnahmen verlangt (wofür es keine klaren Rechtsgrundlagen gibt).[140] Die Hinterlegung der Vermögenswerte ist freilich keine praktikable Lösung für einen Immobilienfonds, der sich in der Abwicklung befindet. Vielmehr ist der Gesetzgeber aufgerufen, für die Abwicklung von Immobilienfonds (und auch für Immobilien-Dachfonds) ein klares Regelwerk zur Verfügung zu stellen. Hierfür könnten z.B. die Regelungen über den Sachwalter, den die BaFin zur Verwaltung der Deckungsmassen in der Insolvenz der Pfandbriefbank bestellt, Pate stehen.[141]

Es bleibt zu hoffen, dass die vorgenannten Szenarien nicht eintreten werden. Wenn sich in Zukunft dennoch das Risiko einer Immobilienkrise realisieren sollte, sind die Anleger durch die neuen Regeln nicht nachhaltig besser geschützt als zuvor. Es würde sich daher anbieten, dass der Gesetzgeber, z.B. im Rahmen der Umsetzung der AIFM-RL[142] die Regelungen der offenen Immobilienfonds noch einmal auf den Prüfstand stellt, die Halte- und Rückgabefristen weiter verschärft, die Problematik der Bewertung nochmals angeht und die offenen Fragen der Auflösung und Abwicklung adressiert. Erst dann dürfte eine nachhaltige Stabilisierung der offenen Immobilienfonds gewährleistet sein.

---

140 Hier geht man also ausdrücklich davon aus, dass die Kündigung des Depotbankvertrages möglich ist, auch wenn keine neue Depotbank zur Verfügung steht, und keine Kündigung zur Unzeit darstellt.

141 Siehe § 30 Pfandbriefgesetz.

142 Richtlinie 2011/61/EU vom 8. Juni 2011 über die Verwalter alternativer Investmentfonds. Offene (und gegebenenfalls auch geschlossene) Immobilienfonds fallen unter den Begriff des alternativen Investmentfonds im Sinne dieser Richtlinie, die bis spätestens 22. Juli 2013 umgesetzt werden muss.

Neues Recht für geschlossene Fonds[1]

Klaus Rotter,
Dipl.-Betriebswirt (FH), Rechtsanwalt,
Fachanwalt für Bank- und Kapitalmarktrecht

---

1 Der Beitrag berücksichtigt Entwicklungen in der Gesetzgebung bis 1. August 2011.

I. Grauer Kapitalmarkt im Fokus der Politik

1. Einführung

Geschlossene Fonds stellen das Kernelement des so genannten Grauen Kapitalmarkts dar. Hinsichtlich bestehender Regelungsdefizite werden sie quasi als „Epizentrum" des Grauen Kapitalmarkts angesehen. So wird in Gesetzgebungsvorhaben und entsprechenden Gesetzesmaterialien zur Regulierung geschlossener Fonds regelmäßig auch vom Graumarktbereich oder Grauen Kapitalmarkt gesprochen[2].

Diese Einordnung ist aber nicht neu. Bereits in dem Bericht der Bundesregierung zum „Grauen Kapitalmarkt" vom 17. September 1999[3] findet sich die Aussage:

> „Die Vermittlung von Unternehmensanteilen und Anteilen an Treuhandvermögen, […] stellten einen Schwerpunkt der im Zeitraum von 1990–1996 auf dem **„Grauen Kapitalmarkt"** vertriebenen Finanzprodukte dar."

Diesen so genannten Grauen Kapitalmarkt gibt es in Deutschland aber nicht erst seit Beginn der 90er Jahre, sondern schon sehr viel länger. So machte beispielsweise Professor *Crezelius* in seinem 1985 erschienenen Aufsatz „Grauer Kapitalmarkt und Rechtsordnung"[4] darauf aufmerksam, dass sich seit gut 20 Jahren neben den klassischen Kapitalanlagen in Wertpapieren, Grundvermögen, Versicherungen, Bausparverträgen u.a. der Graue Kapitalmarkt etabliert hat. Die Entstehung des Grauen Kapitalmarkts kann also in den Beginn der 60er Jahre des vergangenen Jahrhunderts verortet werden, so dass wir anlässlich des Bankrechtstags 2011 auf jedenfalls 50 Jahre Grauen Kapitalmarkt in Deutschland zurückblicken können.

Regelungsdefizite innerhalb dieses Marktsegments haben sich spätestens Mitte der 80er Jahre deutlich gezeigt. Die Anleger mussten allerdings lange und teilweise bis heute warten, bis der Gesetzgeber sich aufmachte, diesen Defiziten adäquat zu begegnen.

2. Gesetzgebung auf dem Gebiet des Grauen Kapitalmarktes

Erst durch das Anlegerschutzverbesserungsgesetz I (AnsVG) vom Oktober 2004 wurde zum 1. Juli 2005 insbesondere die Prospektpflicht und die spezialgesetzliche Prospekthaftung in den §§ 8f–13a Wertpapier-Verkaufsprospektgesetz (Verkaufs-

2 S. Entwurf für ein Gesetz zur Novellierung des Finanzanlagenvermittler- und Vermögensanlagenrechts der Bundesregierung vom 6. April 2011, BT-Drs. 17/6051; auf Seite 1 wird einmal vom Grauen Kapitalmarkt und zweimal vom Graumarktbereich gesprochen.

3 Bericht der Bundesregierung zum „Grauen Kapitalmarkt" vom 17. September 1999, BT-Drs. 14/1633.

4 *Crezelius*, BB 1985, 209.

prospektgesetz – VerkProspG) eingeführt. Aufgrund des § 8g Abs. 2 und 3 VerkProspG hat die Bundesregierung zum 1. Juli 2005 zudem die Vermögensanlagen-Verkaufsprospektverordnung (VermVerkProspV) erlassen. Bei dieser erstmaligen und weitreichenden Regulierung von geschlossenen Fonds wurden aber oftmals Lösungen aus dem geregelten Kapitalmarkt ohne adäquate Anpassung auf die besonderen Belange von geschlossenen Fonds übertragen. Dies führte nun nach Ausbruch der Finanzmarktkrise bei den sich mit diesem Thema befassenden Ministerien zu der Erkenntnis, dass eine Novellierung dringend geboten ist.

So wies das Bundesministerium für Ernährung, Landwirtschaft und Verbraucherschutz im März 2010 explizit darauf hin, dass der so genannte Graue Kapitalmarkt ein viel zu geringes Regulierungsniveau aufweise. Ebenso haben im Jahre 2011 das Bundesministerium der Finanzen und das Bundesministerium für Wirtschaft die weitergehende Regulierung des Grauen Kapitalmarktes für erforderlich gehalten und schärfere Produktregulierung von sogenannten Graumarktprodukten angekündigt.

Das Anlegerschutz- und Funktionsverbesserungsgesetz (AnsFuG), welches auch als Anlegerschutzverbesserungsgesetz II bezeichnet wird und teilweise seit dem 8. April 2011 in Kraft ist, enthält im Gegensatz zum Anlegerschutzverbesserungsgesetz I von 2004 keine Regelungen zu geschlossenen Fonds.

Geschlossene Fonds werden allerdings in einem separaten Gesetzgebungsvorhaben behandelt. So hat am 16. Februar 2011 das Bundesfinanzministerium einen Referentenentwurf für ein Gesetz zur Novellierung des Finanzanlagenvermittler- und Vermögensanlagerechts veröffentlicht. Der darauf basierende Regierungsentwurf für ein Gesetz zur Novellierung des Finanzanlagenvermittler- und Vermögensanlagenrechts (RegE-VermAnlG[5]) wurde am 6. April 2011 veröffentlicht. Zu diesem Regierungsentwurf des Vermögensanlagengesetzes hat der Bundesrat mit zahlreichen Änderungsvorschlägen am 27. Mai 2011 Stellung genommen[6] und die erste Beratung im Bundestag ist am 9. Juni 2011 erfolgt.

Basierend auf der im RegE-VermAnlG vorgesehenen Verordnungsermächtigung hat das Bundesministerium für Wirtschaft am 17. Juni 2011 an verschiedene Verbände einen Diskussionsentwurf einer Finanzanlagenvermittlungsverordnung (DiskE-FinVermV) versandt. Zum RegE-VermAnlG fand am 6. Juli 2011 die Anhörung im Finanzausschuss statt.

Das Gesetz zur Novellierung des Finanzanlagenvermittler- und Vermögensanlagenrechts wird voraussichtlich Ende 2011 im Bundesanzeiger veröffentlicht

5 Mit der Abkürzung RegE-VermAnlG wird in dieser Veröffentlichung das gesamte Gesetzespaket mit allen betroffenen Gesetzen bezeichnet. Bezieht sich der Aufsatz dem entgegen auf einzelne Gesetze im RegE-VermAnlG, so werden diese mit dem jeweiligen Gesetzesnamen bezeichnet, z.B. RegE-Vermögensanlagengesetz, RegE-WpHG, RegE-KWG.

6 BRat-Drs. 209/11 (Beschluss); Gegenäußerung der Bundesregierung, BT-Drs. 17/6051, S. 63 ff.

werden. Zu beachten ist allerdings, dass aufgrund der Inkrafttretensregelung des Art. 19 RegE-VermAnlG zunächst einmal nur die darin enthaltenen Verordnungsermächtigungen in Kraft treten. Die restlichen Vorschriften mit Ausnahme der Vorschriften zur Gewerbeordnung werden sodann fünf bis sechs Monate und die Vorschriften der Gewerbeordnung erst 12 bis 13 Monate später in Kraft treten.

Unabhängig vom RegE-VermAnlG sollte für den Bereich der geschlossenen Fonds auch die europäische Gesetzgebungsebene beachtet werden. So werden für geschlossene Fonds insbesondere durch die AIFM-Richtlinie neue Regelungen geschaffen, die voraussichtlich im Verlauf des Jahres 2013 in deutsches Recht umgesetzt werden.

II. Neuregelungen für Emittenten und Anbieter geschlossener Fonds

Es werden zunächst die Neuregelungen für Emittenten und Anbieter von geschlossenen Fonds erörtert. Diese befinden sich innerhalb des RegE-VermAnlG, welches ein Artikelgesetz ist, im Wesentlichen im RegE-Vermögensanlagengesetz (Artikel 1), in den Änderungen des Kreditwesengesetzes (RegE-KWG – Artikel 4) und in den Änderungen der Vermögensanlagen-Verkaufsprospektverordnung (RegE-VermVerkProspV – Artikel 15).

Bisher fanden sich die Regelungen für Emittenten und Anbieter geschlossener Fonds im Wertpapier-Verkaufsprospektgesetz (VerkProspG). Nunmehr sollen die Regelungen für Emittenten und Anbieter geschlossener Fonds in einem neuen Gesetz, und zwar dem RegE-Vermögensanlagengesetz, normiert und das Wertpapierverkaufsprospektgesetz aufgehoben werden. Dieser Vorschlag des Gesetzgebers ist durchaus zu begrüßen, da es schon vom Wortlaut her wenig einleuchtend ist, nicht in Wertpapieren verbriefte Anteile an geschlossenen Fonds in einem Gesetz zu normieren, das *Wertpapier*-Verkaufsprospektgesetz heißt.

Diese gesetzgeberisch sinnvolle Umorganisation führt aber nicht dazu, dass die de lege ferenda vorgesehenen Regelungen im RegE-Vermögensanlagengesetz komplett neu geschaffen wurden, sondern bisher bewährte Vorschriften im VerkProspG wurden wortlautidentisch in das RegE-Vermögensanlagengesetz übernommen. Nachfolgend wird deshalb nur auf solche Regelungen eingegangen, die sich zum bisherigen VerkProspG ändern werden.

1. Der Emittent

Im neuen RegE-Vermögensanlagengesetz wird nunmehr in § 1 Abs. 3 der Emittent wie folgt definiert: „Emittent der Vermögensanlagen im Sinne dieses Gesetzes ist die Person oder die Gesellschaft, deren Anteile im Sinne des Absatzes 2 Nr. 1–3 oder deren Genussrechte oder von ihr ausgegebene Namensschuldverschreibungen als Vermögensanlagen im Inland öffentlich angeboten werden."

2. Der Anbieter

Vom Emittenten zu unterscheiden ist der Anbieter von geschlossenen Fonds. Eine Definition für den Anbieter ist nicht direkt im RegE-VermAnlG enthalten. Hier verweist die Begründung des RegE-VermAnlG auf die Gesetzesbegründung zum Anlegerschutzverbesserungsgesetz I[7], in dem der Anbieter wie folgt definiert wird: „Anbieter ist derjenige, der für das öffentliche Angebot der Vermögensanlage verantwortlich ist, den Anlegern gegenüber nach außen erkennbar als Anbieter auftritt."

3. Aufsicht, Anordnungsbefugnis – § 3 RegE-Vermögensanlagengesetz

Gemäß § 3 S. 1 RegE-Vermögensanlagengesetz übt die BaFin die Aufsicht über das Angebot von Vermögensanlagen aus. Die BaFin erhält zudem in § 3 S. 2 RegE-Vermögensanlagengesetz die Anordnungsbefugnis, erforderliche und geeignete Maßnahmen zu treffen, um das Angebot mit dem RegE-Vermögensanlagengesetz und den aufgrund dieses Gesetzes erlassenen Bestimmungen im Einklang zu halten.

4. Vermögensanlagen werden Finanzinstrumente – § 1 Abs. 11 S. 1 RegE-KWG

Vermögensanlagen werden gem. § 1 Abs. 11 S. 1 RegE-KWG in die Definition als Finanzinstrumente aufgenommen. Wörtlich sieht diese Norm sodann vor: „Finanzinstrumente im Sinne der Absätze [...] sind [...] Wertpapiere, *Vermögensanlagen im Sinne des § 1 Abs. 2 des Vermögensanlagengesetzes mit Ausnahme von Anteilen an einer Genossenschaft im Sinne des § 1 Genossenschaftsgesetzes*, [...]"(§ 1 Abs. 11 S. 1 RegE-KWG). Damit ist der Gesetzgeber der langjährigen Forderung nachgekommen, Vermögensanlagen als Finanzinstrumente zu qualifizieren, um diese auch der Aufsicht der BaFin nach dem KWG unterstellen zu können.

5. Inhalt des Verkaufsprospekts – § 7 RegE-Vermögensanlagengesetz und Änderungen der Vermögensanlagen-Verkaufsprospektverordnung (RegE-VermVerkProspV)

Nach der bisher geltenden Rechtslage bestand eine Hinweispflicht im Verkaufsprospekt nur dahingehend, dass die inhaltliche Richtigkeit der Angaben im Verkaufsprospekt nicht Gegenstand der Prüfung durch die BaFin ist. Diese Regelung ist nunmehr in § 7 Abs. 2 S. 1 RegE-Vermögensanlagengesetz übertragen worden. Sie wird jedoch in § 7 Abs. 2 S. 2 RegE-Vermögensanlagengesetz dadurch ergänzt, dass im Verkaufsprospekt an hervorgehobener Stelle ein zusätzlicher Hin-

7 BT-Drs. 15/3174, S. 42.

weis aufgenommen werden muss, dass bei fehlerhaftem Verkaufsprospekt Haftungsansprüche nur bestehen können, wenn die Vermögensanlage während der Dauer des öffentlichen Angebots, spätestens jedoch innerhalb von zwei Jahren nach dem ersten öffentlichen Angebot erworben wird.

Der RegE-VermAnlG enthält in Artikel 15 zahlreiche Änderungen der Vermögensanlagen-Verkaufsprospektverordnung (RegE-VermVerkProspV). So sind im Verkaufsprospekt zusätzlich insbesondere *Sonderrechte* der Gründungsgesellschafter und der zum Zeitpunkt der Prospektaufstellung beteiligten Gesellschafter (§ 4 Satz 1 Nr. 1a RegE-VermVerkProspV) sowie der *Mittelverwendungskontrollvertrag* (§ 4 Satz 3 RegE-VermVerkProspV) anzugeben.

An hervorgehobener Stelle ist die *Provision* als absoluter Betrag und als *Prozentangabe* in Bezug auf den Gesamtbetrag der angebotenen Vermögensanlage anzugeben (§ 4 Satz 1 Nr. 12 RegE-VermVerkProspV). Dies ist sinnvoll, da der Anleger dadurch schneller erfährt, inwieweit die Werthaltigkeit der Anlage durch Provisionen belastet ist und er damit auch verschiedene Angebote besser vergleichen kann.

Zusätzlich sind im Verkaufsprospekt für Gründungsgesellschafter, Gesellschafter des Emittenten zum Zeitpunkt der Aufstellung des Verkaufsprospekts, Mitglieder der Geschäftsführung oder des Vorstands, der Aufsichtsgremien und der Beiräte des Emittenten relevante *Vorstrafen* (§§ 263 StGB – 283 d StGB, § 54 KWG, § 38 WpHG, § 369 Abgabenordnung) und *ausländische Verurteilungen* wegen vergleichbarer Straftaten anzugeben (§ 7 Satz 1 Nr. 4 und Nr. 5 RegE-VermVerkProspV und § 12 Abs. 1 Nr. 3 und Nr. 4 RegE-VermVerkProspV). Ferner ist für diesen Personenkreis im Verkaufsprospekt anzugeben, ob über deren jeweiliges Vermögen zum Zeitpunkt der Prospekterstellung innerhalb der letzten fünf Jahre ein *Insolvenzverfahren* eröffnet oder mangels Masse abgelehnt wurde (§ 7 Satz 1 Nr. 6a RegE-VermVerkProspV und § 12 Abs. 1 Nr. 5a RegE-VermVerkProspV), oder, ob sie innerhalb der letzten fünf Jahre in der Geschäftsführung einer Gesellschaft tätig waren, über deren Vermögen ein Insolvenzverfahren eröffnet oder mangels Masse abgewiesen wurde (§ 7 Satz 1 Nr. 6b RegE-VermVerkProspV und § 12 Abs. 1 Nr. 5b RegE-VermVerkProspV). Weiterhin müssen für die genannten Personen im Verkaufsprospekt auch frühere *Aufhebungen einer Erlaubnis* zum Betreiben von Bankgeschäften oder zur Erbringung von Finanzdienstleistungen durch die BaFin angegeben werden (§ 7 Satz 1 Nr. 7 RegE-VermVerkProspV und § 12 Abs. 1 Nr. 6 RegE-VermVerkProspV).

Auch diese vorgeschlagenen Neuregelungen sind zu begrüßen, da der Kapitalanleger dadurch einen noch besseren Eindruck davon bekommt, ob die seitens des Emittenten beteiligten und handelnden Personen vertrauenswürdig sind oder nicht und diese über die nötige Fachkompetenz verfügen.

Schließlich hat der Anbieter im Verkaufsprospekt für diesen Personenkreis anzugeben, in welcher Art und Weise diese zum Zeitpunkt der Prospektaufstellung tätig sind für Unternehmen, die mit dem *Vertrieb der Anlage* beauftragt sind, die dem Emittenten *Fremdkapital* zur Verfügung stellen oder die *Lieferungen oder*

Leistungen im Zusammenhang mit der Anschaffung oder Herstellung des Anlageobjekts erbringen (§ 7 Abs. 3 RegE-VermVerkProspV und § 12 Abs. 4 RegE-VermVerkProspV).

Die zuletzt genannten Pflichtangaben sollen insbesondere Interessenskonflikte transparent machen und damit verhindern, dass Anlegergelder beispielsweise durch Mietzahlungen an wirtschaftlich mit dem Emittenten verflochtene Personen oder Einheiten abfließen.

6. Billigung des Verkaufsprospekts – § 8 Abs. 1 RegE-Vermögensanlagengesetz

Nach § 8 Abs. 1 RegE-Vermögensanlagengesetz wird nunmehr nicht mehr nur wie bisher die Veröffentlichung des Verkaufsprospekts von der BaFin gestattet (§ 8i Abs. 2 VerkProspG), sondern in Anlehnung an § 13 WpPG wird der Verkaufsprospekt selbst von der BaFin *gebilligt*. Die BaFin wird nach neuem Recht dann über die Billigung nach Abschluss einer Vollständigkeitsprüfung des Verkaufsprospekts einschließlich einer Prüfung der Kohärenz und Verständlichkeit seines Inhalts entscheiden. Dies stellt insbesondere in der Hinsicht eine Neuerung dar, dass sich bisher die Prüfungskompetenz der BaFin nur auf die *Vollständigkeit* des Verkaufsprospekts erstreckt hatte.

7. Definition Kohärenzprüfung – § 8 Abs. 1 RegE-Vermögensanlagengesetz

Der unbestimmte Rechtsbegriff der „Kohärenz" wird im RegE-Vermögensanlagengesetz nicht weiter definiert. Die zur Auslegung hinzuzuziehende Regierungsbegründung zu § 8 Abs. 1 RegE-Vermögensanlagengesetz führt dazu aus, dass darunter die Prüfung der *inneren Widerspruchsfreiheit* der zwingenden Prospektangaben zu verstehen ist. Weiterhin ist im Rahmen der Kohärenzprüfung auch die *Schlüssigkeit* der in dem Prospekt enthaltenen Angaben zu prüfen.[8]

Abzugrenzen von der Kohärenzprüfung ist die Plausibilitätsprüfung, die von einem Anlagevermittler bei einer Anlagevermittlung zu erbringen ist. Diese Plausibilitätsprüfung umfasst im Gegensatz zur Kohärenzprüfung auch die Prüfung der *Richtigkeit* des Verkaufsprospektes. So führt der Bundesgerichtshof zur Plausibilitätsprüfung in ständiger Rechtsprechung aus: „Vertreibt der Vermittler die Anlage anhand eines Prospekts, muss er im Rahmen der geschuldeten Plausibilitätsprüfung den Prospekt darauf kontrollieren, ob dieser ein in sich schlüssiges Gesamtbild über das Beteiligungsobjekt gibt und ob die darin enthaltenen Informationen, soweit er das mit zumutbarem Aufwand zu überprüfen in der Lage ist, sachlich vollständig und *richtig* sind."[9]

---

8 Vgl. *Ritz/Voß*, in: Just/Voß/Ritz/Zeising, Wertpapierprospektgesetz, 2009, § 13 Rdn. 28 ff.
9 S. nur BGH – 17.02.2011, Az. III ZR 144/10.

Die durch den Vermittler durchzuführende Plausibilitätsprüfung umfasst also nach der Rechtsprechung des BGH auch die mit zumutbarem Aufwand zu erledigende Prüfung der inhaltlichen *Richtigkeit* von Angaben. Damit kann sich ein Vermittler im Rahmen eines zivilrechtlichen Haftungsprozesses nicht darauf berufen, die BaFin habe im Rahmen der Kohärenzprüfung bereits die Plausibilitätsprüfung durchgeführt.

8. Vermögensanlagen-Informationsblatt – § 13 RegE-Vermögensanlagengesetz

Neben dem Verkaufsprospekt muss der Anbieter zukünftig vor Beginn des öffentlichen Angebots ein Vermögensanlagen-Informationsblatt (VIB) erstellen (§ 13 Abs. 1 RegE-Vermögensanlagengesetz). Das VIB unterliegt keiner Prüfung und keinem Billigungsverfahren durch die BaFin, welche eigentlich sinnvoll wären, da das VIB dasjenige Schriftstück ist, welches der Anleger in erster Linie zur Kenntnis nimmt und darauf in den meisten Fällen seine Anlageentscheidung stützen wird. Im Gegensatz dazu lesen Anleger häufig nicht den Verkaufsprospekt.

9. Inhalt des VIB

Gemäß § 13 Abs. 2 RegE-Vermögensanlagengesetz darf der Umfang des VIB nicht mehr als drei DIN-A4-Seiten umfassen. Das VIB muss die wesentlichen Informationen über die Vermögensanlage in übersichtlicher und leicht verständlicher Weise so enthalten, dass das Publikum insbesondere die Art der Vermögensanlage (Ziffer 1), die Anlagestrategie, Anlagepolitik und Anlageobjekte (Ziffer 2), die mit der Vermögensanlage verbundenen Risiken (Ziffer 3), die Aussichten für die Kapitalrückzahlung und Erträge unter verschiedenen Marktbedingungen (Ziffer 4) sowie die mit der Vermögensanlage verbundenen Kosten und Provisionen einschätzen und mit den Merkmalen anderer Finanzinstrumente bestmöglich vergleichen kann. Das VIB hat gemäß § 13 Abs. 3 RegE-Vermögensanlagengesetz des Weiteren die Identität des Anbieters (Ziffer 1) sowie den Hinweis darauf, dass das VIB nicht der Prüfung der BaFin unterliegt (Ziffer 2), zu enthalten. Zudem ist ein Hinweis, wo und wie der Verkaufsprospekt erhältlich ist und dass es kostenlos angefordert werden kann (Ziffer 3), sowie ein Hinweis darauf, dass die Anlageentscheidung auf die Prüfung des gesamten Verkaufsprospekts gestützt werden sollte (Ziffer 4), zukünftig zwingend vorgeschrieben. Als weiteren wichtigen Hinweis muss das VIB die Information beinhalten, dass etwaige Ansprüche aufgrund des VIB nur bestehen, wenn Angaben irreführend, unrichtig oder nicht mit dem Verkaufsprospekt vereinbar sind und die Anlage innerhalb von zwei Jahren nach dem ersten öffentlichen Angebot erworben wird (Ziffer 5).

Allgemein zum Inhalt des VIB normiert § 13 Abs. 4 RegE-Vermögensanlagengesetz ferner, dass das VIB aus sich heraus verständlich sein muss und die Angaben darin kurz zu halten und in allgemein verständlicher Sprache abzufassen sind

(Satz 1 und Satz 2). Darüber hinaus müssen die Angaben redlich und eindeutig und nicht irreführend sein, sowie mit einschlägigen Teilen des Verkaufsprospekts übereinstimmen (Satz 3). Ferner darf das VIB sich jeweils nur auf eine bestimmte Vermögensanlage beziehen und keine werbenden oder sonstige Informationen enthalten (Satz 4).

Gemäß § 13 Abs. 5 RegE-Vermögensanlagengesetz ist das VIB während der Dauer des öffentlichen Angebots zu aktualisieren und die aktualisierte Fassung muss während der Dauer des öffentlichen Angebots stets auf der Internetseite des Anbieters zugänglich sein und bei den im Verkaufsprospekt angegebenen Stellen bereit gehalten werden.

10. Hinterlegung – § 14 RegE-Vermögensanlagengesetz

Das VIB ist mit dem Verkaufsprospekt vor Veröffentlichung bei der BaFin zu hinterlegen (§ 14 Abs. 1 Satz 2 RegE-Vermögensanlagengesetz). Das hinterlegte VIB und der Verkaufsprospekt werden von der BaFin zehn Jahre aufbewahrt (§ 14 Abs. 2 Satz 2 RegE-Vermögensanlagengesetz). Ist das VIB aktualisiert worden, sind auch die aktualisierten Fassungen bei der BaFin zu hinterlegen (§ 14 Abs. 3 Satz 2 RegE-Vermögensanlagengesetz).

11. Anlegerinformation – § 15 Abs. 1 RegE-Vermögensanlagengesetz

Der Anbieter hat einem Anleger oder einem am Erwerb Interessierten auf dessen Verlangen während der Dauer des öffentlichen Angebots jederzeit den Verkaufsprospekt und eine aktuelle Fassung des VIB zu übermitteln (§ 15 Abs. 1 Satz 1 RegE-Vermögensanlagengesetz) sowie den letzten veröffentlichten Jahresabschluss und Lagebericht zur Verfügung zu stellen (§ 15 Abs. 1 Satz 2 RegE-Vermögensanlagengesetz). Zudem kann gemäß § 15 Abs. 1 Satz 3 RegE-Vermögensanlagengesetz derjenige, der in Bezug auf die Vermögensanlage Anlageberatung, Anlage- oder Abschlussvermittlung erbringt, vom Anbieter des Finanzanlageproduktes das VIB anfordern. Beim Eigenvertrieb hat der Anbieter rechtzeitig vor Vertragsschluss den am Erwerb Interessierten das VIB und auf Verlangen den Verkaufsprospekt zur Verfügung zu stellen (§ 15 Abs. 2 Satz 1 RegE-Vermögensanlagengesetz). Damit sich der Interessierte fortlaufend informieren kann, ist er darauf hinzuweisen, wo im Inland und auf welche Weise er den VIB und den Verkaufsprospekt erhalten kann (§ 15 Abs. 2 Satz 2 RegE-Vermögensanlagengesetz).

12. Untersagung von Werbung, der Veröffentlichung des Verkaufsprospektes und des öffentlichen Angebots gem. §§ 16, 17, 18 RegE-Vermögensanlagengesetz

Die BaFin kann gemäß § 16 Abs. 1 RegE-Vermögensanlagengesetz Werbung mit Angaben untersagen, die geeignet sind, über den Prüfumfang irrezuführen, z.B. wenn damit geworben wird, dass die Plausibilität durch die BaFin geprüft wurde. Ferner hat die BaFin die Veröffentlichung des Verkaufsprospekts zu untersagen, wenn der Verkaufsprospekt nicht die vorgeschriebenen Angaben nach § 7 RegE-Vermögensanlagengesetz enthält oder Angaben darin nicht kohärent oder nicht verständlich sind (§ 17 Abs. 1 Satz 1 RegE-Vermögensanlagengesetz) oder kein VIB hinterlegt wurde (§ 17 Abs. 2 RegE-Vermögensanlagengesetz). Darüber hinaus hat die BaFin ein öffentliches Angebot gem. § 16 Abs. 1 RegE-Vermögensanlagengesetz zu untersagen, wenn der Anbieter keinen oder einen Verkaufsprospekt vor dessen Billigung veröffentlicht hat oder der Verkaufsprospekt nicht die vorgeschriebenen Angaben gem. § 7 RegE-Vermögensanlagengesetz enthält.

13. Haftung bei fehlerhaftem Verkaufsprospekt – § 20 RegE-Vermögensanlagengesetz

Von besonderer Bedeutung für Kapitalanleger sind die Haftungsnormen. Diese werden in dem vorgelegten Gesetzesentwurf einer gründlichen und zu Gunsten der Anleger sich auswirkenden Revision unterzogen. Nachfolgend sollen die vorgeschlagenen Änderungen bezüglich der Ausschlussfrist und der Verjährung bezogen auf die Haftung bei fehlerhaftem und fehlendem Verkaufsprospekt dargestellt und erläutert werden.

Nach derzeit geltendem Recht greift die in § 13 Abs. 1 VerkProspG i.V.m. § 44 Abs. 1 S. 1 BörsG normierte Ausschlussfrist, wonach Anlegern kein Schadenersatzanspruch zusteht, wenn die Vermögensanlage *später als sechs Monate* nach Veröffentlichung des Prospekts und erstem öffentlichen Angebot im Inland erworben wurde. Diese sehr kurz bemessene Ausschlussfrist ist nicht sachgerecht. So stellt der Verkaufsprospekt im Bereich der geschlossenen Fonds oftmals die zentrale und einzige Informationsquelle für Anleger dar mit der Folge, dass dieser nicht nur innerhalb der ersten sechs Monate der Platzierungsphase eine Anlagestimmung erzeugt.[10] Nach der bisher geltenden sechsmonatigen Ausschlussfrist standen Anlegern oftmals schon beim Erwerb der Vermögensanlagen keine Prospekthaftungsansprüche mehr zu. De lege ferenda soll die Ausschlussfrist nunmehr in § 20 RegE-Vermögensanlagengesetz neu geregelt werden. Gemäß § 20 RegE-Vermögensanlagengesetz besteht ein Anspruch demnach nur, „sofern das Erwerbsgeschäft nach Veröffentlichung des Verkaufsprospekts und während der

10 Vgl. RegE-VermAnlG, S. 61, BT-Drs. 17/6051.

Dauer des öffentlichen Angebots nach § 11, spätestens jedoch innerhalb von zwei Jahren nach dem ersten öffentlichen Angebot der Vermögensanlagen im Inland abgeschlossen wurde." Die Ausschlussfrist wird also einerseits begrenzt durch die Dauer des öffentlichen Angebots und andererseits durch eine zwei Jahre lange Ausschlussfrist, wenn die Vermögensanlagen länger als zwei Jahre öffentlich angeboten werden.

Die Verjährung von Schadenersatzansprüchen wegen eines fehlerhaften Verkaufsprospektes richten sich nach derzeit noch geltendem Recht nach § 13 Abs. 1 VerkProspG i.V.m. § 46 BörsG. Demnach verjährt dieser Anspruch in einem Jahr seit dem Zeitpunkt, zu dem der Erwerber von der Unrichtigkeit oder Unvollständigkeit der Angaben des Prospekts Kenntnis erlangt, spätestens jedoch in drei Jahren seit der Veröffentlichung des Prospekts. Diese Sonderverjährungsvorschrift wird de lege ferenda nicht in das Vermögensanlagengesetz übernommen mit der Folge, dass die allgemeinen bürgerlich rechtlichen Verjährungsregelungen – §§ 195, 199 BGB – zur Anwendung kommen. Diese geplante Änderung ist sachgerecht und verbessert deutlich die Rechtslage der Anleger. Denn die bisher kenntnisunabhängige Dreijahresfrist nach Veröffentlichung des Prospekts war regelmäßig zu kurz, so dass den Anlegern dann, wenn überhaupt, nur der Weg über die deutlich schwieriger durchsetzbaren deliktischen Ansprüche blieb.

14. Haftung bei fehlendem Verkaufsprospekt – § 21 RegE-Vermögensanlagengesetz

Nach derzeit geltendem Recht greift die in § 13a Abs. 1 Satz 1 VerkProspG normierte Ausschlussfrist, wonach Anlegern kein Schadenersatzanspruch zusteht, wenn das Erwerbsgeschäft vor Veröffentlichung eines Prospekts und innerhalb von sechs Monaten nach dem ersten öffentlichen Angebot im Inland abgeschlossen wurde. Diese kurz bemessene Ausschlussfrist soll in Anlehnung an die Haftung wegen fehlerhaftem Verkaufsprospekt gem. § 20 RegE-Vermögensanlagengesetz auf zwei Jahre verlängert werden. Gemäß § 21 RegE-Vermögensanlagengesetz besteht ein Anspruch de lege ferenda demnach nur, „sofern das Erwerbsgeschäft vor Veröffentlichung eines Verkaufsprospekts und innerhalb *von zwei Jahren* nach dem ersten öffentlichen Angebot der Vermögensanlagen im Inland abgeschlossen wurde."

Die Verjährung von Schadenersatzansprüchen wegen eines fehlendem Verkaufsprospektes richtet sich nach derzeit noch geltendem Recht nach § 13a Abs. 5 VerkProspG. Demnach verjährt dieser Anspruch in einem Jahr seit dem Zeitpunkt, zu dem der Erwerber Kenntnis von der Pflicht, einen Prospekt oder Verkaufsprospekt zu veröffentlichen, erlangt hat, spätestens jedoch in drei Jahren seit dem Abschluss des Erwerbsgeschäfts. Diese Sonderverjährungsvorschrift wird de lege ferenda nicht in das RegE-Vermögensanlagengesetz übernommen mit der Folge, dass die allgemeinen bürgerlich rechtlichen Verjährungsregelungen – §§ 195, 199 BGB – zur Anwendung kommen. Auch diese geplante Änderung ist sachgerecht und verbessert die Rechtslage der Anleger.

15. Haftung bei unrichtigem VIB – § 22 Abs. 1 RegE-Vermögensanlagengesetz

Die zukünftige Anspruchsgrundlage für eine Haftung bei unrichtigem VIB ist de lege ferenda § 22 Abs. 1 RegE-Vermögensanlagengesetz. Die Kernpassage dieser Anspruchsgrundlage lautet: „Wer Vermögensanlagen *aufgrund von Angaben* in einem VIB erworben hat, kann von dem *Anbieter* die Übernahme der Vermögensanlagen gegen Erstattung des Erwerbspreises [...] verlangen, wenn 1. die in dem VIB enthaltenen Angaben *irreführend, unrichtig* oder *nicht mit den einschlägigen Stellen des Verkaufsprospektes vereinbar* sind und 2. das Erwerbsgeschäft nach Veröffentlichung des Verkaufsprospekts und während der *Dauer des öffentlichen Angebots* nach § 11, spätestens jedoch innerhalb von *zwei Jahren nach dem ersten öffentlichen Angebot* der Vermögensanlagen im Inland abgeschlossen wurde."

Haftungsadressat dieser Anspruchsgrundlage ist der Anbieter. Hervorzuheben ist, dass der Anleger die haftungsbegründende Kausalität zwischen Erwerb und Angaben im VIB darzulegen und zu beweisen hat.[11] Anders als bei der Haftung wegen fehlerhaftem Verkaufsprospekt wird hier die Kausalität nicht vermutet.[12] Weiter gewährt diese spezialgesetzliche Anspruchsgrundlage keinen Schadenersatz wegen etwaiger Unvollständigkeit des VIB. Dies ist konsequent, da das VIB gerade nicht den Anspruch erhebt, vollständig zu sein. Allerdings kann nach dieser Norm Schadenersatz darauf gestützt werden, dass die Angaben im VIB nicht mit den einschlägigen Stellen des Verkaufsprospektes vereinbar sind. Dadurch kann allerdings mittelbar eine Haftung für unvollständige Angaben Einzug halten und zwar dann, wenn Teile des Verkaufsprospektes im VIB aufgrund der gebotenen Kürze verzerrt wiedergeben werden und dadurch eine Übereinstimmung des VIB mit den einschlägigen Stellen des Verkaufsprospektes nicht mehr gegeben ist.

16. Prozessuales – § 1 Kapitalanleger-Musterverfahrensgesetz (KapMuG)

In zivilprozessualer Hinsicht enthält der RegE-VermAnlG diverse Anpassungen, die der Rechtsanwender zu beachten hat und die nachfolgend erörtert werden. So wird der Begriff des „Vermögensanlagengesetzes" de lege ferenda in § 1 Abs. 1 S. 4 Nr. 2 KapMuG ergänzt, so dass Angaben in Verkaufsprospekten nach dem RegE-Vermögensanlagengesetz typische Beispiele von öffentlichen Kapitalmarktinformationen sind. Damit ist, wie bisher schon für Verkaufsprospekte nach dem VerkProspG, ein KapMuG-Verfahren auch für Angaben in Verkaufsprospekten nach dem RegE-Vermögensanlagengesetz möglich. Ferner erfüllen auch Angaben in dem VIB, ohne dass dies ausdrücklich in dem Beispielskatalog des § 1 Abs. 1 Satz 4 KapMuG erwähnt würde, die Anforderungen an den Begriff der öffentlichen Kapitalmarktinformationen im Sinne von § 1 Abs. 1 S. 3 KapMuG und § 32b

11 RegE-VermAnlG, S. 63, BT-Drs. 17/6051.
12 RegE-VermAnlG, S. 63.

Satz 1 ZPO[13]. Damit wird de lege ferenda die Klärung der Frage, ob ein VIB unrichtige oder irreführende Angaben enthält, für alle betroffenen Anleger im Rahmen eines KapMuG-Verfahrens möglich sein.

Ferner ergibt sich dadurch eine ausschließliche Gerichtszuständigkeit gemäß § 32b Abs. 1 Nr. 1 ZPO des Landgerichtes am Sitz des Emittenten oder Anbieters für Klagen wegen erstens unrichtigem oder unvollständigem Verkaufsprospekt gemäß § 32b Abs. 1 Nr. 1 ZPO, zweitens fehlendem Verkaufsprospekt gemäß § 21 Abs. 6 RegE-Vermögensanlagengesetz i.V.m. § 32 Abs. 1 Nr. 1 ZPO und drittens irreführendem (§ 22 Abs. 1 S. 1 Nr. 1 Alt. 1 RegE-Vermögensanlagengesetz) oder unrichtigem VIB (§ 22 Abs. 1 S. 1 Nr. 1 Alt. 2 RegE-Vermögensanlagengesetz).

Fraglich ist allerdings, ob § 32b ZPO auch bei Klagen aufgrund eines VIB einschlägig ist, mit denen geltend gemacht wird, dass das VIB mit einschlägigen Stellen des Verkaufsprospekts nicht vereinbar ist (§ 22 Abs. 1 S. 1 Nr. 1 Alt. 3 RegE-Vermögensanlagengesetz). Nach dem Wortlaut ist dies zu verneinen, weil mit der Klage nicht Ersatz aufgrund falscher, irreführender oder unterlassener Kapitalmarktinformationen gefordert, sondern die Nichtvereinbarkeit mit einschlägigen Stellen des Verkaufsprospekts geltend gemacht wird. Der Bundesrat[14] hat deshalb eine Klarstellung in § 22 RegE-VermAnlG angeregt, dass § 32b ZPO in diesen Fällen entsprechend gelten solle.

Eine weitere prozessuale Neuigkeit findet sich in § 95 Abs. 1 Nr. 6 RegE-GVG, in dem vorgesehen ist, dass Ansprüche wegen fehlerhaftem und fehlendem Verkaufsprospekt sowie Ansprüche wegen unrichtigem VIB *Handelssachen* sind. Wörtlich lautet der Vorschlag in § 95 Abs. 1 Nr. 6 RegE-GVG: „Handelssachen im Sinne dieses Gesetztes sind die bürgerlichen Rechtsstreitigkeiten, in denen durch die Klage ein Anspruch geltend gemacht wird: [...]

Nr. 6 [...] *aus den [...] §§ 20 – 22 des Vermögensanlagengesetzes.* „Folge dieser Regelung ist, dass für diese Ansprüche sodann funktional die *Kammer für Handelssachen (KfH)* des jeweils örtlich zuständigen Landgerichts zuständig ist."

17. Inhalt von Jahresabschlüssen, Lageberichten und Jahresberichten – §§ 23, 24, 25 RegE-Vermögensanlagengesetz

Nach § 24 Abs. 1 Satz 1 und Satz 2 RegE-Vermögensanlagengesetz haben alle Emittenten mit Sitz im Inland Lageberichte zu erstellen und Gewinn- und Verlustrechnungen offen zu legen.[15] Dies gilt insbesondere auch für kleine Kapitalgesellschaften

13 Stellungnahme des Bundesrates zum Entwurf eines Gesetzes zur Novellierung des Finanzanlagenvermittler- und Vermögensanlagenrechts, BRat-Drs. 209/11 (Beschluss), S. 5.

14 Stellungnahme des Bundesrates zum Entwurf eines Gesetzes zur Novellierung des Finanzanlagenvermittler- und Vermögensanlagenrechts, BRat-Drs. 209/11 (Beschluss), S. 5 f.

15 RegE-VermAnlG, S. 65.

bzw. Kapitalgesellschaften, die Tochterunternehmen eines zur Aufstellung eines Konzernabschlusses verpflichteten Mutterunternehmens sind. Der Lagebericht hat zusätzlich zur geltenden Rechtslage nach neuem Recht gem. § 24 Abs. 1 Satz 3 RegE-Vermögensanlagengesetz folgende Angaben zu enthalten: Zum einen ist die Gesamtsumme der im abgelaufenen Geschäftsjahr gezahlten Vergütungen, aufgeteilt in feste und variable vom Emittenten gezahlte Vergütungen sowie die Zahl der Begünstigten und ggf. die vom Emittenten gezahlten besonderen Gewinnbeteiligungen aufzuführen (Nr. 1). Zum zweiten ist die Gesamtsumme der im abgelaufenen Geschäftsjahr gezahlten Vergütungen aufgeteilt nach Führungskräften und Mitarbeiterin, deren berufliche Tätigkeit sich wesentlich auf das Risikoprofil des Emittenten auswirkt, im Lagebericht zu erwähnen (Nr. 2). Ferner sind der Jahresabschluss und der Lagebericht des Emittenten gem. § 25 Abs. 1 Satz 1 RegE-Vermögensanlagengesetz durch Abschlussprüfer nach Maßgabe der §§ 316–324a HGB zu prüfen und diese müssen mit einem Bestätigungsvermerk oder einem Vermerk über die Versagung der Bestätigung versehen sein (§ 25 Abs. 1 Satz 2 RegE-Vermögensanlagengesetz). Der Abschlussprüfer hat zusätzlich gemäß § 25 Abs. 2 RegE-Vermögensanlagengesetz festzustellen, ob der Emittent die Bestimmungen eines den Vermögensanlagen zugrundliegenden Gesellschaftsvertrages oder eines Treuhandvertrages beachtet hat. Bei Anteilen, die eine Beteiligung am Ergebnis eines Unternehmens gewähren, sowie bei Anteilen an Treuhandvermögen und Anteilen an sonstigen geschlossenen Fonds hat der Abschlussprüfer die *Zuweisung von Gewinnen, Verlusten, Einnahmen und Entnahmen zu den einzelnen Kapitalkonten* zu prüfen und deren Ordnungsmäßigkeit zu bestätigen (§ 25 Abs. 3 RegE-Vermögensanlagengesetz).

Der Emittent, der nicht schon nach HGB verpflichtet ist, einen Jahresabschluss offen zu legen, hat gem. § 23 Abs. 1 Satz 1 RegE-Vermögensanlagengesetz zum Schluss eines jeden Geschäftsjahres einen Jahresbericht zu erstellen und grundsätzlich spätestens sechs Monate nach Ablauf des Geschäftsjahres beim elektronischen Bundesanzeiger, elektronisch einen solchen einzureichen und den Anlegern auf Anforderung zur Verfügung zu stellen. § 23 Abs. 2 RegE-Vermögensanlagengesetz listet auf, welche Bestandteile der Jahresbericht mindestens beinhalten muss. So besteht ein Jahresbericht mindestens aus dem nach Maßgabe des § 24 RegE-Vermögensanlagengesetz aufgestellten und von einem Abschlussprüfer geprüften Jahresabschluss (§ 23 Abs. 2 Nr. 1 RegE-Vermögensanlagengesetz) sowie dem nach Maßgabe des § 24 RegE-Vermögensanlagengesetz aufgestellten und von einem Abschlussprüfer geprüften Lagebericht (§ 23 Abs. 2 Nr. 2 RegE-Vermögensanlagengesetz). Ferner hat der Jahresbericht eine Erklärung der gesetzlichen Vertreter des Emittenten, dass der Jahresabschluss und Lagebericht ein nach bestem Wissen den tatsächlichen Verhältnissen entsprechendes Bild vermittelt (§ 23 Abs. 2 Nr. 3 RegE-Vermögensanlagengesetz), sowie eine Bestätigung des Abschlussprüfers nach Maßgabe des § 25 RegE-Vermögensanlagengesetz zu enthalten (§ 23 Abs. 2 Nr. 4 RegE-Vermögensanlagengesetz).

Diese Regelungen stellen damit eine zu begrüßende Verbesserung zum bisher geltenden Recht dar.

III. Neuregelungen für den Vertrieb geschlossener Fonds

Der RegE-VermAnlG enthält neben den Neuregelungen für Anbieter und Emittenten, die unter II. dargestellt wurden, weit reichende Vorschläge, die den Vertrieb geschlossener Fonds betreffen. Hierbei ist zunächst zu unterscheiden zwischen den *Wertpapierdienstleistungsunternehmen* gemäß § 2 Abs. 4 WpHG, für die die Pflichten des WpHG gelten, insbesondere der 6. Abschnitt (§§ 31 ff. WpHG), sowie den *freien Vermittlern*, die in der Gewerbeordnung zukünftig Finanzanlagenvermittler genannt werden und die im Rahmen der Bereichsausnahme des § 2 Abs. 6 Nr. 8 KWG bzw. des § 2a Abs. 1 Nr. 7 WpHG tätig werden. Für die freien Vermittler bzw. Finanzanlagenvermittler gilt das WpHG nicht, sie unterliegen den Pflichten der Gewerbeordnung, insbesondere solchen aus einer noch zu erlassenden Rechtsverordnung[16], die ein dem 6. Abschnitt des WpHG vergleichbares Anlegerschutzniveau herzustellen hat. Das Unterstellen der freien Vermittler bzw. Finanzanlagenvermittler unter die Pflichten des WpHG wurde in der Vergangenheit oftmals, insbesondere von den Verbraucherzentralen, gefordert. Diesen Vorschlägen folgt der RegE-VermAnlG allerdings nicht.

1. Neuregelungen für den Vertrieb geschlossener Fonds für Wertpapierdienstleistungsunternehmen

Durch eine geplante Änderung des § 2 Abs. 2b des RegE-WpHG werden Vermögensanlagen Finanzinstrumente. § 2 Abs. 2b RegE-WpHG soll de lege ferenda lauten:

> „Finanzinstrumente im Sinne dieses Gesetzes sind Wertpapiere im Sinne des Abs. 1, Geldmarktinstrumente im Sinne des Abs. 1a, Derivate im Sinne des Abs. 2, Rechte auf Zeichnung von Wertpapieren und *Vermögensanlagen im Sinne des § 1 Abs. 2 des Vermögensanlagengesetzes mit Ausnahme von Anteilen an einer Genossenschaft im Sinne des § 1 Genossenschaftsgesetz*“[17]. Demnach unterliegen de lege ferenda Wertpapierdienstleistungsunternehmen bei der Anlageberatung und Vermittlung von geschlossenen Fonds den Pflichten des 6. Abschnitts des WpHG und damit den Regelungen der §§ 31 ff. WpHG.

Ferner ist eine Pflicht zur Übergabe des VIB bei jeder Anlageberatung in § 31 Abs. 3a S. 4 RegE-WpHG vorgesehen. Die Vorschrift des § 31 Abs. 3a WpHG ist

16 Das Bundesministerium für Wirtschaft und Technologie hat mit Schreiben vom 17. Juni 2011 einen Diskussionsentwurf einer Verordnung zur Einführung einer Finanzanlagenvermittlungsverordnung (DiskE-FinVermV) mit Bearbeitungstand 1. Juni 2011 den betroffenen Verbänden und Interessenvertretern zur Stellungnahme übersandt.

17 Die hervorgehobene Textpassage soll durch das RegE-VermAnlG in § 2 Abs. 2b WpHG eingefügt werden.

aufgrund des Anlegerschutz- und Funktionsverbesserungsgesetz seit dem 01.07. 2011 in Kraft getreten. Demnach ist gem. § 31 Abs. 3a Satz 1 WpHG dem Kunden im Fall der Anlageberatung rechtzeitig vor dem Abschluss eines Geschäfts über Finanzinstrumente ein kurzes und leicht verständliches *Informationsblatt* über jedes Finanzinstrument zur Verfügung zu stellen. Dieser Norm soll nun durch § 31 Abs. 3a S. 4 RegE-WpHG ein vierter Satz angefügt werden, der vorsieht, dass bei Vermögensanlagen an die Stelle des Informationsblatts das VIB tritt, soweit der Anbieter der Vermögensanlagen zur Erstellung eines solchen VIB verpflichtet ist.

Ist der Anbieter also nicht verpflichtet, ein VIB zu erstellen, weil die Vermögensanlage oder das Angebot unter den Ausnahmekatalog des § 2 RegE-Vermögensanlagengesetz fallen, so ergibt sich de lege ferenda die Pflicht im Rahmen der Anlageberatung, ein Informationsblatt zur Verfügung zu stellen, unmittelbar aus § 31 Abs. 3a S. 1 WpHG. Es ist also nicht so, dass für ein Wertpapierdienstleistungsunternehmen dann die Pflicht zur Übergabe einer Kurzinformation entfallen würde. Ein typisches Beispiel einer solchen Ausnahme könnte eine Anlageberatung eines Wertpapierdienstleistungsunternehmens zu einem geschlossenen Fonds sein, bei dem der Preis jedes angebotenen Anteils mindestens EUR 200.000,00 je Anleger beträgt. Ein solcher Fall würde unter den Ausnahmetatbestand des § 2 Abs. 3c RegE-Vermögensanlagengesetz fallen, womit die generelle Pflicht der Veröffentlichung eines VIB für den Anbieter entfiele. Das beratende Wertpapierdienstleistungsunternehmen wäre aber trotzdem und zwar unmittelbar aus § 31 Abs. 3a S. 1 WpHG verpflichtet, dem Anleger rechtzeitig vor Kaufabschluss eine Kurzinformation im Sinne dieser Norm zu übergeben.

Wertpapierdienstleistungsunternehmen haben de lege ferenda auch bei geschlossenen Fonds gemäß § 31d WpHG die aufsichtsrechtliche Pflicht, keine *Zuwendungen* anzunehmen, es sei denn diese dienen der Qualitätsverbesserung und werden nach Existenz, Art und Umfang gegenüber dem Kunden offengelegt. Dies ist die Konsequenz aus den Neuregelungen durch das AnsFuG, durch das die Vermutungsregel des § 31d Abs. 4 WpHG mit Wirkung zum 08.04.2011 aufgehoben wurde. Mit der Norm § 31d Abs. 4 WpHG wurde noch vermutet, dass bei unvoreingenommen erbrachter Anlageberatung eine Zuwendung darauf ausgelegt ist, die Qualität der für den Kunden erbrachten Dienstleistung zu verbessern.

Folge des Wegfalls dieser Vermutung ist, dass bei der Entgegennahme von Zuwendungen im Rahmen einer erbrachten Anlageberatung der Anlageberater die Beweislast dafür trägt, dass die von ihm entgegengenommene Zuwendung die Qualität der für den Kunden erbrachten Dienstleistung verbessert. Falls er diesen Beweis nicht erbringen kann, ist die erlangte Zuwendung als rechtswidrig anzusehen und an den Kunden wieder auszukehren.

Ferner würde durch die vorgesehene Einordnung von Vermögensanlagen als Finanzinstrumente auch bei geschlossenen Fonds die aufsichtsrechtliche und bußgeldbewährte Pflicht bestehen, nur geeignete Finanzinstrumente an Kunden gemäß § 31 Abs. 4a WpHG zu empfehlen, sowie gemäß § 34 Abs. 2a und Abs. 2b WpHG Beratungsprotokolle zu führen und dem Kunden auszuhändigen.

Wie diese aufsichtsrechtlichen Pflichten, insbesondere die Pflicht zur rechtzeitigen Aushändigung eines VIB vor Vertragsabschluss, sich in der Praxis bewähren, bleibt abzuwarten. Gerade im Zusammenhang mit den Beratungsprotokollen wird derzeit dahingehend Kritik laut, dass diese regelmäßig sehr umfangreich sind und von Wertpapierdienstleistungsunternehmen oftmals nur als Haftungsfreizeichnungsdokumente genutzt werden.

Neben den aufsichtsrechtlichen Konsequenzen bei Verstößen gegen diese Normen können sich Wertpapierdienstleistungsunternehmen und deren Mitarbeiter aber auch zivilrechtlich gemäß § 823 Abs. 2 BGB i.V.m. § 31 Abs. 3a S. 2 WpHG schadensersatzpflichtig machen, wenn etwa durch fahrlässiges Verhalten Angaben im VIB unrichtig oder irreführend sind oder mit den Angaben des Prospektes nicht vereinbar sind und dadurch kausal beim Anleger ein Schaden verursacht wird. § 31 Abs. 3a S. 2 WpHG ist ausdrücklich laut Regierungsbegründung zum AnsFuG ein Schutzgesetz gemäß § 823 Abs. 2 BGB.[18]

Ein praktisches Beispiel, aus dem sich eine solche Haftung aus § 823 Abs. 2 BGB i.V.m. § 31 Abs. 3a S. 2 WpHG ergeben könnte, wäre etwa die Verwendung eines veralteten VIB, das unrichtige Angaben enthält und einem Anleger im Rahmen einer Anlageberatung übergeben wurde. Hat der Anleger auf die Richtigkeit der Angaben vertraut und ist ihm dadurch kausal ein Schaden entstanden, so können sowohl das Wertpapierdienstleistungsunternehmen als auch der die Beratung durchführende Anlageberater in Haftung genommen werden.

2. Neuregelungen für den Vertrieb geschlossener Fonds für Finanzanlagenvermittler

Im Folgenden werden zunächst die Änderungen des Wertpapierhandelsgesetzes (RegE-WpHG) und die Änderungen des Kreditwesengesetzes (RegE-KWG) in Bezug auf die freien Vermittler, die de lege ferenda gem. § 34f Abs. 1 Satz 1 RegE-GewO als Finanzanlagenvermittler definiert werden, kurz dargestellt. Daran anschließend werden die weit reichenden Änderungen in der Gewerbeordnung (RegE-GewO) und einer darauf basierenden Finanzanlagenvermittlungsverordnung (DiskE-FinVermV) erörtert. Zunächst aber zu den Regelungen des RegE-WpHG und RegE-KWG.

Durch Erweiterung der Bereichsausnahme in § 2a Abs. 1 Nr. 7 RegE-WpHG werden Finanzanlagenvermittler von Vermögensanlagen von der Qualifizierung als Wertpapierdienstleistungsunternehmen ausgenommen. In § 2a Abs. 1 Nr. 7 RegE-WpHG ist demgemäß vorgesehen:

---

18 Entwurf eines Gesetzes zur Stärkung des Anlegerschutzes und Verbesserung der Funktionsfähigkeit des Kapitalmarkts (Anlegerschutz- und Funktionsverbesserungsgesetz) vom 24. September 2010, BRat-Drs. 584/10, S. 26.

„Als Wertpapierdienstleistungsunternehmen gelten nicht [...]
7. Unternehmen, die als Wertpapierdienstleistung für andere ausschließlich die Anlageberatung und die Anlagevermittlung zwischen Kunden und [...]
e) Anbietern oder Emittenten von Vermögensanlagen im Sinne des § 1 Absatz 2 des Vermögensanlagengesetzes betreiben, sofern sich diese Wertpapierdienstleistungen [...] auf Vermögensanlagen im Sinne des § 1 Absatz 2 des Vermögensanlagengesetzes, die nach dem Vermögensanlagengesetz im Inland öffentlich angeboten werden dürfen, beschränken [...]“.[19]

Ebenso werden Finanzanlagenvermittler von der Qualifizierung als Finanzdienstleistungsinstitute durch Erweiterung der Bereichsausnahme in § 2 Abs. 6 Nr. 8 RegE-KWG ausgenommen. In § 2 Abs. 6 Nr. 8 RegE-KWG ist deshalb folgende Neuregelung vorgeschlagen:

„Als Finanzdienstleistungsinstitute gelten nicht
[...]
8. Unternehmen, die als Finanzdienstleistung für andere ausschließlich die Anlageberatung und die Anlage- und Abschlussvermittlung zwischen Kunden und [...]
e) Anbietern oder Emittenten von Vermögensanlagen im Sinne des § 1 Absatz 2 des Vermögensanlagegesetzes betreiben, sofern sich diese Finanzdienstleistung [...] auf Vermögensanlagen im Sinne des § 1 Absatz 2 des Vermögensanlagengesetzes, die nach dem Vermögensanlagengesetz im Inland öffentlich angeboten werden dürfen, beschränken [...]“.[20]

Weit reichende Änderungen für freie Vermittler sind in dem RegE-GewO vorgesehen.

So findet sich in § 34f Abs. 1 RegE-GewO die Definition und Erlaubnispflicht für Finanzanlagenvermittler. Demnach ist Finanzanlagenvermittler, wer im Umfang der Bereichsausnahme des § 2 Abs. 6 S. 1 Nr. 9 RegE-KWG gewerbsmäßig zu Fondsanteilen, öffentlich angebotenen Anteilen an geschlossenen Fonds und sonstigen Vermögensanlagen des § 1 Abs. 2 RegE-Vermögensanlagengesetz oder Anteilen an Genossenschaften Anlageberatung erbringen und den Abschluss von Verträgen über den Erwerb solcher Finanzanlagen vermitteln will. Der Finanzanlagenvermittler bedarf der Erlaubnis der zuständigen Behörde.

Bei der Erteilung der Erlaubnis sind in § 34f Abs. 2 Nr. 1 und Nr. 2 RegE-GewO nunmehr vier Versagungsgründe für die Erlaubnis normiert. Zu den bisher bereits geltenden Versagungsgründen gem. § 34c Abs. 2 Nr. 1 und Nr. 2 GewO werden also de lege ferenda zwei weitere hinzugefügt.

---

19 Die hervorgehobene Textpassage soll durch das RegE-WpHG in § 2a Abs. 1 Nr. 7 eingefügt werden.

20 Die hervorgehobene Textpassage soll durch das RegE-KWG in § 2 Abs. 6 Nr. 8 eingefügt werden.

Die Erlaubnis ist demnach zu versagen, wenn der Antragsteller

1. die erforderliche *Zuverlässigkeit* nicht besitzt. Diese besitzt in der Regel derjenige nicht, der in den letzten fünf Jahren wegen eines Verbrechens oder wegen Diebstahls, Unterschlagung, Erpressung, Betrug, Untreue, Geldwäsche, Urkundenfälschung, Hehlerei, Wucher oder einer Insolvenzstraftat rechtskräftig verurteilt worden ist, oder
2. in *ungeordneten Vermögensverhältnissen* lebt. Dies ist in der Regel der Fall, wenn über das Vermögen des Antragstellers das Insolvenzverfahren eröffnet worden oder er in das vom Insolvenzgericht oder vom Vollstreckungsgericht zu führende Verzeichnis eingetragen ist.

Diese in Nr. 1 und Nr. 2 normierten Versagungsgründe gelten auch schon de lege lata gem. § 34 c Abs. 2 Nr. 1 und Nr. 2 GewO. Nunmehr ist nach § 34f Abs. 2 Nr. 3 und 4 RegE-GewO die Erlaubnis zudem zu versagen, wenn der Antragsteller

3. den Nachweis einer *Berufshaftpflichtversicherung* nicht erbringen kann oder
4. nicht durch eine vor der IHK erfolgreich abgelegte Prüfung nachweist, dass er die für die Vermittlung von und Beratung über Finanzanlagen notwendige *Sachkunde* über die fachlichen und rechtlichen Grundlagen sowie über die Kundenberatung besitzt; die Sachkunde ist dabei im Umfang der beantragten Erlaubnis nachzuweisen.

Zu den Anforderungen an den Sachkundenachweis enthalten die §§ 1 bis 5 DiskE-FinVermV detaillierte Regelungsvorschläge. Danach ist gemäß § 2 DiskE-FinVermV die zuständige Stelle für den Nachweis der Sachkunde jede IHK. Vorgesehen ist, dass diese Prüfung zur Erlangung des Sachkundenachweises beliebig oft wiederholt werden kann. In § 3 DiskE-FinVermV finden sich detaillierte Regelungen zum Inhalt und Umfang der Sachkundeprüfung. Diese soll aus einem schriftlichen und praktischen Teil bestehen (§ 3 Abs. 1 DiskE-FinVermV). Die inhaltlichen Anforderungen an die Sachkundeprüfung werden gemäß Anlage 1 zu § 1 Abs. 2 DiskE-FinVermV bestimmt. In § 4 DiskE-FinVermV werden schließlich Berufsqualifikationen aufgezählt, die als Nachweis der erforderlichen Sachkunde anerkannt werden sollen. Solche Berufsqualifikationen sind insbesondere ein Abschlusszeugnis

- eines betriebswirtschaftlichen Studiengangs der Fachrichtung Bank, Versicherungen und Finanzdienstleistung (Hochschulabschluss oder gleichwertiger Abschluss),
- als Bankfachwirt oder -wirtin (IHK),
- als Fachwirt oder -wirtin für Versicherungen und Finanzen (IHK),
- als Investmentfachwirt oder -wirtin (IHK),
- als Fachwirt oder -wirtin für Finanzberatung (IHK),
- als Bank- oder Sparkassenkaufmann- bzw. -frau.

Dem gegenüber findet sich im bisherigen DiskE-FinVermV erfreulicherweise keine sogenannte „Alte-Hasen-Regelung“. Eine solche würde vorsehen, dass ein Sachkundenachweis nicht erforderlich ist, wenn man eine gewisse Dauer, beispielsweise 10 Jahre, die Tätigkeiten des Finanzanlagevermittlers beanstandungslos ausgeübt hat und so seine fachliche Kompetenz unter Beweis gestellt hat. Eine solche wird derzeit aber vehement aus den Reihen der Interessenvertreter der Anlagevermittler gefordert.

In §§ 9 und 10 DiskE-FinVermV sind Anforderungen an die Berufshaftpflichtversicherung vorgesehen. Demnach gilt gem. § 9 Abs. 2 DiskE-FinVermV für den Umfang der Haftpflichtversicherung § 9 Abs. 2 bis 5 der Versicherungsvermittlungsverordnung entsprechend, wonach die Mindestversicherungssumme EUR 1.130.000,00 für jeden Versicherungsfall sowie EUR 1.700.000,00 für alle Versicherungsfälle eines Jahres betragen soll. Zudem muss die Versicherung sich auf Erfüllungs- und Verrichtungsgehilfen erstrecken, soweit diese nicht selbst zum Abschluss einer solchen Versicherung verpflichtet sind. Gemäß § 10 DiskE-FinVermV ist die Beendigung oder Kündigung der Berufshaftpflichtversicherung der zuständigen Behörde sofort mitzuteilen.

Gemäß §§ 144 Abs. 1 Nr. 1 Buchstabe l, Abs. 4 i.V.m. § 34f Abs. 1 S. 1 RegE-GewO stellt es eine Ordnungswidrigkeit dar, ohne die erforderliche Erlaubnis nach § 34f Abs. 1 S. 1 RegE-GewO Anlageberatung zu erbringen oder den Abschluss von Verträgen der dort bezeichneten Art zu vermitteln. Ein fahrlässig oder vorsätzlicher Verstoß kann mit Bußgeld *bis zu EUR 50.000,00* geahndet werden (vgl. § 144 Abs. 4 RegE-GewO).

Finanzanlagenvermittler dürfen direkt bei der Beratung und Vermittlung, also am so genannten „point of sale", mitwirkende Personen nur beschäftigen, wenn diese über einen *Sachkundenachweis* verfügen und *zuverlässig* sind (§ 34f Abs. 4 RegE-GewO). Die Beschäftigung eines Mitarbeiters, der diese Voraussetzungen nicht erfüllt, kann zivilrechtliche Haftungsansprüche nach sich ziehen und aufsichtsrechtlich untersagt werden.

Mit der gesetzlichen Neuregelung für Finanzanlagenvermittler sollen diese de lege ferenda auch verpflichtet sein, sich im so genannten Vermittlerregister gemäß § 34f Abs. 5 RegE-GewO einzutragen. Demnach ist der Finanzanlagevermittler verpflichtet, sich unverzüglich nach Aufnahme der Tätigkeit über die für die Erlaubniserteilung zuständige Behörde entsprechend dem Umfang der erteilten Erlaubnis (§ 34f Abs. 1 Nr. 1–3 GewO) in das bei den IHK'en geführte Vermittlerregister nach § 11a Abs. 1 GewO eintragen zu lassen und etwaige Änderungen der gespeicherten Angaben der Registerbehörde unverzüglich mitzuteilen. Die Finanzanlagenvermittler werden damit de lege ferenda in das Vermittlerregister der IHK eingetragen, in dem bisher bereits die Versicherungsvermittler und Versicherungsberater sich einzutragen haben.

Um hinsichtlich dieser Eintragungspflicht den administrativen Aufwand für die Finanzanlagenvermittler so gering wie möglich zu halten, teilt die für die Erlaubnis nach § 34f Abs. 1 RegE-GewO zuständige Behörde unverzüglich der Registerbehörde die für die Eintragung erforderlichen Angaben sowie auch eine etwaige Aufhebung der Erlaubnis mit (vgl. § 11 Abs. 3 S. 1 GewO). Zweck dieser Registereintragung ist es, insbesondere Anlegern zu ermöglichen, die Zulassung sowie den Umfang der zugelassenen Tätigkeit der Finanzanlagenvermittler überprüfen zu können. Als Registerbehörde sind die örtlich zuständigen Industrie- und Handelskammern zuständig.

Kernstück der Neureglungen für Finanzanlagenvermittler ist die Verordnungsermächtigung des § 34g RegE-GewO. Auf deren Grundlage soll eine Verordnung erlassen werden, die insbesondere hinsichtlich der Informations-, Beratungs- und Dokumentationspflichten ein *vergleichbares Anlegerschutzniveau* zu §§ 31 ff. WpHG herzustellen hat (§ 34g Abs. 1 S. 3 RegE-GewO). Diese noch vom Bundesministerium für Wirtschaft im Einvernehmen mit dem Bundesministerium für Finanzen und dem Bundesministerium für Ernährung, Landwirtschaft und Verbraucherschutz mit Zustimmung des Bundesrates zu erlassende Rechtsverordnung wird Informations-, Informationseinholungs- und Dokumentationspflichten enthalten. Zum Beispiel sind dies die Pflichten, Provisionen und Zuwendungen offen zu legen und das Informationsblatt über das jeweilige Finanzanlageprodukt zur Verfügung zu stellen (vgl. § 34g Abs. 1 S. 2 Nr. 1 RegE-GewO), beim Anleger Informationen einzuholen, die erforderlich sind, um diesen anlage- und anlegerrecht zu beraten (vgl. § 34g Abs. 1 S. 2 Nr. 2 RegE-GewO), und das Beratungsprotokoll zu erstellen und dieses dem Anleger zur Verfügung zu stellen (vgl. § 34g Abs. 1 S. 2 Nr. 3 RegE-GewO).

Der in der Zwischenzeit vom Bundesministerium für Wirtschaft vorgelegte DiskE-FinVermV sieht in § 17 DiskE-FinVermV eine Regelung zur Offenlegung von Zuwendungen vor. Gemäß § 17 Abs. 1 S. 1 FinVermV hat der Gewerbetreibende Zuwendungen, die er im Zusammenhang mit der Vermittlung und Beratung über Finanzanlagen erhält, offen zu legen. Dazu sind die Existenz, Art und der Umfang der Zuwendung oder, soweit sich der Umfang noch nicht bestimmen lässt, die Art und Weise seiner Berechnung dem Anleger vor Abschluss des Vertrages in umfassender, zutreffender und verständlicher Weise mitzuteilen. In § 17 Abs. 2 S. 1 FinVermV werden unter Zuwendungen allerdings nur solche Provisionen, Gebühren oder sonstige Geldleistungen sowie alle geldwerten Vorteile verstanden, die der Gewerbetreibende vom *Emittenten* oder *Anbieter* einer Finanzanlage für deren Vermittlung erhält. Damit sind Zuwendungen, die von sonstigen Dritten an den Gewerbetreibenden bezahlt werden, von der Offenlegungspflicht ausgenommen. Damit wird der Anleger deutlich schlechter gestellt, als wenn er mit einem Wertpapierdienstleistungsunternehmen kontrahiert. Ein Wertpapierdienstleistungsunternehmen darf gem. § 31d Abs. 1 S. 1 WpHG grundsätzlich keine Zuwendungen annehmen und muss darüber hinaus gem. § 31d Abs. 1 S. 1 Nr. 2 WpHG Existenz, Art und Umfang der Zuwendungen von *sämtlichen Dritten*, auch wenn diese nicht von Anbieter- oder Emittentenseite gewährt wurden, offen legen. Dem entgegen sieht der Diskussionsentwurf schon kein grundsätzliches Verbot der Annahme von Zuwendungen durch Dritte vor und beschränkt die Offenlegungspflicht – wie ausgeführt – nur auf solche Zuwendungen, die der Gewerbetreibende vom *Anbieter oder Emittenten* einer Finanzanlage für die Vermittlung erhält.

Letztlich kann vom Gewerbetreibenden die Zuwendungsoffenlegungspflicht einfach umgangen werden, indem er sich über sonstige Dritte Zuwendungen gewähren lässt. Ein vergleichbares Anlegerschutzniveau zu §§ 31ff WpHG, wie in § 34g Abs. 1 S. 3 RegE-GewO vorgesehen, wird damit nicht geschaffen.

Weitere Pflichten für Finanzanlagenvermittler, die sich aus dem DiskE-FinVermV ergeben, sind zum einen, dass *nur geeignete Finanzanlagen* an Anleger gemäß § 16 Abs. 1 S. 3 DiskE-FinVermV empfohlen werden dürfen, und zum anderen, dass dem Anleger rechtzeitig vor Abschluss eines Geschäfts über Vermögensanlagen im Sinne des § 1 Abs. 2 RegE-Vermögensanlagengesetz ein *VIB* über die jeweilige Finanzanlage auszuhändigen ist (§ 15 Nr. 4 DiskE-FinVermV).

In § 18 DiskE-FinVermV ist fast wortlautidentisch mit § 34 Abs. 2a und Abs. 2b WpHG iVm. § 14 Abs. 6 WpDVerOV de lege ferenda die Pflicht normiert, ein Beratungsprotokoll zu führen und auszuhändigen.

§ 24 DiskE-FinVermV sieht eine Prüfungspflicht für Finanzanlagenvermittler vor. Demnach haben diese jährlich, die Einhaltung der Pflichten der §§ 12 bis 23 DiskE-FinVermV durch geeignete Prüfer prüfen zu lassen und der zuständigen Behörde den Prüfbericht bis spätestens zum 31. Dezember des darauf folgenden Jahres zu übermitteln (§ 24 Abs. 1 Satz 1 DiskE-FinVermV). Der Prüfungsumfang erstreckt sich damit insbesondere auch auf Informations-, Zuwendungsoffenlegungs-, Dokumentations- und Beratungsprotokollpflichten. Die zuständige Behörde kann aus besonderem Anlass auch eine solche Prüfung anordnen (§ 24 Abs. 2 Satz 1 DiskE-FinVermV).

Die Verordnungsermächtigung des § 34g Abs. 2 RegE-GewO sieht vor, dass eine Verordnung auch eine Vorschrift darüber enthalten kann, dass der Finanzanlagenvermittler vom Anleger erhaltene Vermögenswerte von dem eigenen Vermögen strikt zu trennen hat (Nr. 2). In § 20 DiskE-FinVermV ist hierfür erfreulicherweise vorgesehen, dass es Finanzanlagenvermittlern generell untersagt ist, sich im Zusammenhang mit der Vermittlung von Finanzanlagen Eigentum oder Besitz an Geldern oder Anteilen von Anlegern zu verschaffen.

Zum Schluss soll noch kurz auf die Übergangsregelung des § 157 Abs. 2 RegE-GewO eingegangen werden. Danach müssen freie Vermittler, die bei Inkrafttreten des Gesetzes die Erlaubnis gemäß § 34c Abs. 1 S. 1 Nr. 2 oder 3 GewO haben und weiter tätig werden wollen, bis zum ersten Tag des sechsten Kalendermonats nach Inkrafttreten eine Erlaubnis als Finanzanlagenvermittler gemäß § 34f Abs. 1 RegE-GewO *beantragen* und sich nach Erteilung der Erlaubnis registrieren lassen. Da diese Regelung erst 12–13 Monate nach Verkündung des Gesetzes in Kraft treten wird, haben die betroffenen freien Vermittler insgesamt 18–19 Monate nach Inkrafttreten des Gesetzes Zeit, die Erlaubnis gem. § 34f RegE-GewO zu beantragen. Wird innerhalb dieser großzügigen Frist kein Antrag auf Erlaubnis gem. § 34f RegE-GewO gestellt, so erlischt die nach § 34c Abs. 1 S. 1 Nr. 2 oder 3 GewO erteilte Erlaubnis. Wird die Erlaubnis unter Vorlage der bisherigen Erlaubnisurkunde gemäß § 34c Abs. 1 S. 1 Nr. 2 oder 3 GewO beantragt, so erfolgt keine Prüfung der *Zuverlässigkeit* und der *Vermögensverhältnisse*, weil diese bereits aufgrund der bestehenden Rechtslage geprüft wurde. Es erfolgt also keine neuerliche Prüfung der Zuverlässigkeit und der Vermögensverhältnisse mehr, wenn ein freier Vermittler die Genehmigung für die Zulassung als Finanzanlagenvermittler beantragt.

Für den Nachweis der Sachkunde ist eine noch längere Frist von 24 Monaten nach Inkrafttreten vorgesehen, so dass sich unter Berücksichtigung des erst 12 – 13 Monate späteren Inkrafttretens insgesamt eine Frist von ca. 36 Monaten ergibt. Sollte das Gesetz also beispielsweise am 1. Januar 2012 in Kraft treten, so hätten die betroffenen freien Vermittler bis 1. Januar 2015 Zeit, den Sachkundenachweis bei der zuständigen Genehmigungsbehörde vorzulegen.

IV. Fazit

Sofern es dem Gesetzgeber noch gelingt, bestehende Defizite der DiskE-FinVermV dahingehend zu beseitigen, dass auch bei freien Vermittlern ein Anlegerschutzniveau entsprechend §§ 31ff WpHG gilt, verbessern die erörterten Neuregelungen deutlich die rechtliche Position von Anlegern, die in geschlossene Fonds investieren.

2. Abteilung:

Neuer Rechtsrahmen für Sanierungen

Leitung: Dr. *Thorsten Höche*, Chefsyndikus, Bundesverband deutscher Banken, Berlin

Sanierung geschlossener Fonds

Professor Dr. *Carsten Schäfer*,
Universität Mannheim

I. Einführung

Das Thema der Sanierung geschlossener Fonds betrifft, gesellschaftsrechtlich gesprochen, die Publikumspersonengesellschaft und dort den Themenkreis möglicher Nachschusspflichten bzw. Sanierungsleistungen der Gesellschafter, namentlich also die Frage, inwiefern Gesellschafter direkt oder indirekt dazu gezwungen werden können, sich an der Sanierung ihrer notleidend gewordenen Gesellschaft zu beteiligen. Im Zentrum der folgenden Überlegungen wird die inzwischen schon fast legendäre Entscheidung des BGH aus dem Jahre 2009 – „Sanieren oder Ausscheiden“ – stehen, zu welcher der Senat im Januar dieses Jahres eine von ihm selbst so bezeichnete „Abgrenzungsentscheidung“ verfasst hat.[1] Dass sich (auch) Immobilienfonds derzeit in einer schweren Krise befinden, ist schon oft beschrieben worden; die Ursachen können im Wesentlichen mit den Stichworten Leerstände und Mietausfälle, Auslaufen öffentlicher Fördermittel, Kostensteigerungen

1 BGH v. 25.1.2011, II ZR 122/09, ZIP 2011, 768.

und Kreditkündigungen umrissen werden.[2] Dies hat *Westermann* unlängst zu der Bemerkung veranlasst, geschlossene Immobilienfonds hätten wieder Konjunktur, diesmal allerdings nicht als steuersparende Anlageobjekte, sondern als Lieferant zahlloser Rechtsfälle und durchaus intrikater Probleme, die auch Anlass für die Wahl dieses Themas für den diesjährigen Bankrechtstag gewesen sein dürften.

II. Nachschusspflichten im Personengesellschaftsrecht

1. Die neuere Rechtsprechung des II. Zivilsenats des BGH

Die Themen Nachschusspflicht und Sanierung sind, wie ich zeigen möchte, auf das Engste miteinander verbunden. Nachschusspflichten im Personengesellschaftsrecht sind ab etwa 2005 in einer ganzen Phalanx von BGH-Entscheidungen thematisiert worden, die weit überwiegend die Publikumsgesellschaft betrafen, meist sog. Fondsgesellschaften.[3] Im Kern ging es hierbei jeweils um ein im Ansatz leicht einsehbares Prinzip, das auch als ein „Grundrecht" des Gesellschaftsrechts gilt und das § 707 BGB in die schlichten Worte fasst: *Zur Erhöhung des vereinbarten Beitrags oder zur Ergänzung der durch Verlust verminderten Einlage ist ein Gesellschafter nicht verpflichtet.*

Typischerweise sahen die Verträge in den vom II. Senat entschiedenen Fällen einerseits ein bestimmtes Gesellschaftskapital vor, andererseits die unterschiedlich ausgestaltete Befugnis der Gesellschafterversammlung, über Nachschusspflichten mit *Mehrheit* oder durch einen Beirat zu beschließen. Meist wurde dies als Kompetenz der Gesellschafter bemäntelt, einem von der Geschäftsführung für das jeweils folgende Geschäftsjahr aufgestellten „Wirtschaftsplan" zuzustimmen, der zugleich die „erforderlichen Nachschussbeträge" benannte. Gelegentlich verpflichtete der Vertrag die Gesellschafter auch zusätzlich, nach Aufforderung der Geschäftsführer sog. „Unterdeckungen" anteilig auszugleichen, die bei der „laufenden Bewirtschaftung" des Grundstücks auftreten. Durchweg sollten die Geschäftsführer dafür zuständig sein, die Nachschüsse einzufordern bzw. laufende Vorschüsse darauf zu verlangen.

In allen Fällen *verneinte* der II. Zivilsenat die wirksame Begründung der Nachschusspflicht. Es habe sich jeweils um eine *nachträgliche* Beitragserhöhung gehandelt, weil die bestrittenen Leistungen durch den ursprünglichen Vertrag noch nicht

2 So zuletzt *Westermann* NZG 2010, 321.

3 BGH v. 4.7.2005, II ZR 354/03 (KG), NZG 2005, 753 = ZIP 2005, 1455 = WM 2005, 1608; BGH v. 23.1.2006, II ZR 306/04 (LG Berlin), WM 2006, 577; BGH v. 23.1.2006, II ZR 126/04 (OLG München), WM 2006, 774 = ZIP 2006, 754 = NZG 2006, 379; BGH v. 5.3.2007, II ZR 282/05, DStR 2007, 771 = NZG 2007, 381; BGH v. 19.3.2007, II ZR 73/06 (LG Berlin), NZG 2007, 382 = WM 2007, 835; BGH v. 26.3.2007, II ZR 22/06, DStR 2007, 1313 = WM 2007, 1333; BGH v. 21.5.2007, II ZR 96/06, DStR 2007, 1263; neuestens BGH v. 5.11.2007 II ZR 230/06, zVb.

ausreichend bestimmt gewesen seien, sondern erst noch einer konkretisierenden Festsetzung durch Gesellschafter- bzw. Beiratsbeschluss bedurft hätten. Eine solche Erhöhung sei nach § 707 BGB zu Lasten eines Gesellschafters nur mit dessen Zustimmung wirksam; Entsprechendes gelte auch für die nachträgliche Einführung einer gesellschaftsvertraglichen Nachschussklausel. Zwar könne die erforderliche Zustimmung auch im Voraus, namentlich schon im Gesellschaftsvertrag erteilt werden. Hierfür müssen jedoch Art und Ausmaß der möglichen zusätzlichen Belastung eindeutig erkennbar sein.[4] Erforderlich sei deshalb die Angabe einer Obergrenze *oder* sonstiger Kriterien, die das Erhöhungsrisiko eingrenzen.[5] Die bloße Bezugnahme auf „Unterdeckungen“ aufgrund der „laufenden Bewirtschaftung“ erfülle diese Voraussetzungen offensichtlich nicht. An eine treupflichtgestützte Pflicht zur Übernahme zusätzlicher Beiträge sei überdies selbst bei akuter Sanierungsbedürftigkeit der Gesellschaft nicht zu denken.

2. Bewertung und Konsequenzen

Diesen Entscheidungen des II. Senats ist unbedingt zuzustimmen.[6] § 707 BGB, der bekanntlich für alle Personengesellschaften gilt, betont mit gutem Grund, dass der einzelne Gesellschafter zu *Beitragserhöhungen* nicht verpflichtet ist. Weil und soweit sich die ursprüngliche Höhe der Beiträge aus dem Gesellschaftsvertrag ergibt, bedarf ihre Erhöhung zunächst einer *Vertragsänderung*, für die ausschließlich die Gesellschafter zuständig sind und die weder auf Geschäftsführer noch auf einen Beirat oder dergl. delegiert werden kann.[7] Sofern der Gesellschaftsvertrag, wie typischerweise, auch Vertragsänderungen einer Mehrheitsentscheidung unterwirft, kommt § 707 BGB ins Spiel, der als personengesellschaftsrechtliche Ausprägung des schon erwähnten allgemeinen verbandsrechtlichen „Grundrechts“ zu verstehen ist.[8] Dieses Recht dient nicht dem Minderheiten-, sondern dem *Individualschutz*, und zwar vor einer unabsehbaren Belastung.[9] Verwirklicht wird es durch ein *Zustimmungsrecht* des einzelnen Gesellschafters; denn § 707 BGB schließt selbstverständlich nicht aus, dass die Gesellschafter freiwillig höhere Beiträge leisten, als ihren im Gesellschaftsvertrag festgelegten Pflichten entspricht. Im Einzelnen führt dies zu folgenden Grundsätzen:

---

4 Dazu schon BGHZ 132, 263, 268 = NJW 1996, 1678, worauf der Senat immer wieder Bezug nimmt.

5 BGH v. 4.7.2005, II ZR 354/03, WM 2005, 1608 = NZG 2005, 753.

6 Dazu und zum Folgenden bereits *Schäfer* in: VGR (Hrsg.) Gesellschaftsrecht in der Diskussion 2007, 2008, S. 137 ff.

7 S. nur Staub/*Ulmer* HGB, 4. Aufl. 1988, § 109 Rn. 54 f.; Staub/*Schäfer* HGB, 5. Aufl. 2009, § 109 Rn. 51, 54.

8 So treffend *Wiedemann* GesR I, 1980, § 7 IV 1a.

9 Prägnant etwa BGH WM 2006, 577, 578 und 774, 775 (jeder Gesellschafter soll das Maß seiner durch die Mitgliedschaft eingegangenen Belastung sicher abschätzen können).

1. Aufgrund seines Individualschutzzwecks ist § 707 BGB zwingender Natur; die schlichte Abbedingung im Gesellschaftsvertrag bleibt damit wirkungslos. Die Gesellschafter können daher nur mit ihrer Zustimmung zu weiteren Einlagen gezwungen werden.
2. Möglich ist aber die „antizipierte" Ausübung des Zustimmungsrechts; das bürgerliche Recht nennt sie „Einwilligung" (§ 183 BGB). Die Zustimmung kann daher prinzipiell schon im Gesellschaftsvertrag erteilt werden.
3. Eine unbeschränkte Generaleinwilligung wäre aber mit dem Schutzzweck des § 707 BGB unvereinbar. Erforderlich ist deshalb eine *Spezialeinwilligung* des einzelnen Gesellschafters in die Beitragserhöhung.
4. Eine Klausel im Gesellschaftsvertrag, welche die Mehrheit zur Konkretisierung einer Nachschusspflicht berechtigt, muss daher zwingend eine *Obergrenze* für die insgesamt geschuldeten Nachschüsse nennen (Parallele zu § 26 GmbHG).
5. Auch eine ausreichend konkrete Zustimmungsklausel kann *nachträglich* nicht von der Mehrheit im Wege der Vertragsänderung beschlossen werden; es bedarf vielmehr der Zustimmung jedes einzelnen Gesellschafters, damit die Klausel auch im Verhältnis zu ihm eine Beitragserhöhung bewirkt.
6. Der einzelne Gesellschafter braucht eine mehrheitlich beschlossene Nachschusspflicht auch dann nicht gegen sich gelten zu lassen, wenn er eine gesellschaftsvertragliche Anfechtungsfrist versäumt; ein Beschlussmangel steht insofern nicht in Frage; vielmehr ist der Beschluss als solcher wirksam, seine bestimmungemäße Wirkung beschränkt sich aber auf die zustimmenden Gesellschafter.

III. Sanieren oder Ausscheiden?

1. Einführung

Offensichtlich können sich diese Grundsätze im Sanierungsfall störend auswirken; denn es kann eben niemand gegen seinen Willen zu neuen Beiträgen gezwungen werden; freilich ist das keine Besonderheit des Personengesellschaftsrechts, sondern gilt mit Selbstverständlichkeit auch im Recht der Kapitalgesellschaften. Wie ist aber die Rechtsstellung der beitragsunwilligen Gesellschafter in der zu sanierenden Gesellschaft? Können sie vor die Alternative gestellt werden: Beitragen oder Ausscheiden?

In seiner vielbeachteten Entscheidung „Sanieren oder Ausscheiden"[10] hat der II. Senat die Gesellschafter einer Publikums-OHG in der Tat vor die Wahl gestellt, sich entweder an einer aussichtsreichen Sanierung mit neuen Einlagen zu beteiligen oder aber mit der Folge auszuscheiden, einen fiktiven Auseinandersetzungs-

10 Urt. v. 19.10.2009 – II ZR 240/08, ZIP 2009, 2289 = JZ 2010, 153 mit Bespr. *K. Schmidt* (125 ff.).

fehlbetrag anteilig auszugleichen. Der vom Senat geprägte Leitsatz, der hier nur teilweise wiedergegeben wird, besagt, dass die *„nicht zahlungsbereiten Gesellschafter aus gesellschafterlicher Treuepflicht jedenfalls dann verpflichtet [sind], diesem Gesellschafterbeschluss* [über ihr Ausscheiden] *zuzustimmen, wenn sie infolge ihrer mit dem Ausscheiden verbundenen Pflicht, den auf sie entfallenden Auseinandersetzungsfehlbetrag zu leisten, finanziell nicht schlechter stehen als sie im Falle der sofortigen Liquidation stünden."* Diese Aussage hat viel spontane Zustimmung erfahren,[11] doch auch zu nachdenklicheren Überlegungen Anlass gegeben.[12]

Nur scheinbar befindet sich die Entscheidung in einem Gegensatz zu dem schon betonten Prinzip,[13] dass sanierungsunwillige Gesellschafter grundsätzlich nicht ausgeschlossen werden können, weil dies einen mit § 707 BGB unvereinbarem Nachschussdruck ausübte. Das ist jedoch ein Missverständnis; denn der vom Senat entschiedene Fall wies die Besonderheit auf, dass die Gesellschaft rechnerisch überschuldet war. Für den anderen Fall der sanierungsbedürftigen, aber nicht überschuldeten Gesellschaft hat die Entscheidung keine unmittelbare Bedeutung, wie der Senat mit seiner „Abgrenzungsentscheidung" vom Januar diesen Jahres in der Sache denn auch bestätigt hat. Auf diesen Regelfall der *nicht* überschuldeten Gesellschaft gehe ich zuerst ein.

2. Die Regel: Kein Ausschluss sanierungsunwilliger Gesellschafter

a) Einführung und Meinungsstand

Die Frage lautet also: Können die Gesellschafter, die sanierungsunwillig sind, in diesem Falle ausgeschlossen werden oder müssen sie lediglich eine Verwässerung ihrer Mitgliedschaft hinnehmen? Der II. Senat hatte hierzu in seinen Judikaten zur Beitragserhöhung folgende Position eingenommen: Die Gesellschafter sind selbst dann nicht kraft ihrer Treupflicht zur Erbringung zusätzlicher Leistungen verpflichtet, wenn die Gesellschaft sanierungsbedürftig ist und ohne frisches Kapital Insolvenz anmelden müsste.[14] Außerdem brauchen sie sich nicht auf die Möglichkeit verweisen zu lassen, gegen Kündigung und Abfindung aus der Gesellschaft auszuscheiden.[15]

11 So auch die Feststellung von *K. Schmidt* JZ 2010, 125; vgl. *Wahl/Schult* BB 2010, 14; *Wagner* NZG 2009, 1378, 1381; mit Einschränkungen *Armbrüster* EWiR 2009, 739; *Römermann* NZI 2009, 910 f.

12 *K. Schmidt* JZ 2010, 125 ff.

13 *Schäfer* in: VGR (Hrsg.) Gesellschaftsrecht in der Diskussion 2007, 2008, S. 137, 148; sowie MünchKommBGB/*Ulmer/Schäfer*, § 707 Rn. 10; dem grds. zustimmend, mit Abweichungen im Detail *Armbrüster* ZGR 2009, 1, 23 f.

14 BGH v. 23.1.2006 – II ZR 126/04, ZIP 2006, 754 = WM 2006, 774.

15 BGH v. 19.3.2007 – II ZR 73/06 (LG Berlin), NZG 2007, 382, 383; in diesem Sinne in der Literatur auch MünchKommBGB/*Ulmer*, 4. Aufl. 2004, § 707 Rn. 6; ähnlich auch *Müller* DB 2005, 95, 96.

Nach der Entscheidung „Sanieren oder Ausscheiden“ war nicht eindeutig, ob der Senat sich nunmehr von dieser Rechtsprechung lösen wollte. Er hatte dort lediglich betont, dass die Entscheidung das Problem der Nachschusspflicht gar nicht betreffe[16] und noch einmal den Grundsatz bekräftigt, dass auch in der Sanierungssituation kein Gesellschafter gegen seinen Willen zu neuen Beiträgen gezwungen werden könne.[17] Das konnte aber nur bedeuten, dass sich im Übrigen – also bei der nicht überschuldeten Gesellschaft – nichts ändern soll. Dies bestätigt die erwähnte Abgrenzungsentscheidung vom Januar diesen Jahres (Fn. 1). Ihr Leitsatz lautet: *Regelt der Gesellschaftsvertrag einer Publikumspersonengesellschaft, dass eine Kapitalerhöhung auch im Krisenfall nur einstimmig beschlossen werden kann und das Nichterreichen der Einstimmigkeit zur Folge hat, dass die zustimmenden Gesellschafter berechtigt sind, ihre Einlagen zu erhöhen, während die nicht zustimmenden Gesellschafter eine Verringerung ihres Beteiligungsverhältnisses hinzunehmen haben, so sind die zahlungsunwilligen Gesellschafter nicht aus gesellschafterlicher Treuepflicht verpflichtet, aus der Gesellschaft auszuscheiden.*

Auch in der Literatur war ganz überwiegend betont worden, dass sich der Gesellschafter aufgrund seiner Treupflicht zwar nicht gegen eine von den *anderen* Gesellschaftern gewünschte und aussichtsreiche Sanierung sperren darf, sofern es auf seine Stimme ankommt. Er sei aber nicht zu *eigenen* Nachschüssen verpflichtet, sondern müsse lediglich hinnehmen, dass seine Kapitalquote künftig geringer ausfalle.[18]

b) Die vorzugswürdige Lösung bei der nicht überschuldeten Gesellschaft

Richtigerweise bedarf es für die (rechnerisch) *nicht* überschuldete, aber in die Krise geratene Gesellschaft eines Konzepts, das einerseits die Interessen der nicht leistungsbereiten Gesellschafter unter Beachtung der Grundregel des § 707 BGB wahrt, andererseits aber verhindert, dass sie aus der von den übrigen Gesellschaftern durchgeführten Sanierung „windfall profits“ erhalten. Thesenförmig zusammengefasst lautet es:[19]

1. Auch bei Sanierungsbedarf ist kein Gesellschafter verpflichtet, Nachschüsse zu leisten; die Weigerung kann demgemäß auch kein wichtiger Grund für eine Ausschließung sein.

---

16 BGH (Fn. 2) Rn. 21.

17 BGH (Fn. 2) Rn. 28 unter Hinweis auf BGH v. 25.5.2009 – II ZR 259/07, ZIP 2009, 1373 (Rn. 18).

18 MünchKommBGB/*Ulmer,* 4. Aufl. 2004, § 707 Rn. 6; Heymann/*Emmerich,* 2. Aufl. 1996, § 140 Rn. 21; *Armbrüster* ZGR 2009, 1, 23 f.; *K. J. Müller* DB 2005, 95, 96; *K. Schmidt,* GesR § 5 IV 5b, S. 134 f. (Gesellschafter müsse überlegen, ob er von seinem Bezugsrecht Gebrauch mache oder sich künftig mit einer geringeren Kapitalquote begnüge); a.A. *Wagner* WM 2006, 1273, 1276 f.; vgl. auch jetzt wieder (ohne Differenzierung) *ders.* NZG 2009, 1378.

19 Dazu bereits *Schäfer* in: FS Ganter, 2010, 33, 35 ff.

2. Die angemessene Rechtsfolge liegt vielmehr in der Anpassung der Beteiligungsquoten, damit die sanierungsunwilligen Gesellschafter nicht ungerechtfertigt begünstigt werden:
   a) Sofern das Vermögen der Gesellschaft im Zeitpunkt der Erhöhung noch ihr „Festkapital" deckt, braucht diese Anpassung lediglich die Summe der von den einzelnen Gesellschaftern geleisteten Einlagen zum erhöhten „Grundkapital" in Bezug zu setzen und daraus den neuen Kapitalanteil abzuleiten.
   b) Wird das Festkapital hingegen nicht mehr voll abgedeckt, haben die nicht nachschussbereiten Gesellschafter ggf. einen „Kapitalschnitt" (in seiner personengesellschaftsrechtlichen Abbildung) hinzunehmen, um die ungerechtfertigte Aufwertung der „Alteinlagen" zu Lasten der Erbringer neuer Einlagen zu verhindern. Sie müssen also hinnehmen, dass sie an der sanierten Gesellschaft zu einer deutlich geringeren Quote beteiligt sind.

Tragende Gründe hierfür sind: Besteht keine *Pflicht* zur Übernahme weiterer Einlagen,[20] so kann ihre Verweigerung grundsätzlich auch kein wichtiger Grund für einen Ausschluss sein.[21] Der hierdurch ausgelöste Nachschussdruck wäre mit dem Schutzzweck des § 707 BGB unvereinbar; erst recht, wenn der Gesellschaftsvertrag, wie häufig, zusätzlich eine Abfindungsbeschränkung enthält. Wer von seinem „Bezugsrecht" keinen Gebrauch macht, muss zwar hinnehmen, dass seine Kapitalquote herabsinkt, kann aber deshalb nicht aus der Gesellschaft gedrängt werden.[22]

Das ist – jedenfalls im Ergebnis – auch die Position des Senats in seiner Entscheidung vom Januar 2011. Der Fall betraf eine sanierungsbedürftige, aber nicht überschuldete Gesellschaft, der mittelfristig Zahlungsunfähigkeit drohte.[23] Allein der Krisenfall rechtfertige es noch nicht, so der Senat, die Gesellschafter für verpflichtet anzusehen, entweder selbst zur Sanierung beizutragen oder aus der Ge-

---

20 Hiervon ist schon der Gesetzgeber bei Beratung des BGB ausgegangen, vgl. *Mugdan* Motive, Bd. 2, 1899, S. 333; dazu auch *Wertenbruch* DStR 2007, 1680 mit weit. Hinweisen. Dass auch der II. Senat diese Prämisse zugrunde legt, bezeugen zahlreiche Entscheidungen, vgl. etwa BGH v. 4.7.2005, II ZR 354/03 (KG), NZG 2005, 753 = ZIP 2005, 1455 = WM 2005, 1608; BGH v. 23.1.2006, II ZR 306/04 (LG Berlin), WM 2006, 577; BGH v. 23.1.2006, II ZR 126/04 (OLG München), WM 2006, 774 = ZIP 2006, 754 = NZG 2006, 379; BGH v. 5.3.2007, II ZR 282/05, DStR 2007, 771 = NZG 2007, 381; BGH v. 19.3.2007, II ZR 73/06 (LG Berlin), NZG 2007, 382 = WM 2007, 835; BGH v. 26.3.2007, II ZR 22/06, DStR 2007, 1313 = WM 2007, 1333; BGH v. 21.5.2007, II ZR 96/06, DStR 2007, 1263. Analyse bei *Schäfer* (Fn. 6), S. 138 f. und MünchKommBGB/*Ulmer*/*Schäfer*, 5. Aufl. 2009, § 707 Rn. 7 f.; s. ferner nur *K. Schmidt* JZ 2010, 125, 128 („geltendes Recht").

21 Zustimmend *Armbrüster* ZGR 2009, 1, 23 f.

22 Treffend etwa *K. Schmidt,* GesR, § 5 IV 5a, S. 134.

23 Die Gesellschaft legte 2005 ein „Bestandssicherungskonzept" vor, weil „sie eine wachsende strukturelle Unterdeckung erwirtschafte und ihr ohne Umsetzung geeigneter Sanierungsmaßnahmen spätestens 2009 die Zahlungsunfähigkeit drohe", s. Sachverhalt ZIP 2011, 768 f.

sellschaft auszuscheiden. Dies gelte umso mehr, als der Gesellschaftsvertrag ausdrücklich den Fall geregelt habe, dass das Bauvorhaben nicht ohne Zuführung von Eigenkapital beendet werden könne, und zwar ohne insofern eine Teilnahmepflicht der Gesellschafter vorzusehen.[24] Etwas kryptisch sind zwar die folgenden Ausführungen zu einer möglichen Besserstellung der nicht teilnehmenden Gesellschafter, die – so der Senat – im Gesellschaftsvertrag schon angelegt sei. Denn hierauf kann es nicht ankommen; vielmehr lässt sich eine solche Besserstellung *in jedem Falle* – ohne dass der Vertrag hierzu etwas sagen müsste – und zuverlässig mittels Kapitalschnitts vermeiden, worauf aber anscheinend im konkreten Fall verzichtet worden war – darauf ist zurückzukommen. Uneingeschränkt zuzustimmen ist dem Senat aber in seiner Aussage, dass aufgrund von § 707 BGB jeder Gesellschafter davon ausgehen dürfe, auf die im Zeitpunkt des Beitritts gezeichnete Einlage beschränkt zu bleiben und er zur Vermehrung seiner Beiträge nicht gegen seinen Willen veranlasst werden könne.[25]

Doch dies ist nur die eine Seite der Medaille; zugleich gilt es nämlich zu verhindern, dass diejenigen ungerechtfertigt privilegiert werden, die zwar kein weiteres Risiko einzugehen bereit sind, gleichwohl aber am Erfolg der Sanierung partizipieren würden. Immer dann, wenn die Gesellschaft nicht überschuldet ist, lässt sich dieses Trittbrettfahrerproblem jedoch einfach und angemessen dadurch lösen, dass der (feste) Kapitalanteil der nicht beitragenden Gesellschafter im Verhältnis zum Grundkapital der Gesellschaft verringert wird. Richten sich nämlich, wie in der Regel, Gewinn- und Verlustverteilung sowie das Stimmrecht nach dem Verhältnis des *einzelnen* Kapitalanteils zum „Grundkapital" der Gesellschaft, das zugleich die Summe der festen Kapitalkonten bildet, so zieht eine Kapitalerhöhung, die nicht von allen Gesellschaftern nach dem Verhältnis ihrer Kapitalanteile getragen wird, automatisch eine Korrektur der ursprünglich vereinbarten Kapitalanteile nach sich.[26] Es bedarf also lediglich der Anpassung der Beteiligungsquoten.

Das ist zwar nicht ohne Weiteres möglich, wenn das Vermögen der Gesellschaft geringer ist als ihr „Festkapital", die festen Kapitalkonten also rechnerisch durch Verlustbeiträge gemindert sind und die sanierungsbereiten Gesellschafter deshalb auf eine stärkere Verminderung der Kapitalquote der übrigen bestehen als bei der eben erörterten Variante. Im Kapitalgesellschaftsrecht ist eine solche Unterbilanzsituation bekanntlich die Stunde des *Kapitalschnitts*.[27] Soll die Gesellschaft hier saniert werden, so sind Grundkapital und Nennwert der Aktien zunächst im Wege der *vereinfachten* Kapital*herab*setzung verhältnismäßig zu vermindern, damit das Grundkapital sodann im Wege einer *effektiven* Kapital*erhöhung* wieder herauf-

---

24 BGH v. 25.1.2011, II ZR 122/09, ZIP 2011, 771, Rn. 22 ff.

25 BGH v. 25.1.2011, II ZR 122/09, ZIP 2011, 772, Rn. 29.

26 So etwa schon *K. Schmidt*, ZGR 1982, 519 ff., ferner MünchKommBGB/*Ulmer*, 4. Aufl., § 707 Rn. 10.

27 *Schäfer* (Fn. 6), S. 150; zustimmend *K. Schmidt* JZ 2010, 125, 127; vgl. auch *Armbrüster* ZGR 2009, 1, 17 f., 24.

gesetzt werden kann. Die im Kapitalgesellschaftsrecht im Detail verschiedene Technik lässt sich mutatis mutandis auf das Personengesellschaftsrecht übertragen; denn das zu lösende Sachproblem ist das Gleiche. Das bedeutet aber nicht, dass die Gesellschaft in jedem Falle *gezwungen* wäre, einen solchen Kapitalschnitt vorzunehmen. Solange die Mehrheit bereit ist, sich auch ohne Kapitalschnitt an einer sanierenden effektiven Kapitalerhöhung zu beteiligen, möge sie hierauf verzichten. Leider ist der aktuellen Entscheidung des Senats nicht zu entnehmen, ob eine solche Situation auf die Gesellschaft zutraf.

3. Die Ausnahme: Ausscheiden nicht sanierungsbereiter Gesellschafter bei Überschuldung

Im Grundsatz gilt also: Der „Kapitalschnitt“ markiert die Grenze dessen, was die nicht nachschussbereiten Gesellschafter hinzunehmen haben. Das ist auch dann noch richtig, wenn die Gesellschaft rechnerisch überschuldet ist, dort freilich mit der logischen Folge, dass bei einer dann zunächst angezeigten Herabsetzung des (alten) „Festkapitals“ *auf Null* die nicht beitragenden Gesellschafter ohne jeden Kapitalanteil in der Gesellschaft verbleiben. Anders als bei der GmbH, wo die Herabsetzung auf Null automatisch zum Ausscheiden der nicht beitragenden Gesellschafter führt,[28] verlieren die Gesellschafter in der Personengesellschaft zwar nicht automatisch ihre Mitgliedschaft.[29] Der Verbleib wäre bei einer *Anlage*gesellschaft aber wirtschaftlich sinnlos, zumal die Gesellschafter ohne Kapitalanteil künftig weder Gewinn- noch Abfindungsrecht hätten, und auch das – typischerweise an den Kapitalanteil geknüpfte – Stimmrecht erlöschen würde. Deshalb haben die Gesellschafter kein schutzwürdiges Interesse mehr am Verbleib in der Gesellschaft; dieser könnte nur mehr dazu dienen, ad hoc eine Verlustübernahmepflicht zu vermeiden und auf einen Sanierungserfolg zu hoffen, zu dem die Gesellschafter nichts beigetragen hätten. Es erscheint daher überzeugend, dass sie aus wichtigem Grund ausgeschlossen werden *können*, wenn die zu sanierende Gesellschaft rechnerisch überschuldet ist *und* sie keine neuen Einlagen leisten möchten. Das erwähnte Konzept ist somit lediglich hinsichtlich der Rechtsfolgen für die Überschuldungssituation zu ergänzen.

---

28 *Priester* DNotZ 2003, 592, 595 f.

29 Zum Gesellschafter ohne Kapitalanteil s. nur Staub/*Schäfer* HGB, 5. Aufl. 2009, Rn. 74 ff.; *K. Schmidt* GesR, 4. Aufl. 2001, § 47 III 1b, S. 1381.

4. Zu den Rechtsfolgen des Ausscheidens – Ausgleichung eines Fehlbetrags?

a) Ausgangspunkt und Wertungsfragen

Damit tritt die Frage nach den Konsequenzen dieses Ausscheidens ins Blickfeld, mit der sich der II. Senat in „Sanieren oder Ausscheiden" nur rudimentär beschäftigt hat.[30] Er hat sie im konkreten Fall ohne Weiteres aus § 739 BGB und einer Vertragsklausel hergeleitet, die ausscheidende Gesellschafter auf den Substanzwert ihrer Beteiligung unter Ausschluss des Firmenwerts verwies. Während es allerdings im Ausgangspunkt gewiss zutrifft, dass Ausscheidende gem. § 739 BGB an einem Auseinandersetzungsfehlbetrag zu beteiligen sind und ihnen *insofern* auch § 707 BGB nichts hilft,[31] so bleibt doch die Frage nach der Durchsetzbarkeit einer Abfindungsklausel, die es nach Ansicht der Gesellschaft rechtfertigen sollte, die Ausscheidenden an einem bloß *fiktiven* Fehlbetrag zu beteiligen, der mit dem tatsächlichen (Ertrags-)Wert der Gesellschaft (mutmaßlich) nichts zu tun hatte. Dass der Senat zu dieser Klausel lediglich feststellt, sie sei „zweifelsfrei und wirksam" (Rn. 21), zeigt, dass über diesen Punkt offenbar noch nicht näher nachgedacht worden ist. Der Senat hätte deshalb freilich besser daran getan, einige missverständliche Formulierungen zu vermeiden, die als Vorfestlegungen verstanden werden könnten.

Für den II. Senat von wesentlicher Bedeutung war, dass nach dem Sanierungskonzept jeder Gesellschafter habe entscheiden können, *„ob er einen Beitrag in Höhe von 60 % des ursprünglich von ihm bereits aufgebrachten Kapitals erneut ‚riskieren' wollte […] oder ob er lieber sofort als anteiligen Auseinandersetzungsfehlbetrag ca. 133 % des bereits einmal eingezahlten Kapitals aufbringen und danach für die Zukunft von jeder Zahlung frei sein wollte"* (Rn. 28). Zugleich stand nach dem Konzept fest, dass die ausscheidenden Gesellschafter besser standen als im Falle der sofortigen Zerschlagung der Gesellschaft – diesen Aspekt rückt der Senat ganz in den Vordergrund (Leitsatz, Rn. 25 und Rn. 30). Zudem profitierten sie dadurch, dass die Gläubigerbanken auf einen erheblichen Teil ihrer Schulden verzichteten, so dass auch eine Inanspruchnahme der Gesellschafter aus ihrer Haftung nach § 128 HGB insofern ausschied. Das Sanierungskonzept hing davon ab, dass insgesamt mindestens rd. 4,6 Mio EUR an Gesellschaftermitteln zusammen kommen würden, wozu anscheinend auch die Verlustbeiträge der ausscheidenden Gesellschafter gerechnet wurden.[32]

Auf der anderen Seite basierten die von der Gesellschaft bislang errechneten Verlustbeiträge der ausscheidenden Gesellschafter auf einer bloß *fiktiven* Auseinandersetzungsrechnung, nämlich einem Auseinandersetzungsfehlbetrag von rd. 9,4 Mio EUR, weshalb die Ausgeschiedenen letztlich 120 % ihrer ursprüng-

---

30 Eingehend zum Folgenden bereits *Schäfer* in: FS Ganter, 20010, S. 33, 41 ff.

31 S. nur MünchKommBGB/*Ulmer*/*Schäfer*, 5. Aufl. 2009, § 707 Rn. 6.

32 Rn. 27, s. auch die Darstellung bei *Goette* EWR 2010, 1, 2.

lichen Einlage als Fehlbetrag nach § 739 BGB leisten sollten, mithin deutlich mehr als die in der Gesellschaft Verbleibenden.[33] Sie trugen also über den fiktiven Fehlbetrag sehr erheblich zum Sanierungskonzept bei, waren aber zugleich von dessen Chancen von vornherein ausgeschlossen und profitierten insbesondere in keiner Weise vom Forderungsverzicht der Bank(en). An solchen Chancen ist der Ausscheidende indessen normalerweise insofern beteiligt, als er zum anteiligen Verkehrswert der Gesellschaft abzufinden ist – und es fragt sich, warum das in Sanierungssituationen eigentlich grundsätzlich anders sein soll.

Hinzu kommt, dass nach dem mitgeteilten Sachverhalt unklar ist, wie genau den Gesellschaftern zum Zeitpunkt ihrer Entscheidung die alternativ eintretenden Folgen bewusst waren, zumal der Senat diesen Aspekt ohne großes Federlesen für unerheblich erklärte (Rn. 21). Während das Berufungsgericht es als relevant einstufte, dass die Bekl. nicht hätten absehen können, welche finanzielle Belastung für sie beim Ausscheiden entstehen würde, beschränkte sich der Senat auf die – für sich gesehen zutreffende – Feststellung, dass § 707 BGB auf die Bemessung des Fehlbetrags nach § 739 BGB unanwendbar sei, ohne aber andere Rechtsgrundlagen für eine mögliche Aufklärungspflicht der Gesellschaft in Betracht zu ziehen. Denn es ist offensichtlich, dass dieser Aspekt für die Wahl zwischen Verbleib oder Ausscheiden von erheblicher Bedeutung war.

Vor diesem Hintergrund lautet die zu entscheidende (Rechts-)Frage: Gibt es eine Rechtfertigung dafür, die ausscheidenden Gesellschafter völlig von den auf dem Sanierungskonzept beruhenden Wertsteigerungen auszuschließen, *obwohl* sie danach einen wesentlichen Beitrag zur Sanierung leisten? Oder umgekehrt: Kann man ihnen einen erheblichen Sanierungsbeitrag zumuten, obwohl sie an den Chancen in keiner Weise partizipieren?

b) Unternehmensbewertung und Abfindung in der Immobilienfondsgesellschaft

Hierfür ist im Ausgangspunkt zu beachten, dass aus § 739 BGB nur dann eine Ausgleichungspflicht folgt, wenn der für die Ermittlung der Abfindung zugrunde zu legende *anteilige Ertragswert* des fortgeführten Unternehmens negativ ist; denn obgleich gesetzlich kein bestimmtes Wertermittlungsverfahren vorgeschrieben ist, wird bei Unternehmen bekanntlich regelmäßig eine Gesamtbetrachtung anhand der *Ertragswertmethode* als geeignet angesehen.[34]

---

33 Tatsächlich sollten dann „nur" 120 % der ursprünglichen Einlage geleistet werden, was offenbar, wie der Senat in Rn. 32 feststellt, darauf beruht, dass der Auseinandersetzungsfehlbetrag infolge der Fortsetzung geringer ausgefallen ist.

34 Zur Geeignetheit der Ertragswertmethode zur Unternehmensbewertung s. nur BGHZ 150, 319 = NJW 2002, 2787; BGHZ 116, 359 = NJW 1992, 892; NJW 1985, 192; NJW 1973, 509; OLG Düsseldorf, AG 2008, 498, 500 (unter Bezugnahme auf IDW S. 1); *Großfeld,* Recht der Unternehmensbewertung, 5. Aufl., 2009, Rn. 944 ff.; MünchKomm-BGB/*Ulmer/Schäfer,* 5. Aufl. 2009, § 738 Rn. 32 ff.

Danach ist es im Ausgangspunkt in aller Regel ausgeschlossen, dass bei einer im Ausscheidenszeitpunkt festgestellten Sanierungsfähigkeit und einem schon vorhandenen Sanierungskonzept der Ertragswert negativ ist und deshalb zu einem Fehlbetrag führt. Denn ein solches Sanierungskonzept muss in die erforderliche Ertragsprognose einfließen. Es gilt daher: Der auf die Fortführung abstellende Ertragswert kann nur dann fehlerfrei durch den Liquidationswert ersetzt werden, wenn eine Sanierung aussichtslos ist. Das gilt auch für Immobilienfondsgesellschaften. Zwar werden in der Praxis gelegentlich die (vermeintlichen) Vorzüge der Substanzwertmethode unter Verweis auf die bei Immobilienfonds regelmäßig hohen Vermögenswerte und bestehenden stillen Reserven/Lasten betont; doch ist dieser pauschale Hinweis zum Beleg eines allgemeinen Vorrangs der Substanzwertmethode ungeeignet und rechtfertigt daher jedenfalls keine *generelle* Abweichung. Demgegenüber wollte der Gesellschaftsvertrag bei „Sanieren oder Ausscheiden" den Abfindungsbetrag nach dem Substanzwert der einzelnen Vermögensgegenstände unter Ausschluss des Firmenwerts berechnet wissen. Die Auseinandersetzungsrechnung der Gesellschaft stand daher von vornherein auf tönernen Füßen.

c) Zur Beurteilung hiervon abweichender Abfindungsklauseln unter Berücksichtigung der Sanierungssituation

Von diesen allgemeinen Grundsätzen ausgehend, ist die gesellschaftsvertragliche Berechnungsklausel also keineswegs „zweifelsfrei und wirksam", sondern im Gegenteil tendenziell undurchsetzbar. Denn führt die Anwendung einer Abfindungsklausel zu erheblichen Abweichungen gegenüber dem sich aus allgemeinen Regeln ergebenden Abfindungsbetrag, so ist sie im Allgemeinen rechtlich nicht durchsetzbar.[35] Insbesondere könnte eine „Abfindungsklausel", die zu einem (fiktiven) Fehlbetrag führt, obwohl der Ertragswert der Gesellschaft (bzw. der einzelnen Immobilien) positiv ist, unter Zugrundelegung allgemeiner Maßstäbe nicht akzeptiert werden.

Andererseits erscheint es bei einer überschuldeten Gesellschaft grundsätzlich nicht gerechtfertigt, die Ausscheidenden an einem sich aus dem Sanierungskonzept ergebenden positiven Unternehmenswert zu beteiligen, soweit dieses Konzept, für sie vorhersehbar, in bestimmtem Maße auch auf ihren Finanzierungsbeiträgen beruht, also gar nicht durchgeführt werden könnte, wenn nicht auch die ausscheidenden Gesellschafter einen gewissen Beitrag leisteten. Insofern ist ihnen aufgrund ihrer in Sanierungssituationen erhöhten Treupflicht durchaus zuzumuten, sich in gewissem Umfang trotz ihres Ausscheidens an der Sanierung zu beteiligen, insbesondere wenn hiervon die Durchführung des Konzepts abhängt. Ein solcher Verzicht bedarf aber als Abweichung von den allgemeinen Regeln der Begrün-

---

35 Näher dazu nur Staub/*Schäfer* HGB, 5. Aufl. 2009, § 131 Rn. 172 ff.; aus der Rechtsprechung, speziell auf den vorliegenden Kontext bezogen insbes. BGH ZIP 2006, 851: Unzulässige Beschränkung des Kündigungsrechts durch Verweis auf Ertragswert (wenn Liquidationswert wesentlich darüber liegt).

dung. Zumutbar ist er den Ausscheidenden nur dann, wenn ihnen ihr Beitrag im Zeitpunkt ihrer Entscheidung hinreichend deutlich vor Augen geführt worden ist *und* der fiktive Fehlbetrag deutlich geringer ist als der zusätzliche Sanierungsbeitrag derjenigen, die in der Gesellschaft verbleiben. Im Fall „Sanieren oder Ausscheiden“ waren diese Voraussetzungen ersichtlich nicht erfüllt.

d) Ergebnis

Das Ergebnis lässt sich somit thesenförmig wie folgt festhalten: Die Beteiligung der ausscheidenden Gesellschafter an einem fiktiven Auseinandersetzungsfehlbetrag scheidet im Falle einer im Zeitpunkt des Ausscheidens sanierungsfähigen Gesellschaft regelmäßig aus, und zwar auch dann, wenn eine gesellschaftsvertragliche Substanzwertklausel hierauf gerichtet sein sollte. Andererseits kann der Ausscheidende von der Beteiligung an einem positiven Ertragswert aus Treupflichtgründen ausgeschlossen werden. Sollte eine Abfindungsklausel dazu führen, dass der Ausscheidende an bloß fiktiven, ein vorliegendes Sanierungskonzept nicht berücksichtigenden Fehlbeträgen zu beteiligen wäre, wäre sie aus Rechtsgründen (teilweise) undurchsetzbar. Als zulässig wird man es indessen ansehen können, die Ausscheidenden im Falle einer überschuldeten, aber sanierungsfähigen Gesellschaft bis zu einem gewissen Umfang auch einen bloß fiktiven Fehlbetrag als Sanierungsbeitrag in Rechnung zu stellen. Diese Abweichung von allgemeinen Regeln ist aber m.E. nur hinnehmbar, wenn der Betrag *erstens* deutlich geringer ist als die Beiträge der sanierungswilligen Gesellschafter *und zweitens* seine genaue Höhe im Zeitpunkt der Entscheidung „Sanieren oder Ausscheiden“ mitgeteilt wird. Anderenfalls können die Gesellschafter zum Nulltarif ausscheiden. Anderes gilt naturgemäß in der *KG*, wo § 167 S. 3 HGB eine Verlustbeteiligung ausschließt. Hier kommt deshalb nur in Betracht, die ausscheidenden Kommanditisten auf eine geringere Abfindung zu verweisen, als sie nach der Ertragswertmethode angemessen wäre.

V. Fazit

Das führt zu folgender Gesamtbetrachtung: Die neue Rechtsprechung des BGH trifft mit „Sanieren oder Ausscheiden“ und mit der neuen Entscheidung von Januar 2011 im Ansatz das Richtige hinsichtlich der Behandlung beitragsunwilliger Gesellschafter im Sanierungsfall. Demgemäß scheidet eine erzwungene nachträgliche Beitragserhöhung in jedem Falle aus; die Gesellschafter müssen lediglich eine Verwässerung ihrer Mitgliedschaft bzw. einen Kapitalschnitt hinnehmen. Nur sofern die Gesellschaft rechnerisch überschuldet ist, können sie – aus wichtigem Grund – ausgeschlossen werden. In den Begründungen seiner neuen Entscheidungen vernebelt der Senat die maßgeblichen Kriterien zwar etwas; im Ergebnis ist ihm aber zuzustimmen. Überprüfungsbedürftig ist freilich die Bestimmung der Rechtsfolgen im Falle einer – zulässigen – Ausschließung.

Neues Restrukturierungsrecht für Banken[1]

Dr. *Karen Kuder,*
Rechtsanwältin, Frankfurt am Main

1 Die folgenden Ausführungen geben den Stand der Gesetzgebung zum 1.8.2011 wieder.

Der 15. September 2008 war eine Zäsur in der bis dahin schwelenden Finanzmarktkrise. Es war der Tag, an dem die Lehmann Bankengruppe zusammenbrach. Im Anschluss daran versiegte das gegenseitige Vertrauen im Interbankenmarkt[2] und es kam zu Liquiditätsengpässen für einige Institute[3]. Nach wie vor drohte ein hoher Abschreibungsbedarf auf Vermögenswerte der Finanzinstitute, die unter anderem im Zusammenhang mit dem zusammenbrechenden U.S. Hypothekenmarkt standen[4]. Die Finanzmarktkrise hatte Ende 2008 ein Ausmaß erreicht, das an die Turbulenzen an den Finanzmärkten der 30er Jahre erinnerte. Die Folgen sind bekannt. Der Finanzsektor wurde mit bis dahin unvorstellbaren Summen an Steuergeldern gestützt. In Deutschland waren aus dem Sonderfonds Finanzmarktstabilisierung zu Spitzenzeiten Mitte 2010 204 Mrd. EUR Finanzhilfen in Anspruch genommen[5]. In den Vereinigten Staaten wurden aus dem TARP-Programm[6] 293 Mrd. Dollar zur Unterstützung der Finanzinstitute gezahlt[7] und in

2 Monatsbericht der Deutschen Bundesbank Februar 2009, S. 24; *Hüther/Jäger-Ambrozewicz* Gutachten für das BMF: Arbeitsweise der Bankenaufsicht vor dem Hintergrund der Finanzmarktkrise, Institut der deutschen Wirtschaft Köln, 17.2.2009, S. 37 f.

3 Finanzstabilitätsbericht der Deutschen Bundesbank 2009, S. 108 ff.

4 Finanzstabilitätsbericht der Deutschen Bundesbank 2009, S. 29 f., 33 f., 60; *Hüther/Jäger-Ambrozewicz* Gutachten für das BMF: Arbeitsweise der Bankenaufsicht vor dem Hintergrund der Finanzmarktkrise, Institut der deutschen Wirtschaft Köln, 17.2.2009, S. 33 ff., siehe auch *Reinhart/Rogoff* Dieses Mal ist alles anders – Acht Jahrhunderte Finanzkrisen, 4. Auflage 2011, 289 ff.

5 *Rehm* Vom Sanieren zum Restrukturieren, FAZ vom 13.5.2011, S. 27.

6 TARP = Troubled Asset Relief Program.

7 Congressional Budget Office, Report on the Troubled Asset Relief Programm – November 2010, S. 4 Tab. 2; Rückzahlungen sind nicht berücksichtigt.

Großbritannien hatte der Staat im Dezember 2009 Risiken aus dem Finanzsektor von 955 Mrd. Pfund übernommen[8].

Angesichts dieser Risiken für den Steuerzahler ist die bereits eingetretene und noch kommende Verschärfung der Finanzmarktregulierung nicht überraschend. Schaut man sich diese gesetzgeberischen Initiativen an, so lassen sich diese entsprechend ihrer beabsichtigten Wirkung in zwei große Gruppen einteilen. Zu der einen Gruppe zählen *Vorsorgemaßnahmen*, die die Wahrscheinlichkeit einer neuen Krise durch zu schwache Banken reduzieren sollen. Sie zielen in erster Linie auf eine Stärkung des Eigenkapitals und der Liquidität[9]. Die andere Gruppe umfasst Maßnahmen, mit denen *Ansteckungsgefahren* im Falle des Scheiterns einer Bank beschränkt werden sollen. Dafür sind vor allem intelligente Restrukturierungs- und Abwicklungsregime[10] und eine transparentere Handhabung von Derivategeschäften[11] gefragt.

---

8 Parliament/Public Accounts Committee – Thirty-Second-Report, Maintaining financial stability of UK banks: update on the support schemes, vom 20.4.2011, siehe Abschnitt „1 Removing taxpayers support from the banks“; Rückzahlungen sind nicht berücksichtigt.

9 Siehe insbesondere die Vorschläge des Baseler Ausschusses für Bankenaufsicht, Global systemically important banks: Assessment methodology and the additional loss absorbency requirement, Juli 2011, ders., Basel III: A global regulatory framework for more resilient banks and banking systems, Dezember 2010; ders., Basel III: International framework for liquidity risk measurement, standards and monitoring, Dezember 2010 (alle abrufbar unter www.biz.org); zur Umsetzung der Basel III Vorschläge siehe Vorschlag der Europäischen Kommission für eine Richtlinie COM(2011) 453 und für eine Verordnung COM(2011) 452 vom 20.7.2011; zur Einführung höherer Kapitalquoten und bedingten Pflichtwandelanleihen in der Schweiz siehe Bundesgesetz über Banken und Sparkassen (Stärkung der Stabilität im finanzsektor; too *big to fail*) Änderung vom 30.9.2011, BBl. 2011, 7484 ff.; siehe auch insbesondere zu bedingten Pflichtwandelanleihen Konsultation des Baseler Ausschusses für Bankaufsicht, Global systemically important banks: Assessment methodology and the additional loss absorbency requirement, Juli 2011 (abrufbar unter www.biz.org); Finanzstabilitätsbericht der Deutschen Bundesbank 2010, S. 116 ff.; Deutsche Bank Research, Contingent Convertibles Bankanleihen im Wandel, vom 15.4.2011 (abrufbar unter www.dbresearch.de); *Lyons/Rodell/Ligere* Journal of International Banking Law and Regulation, 2011, 412 ff.104; *von Furstenberg*, Contingent capital to strengthen the privat safety net for financial institutions: Cocos to the rescue?, Discussion Paper Series 2: Banking and Financial Studies No 01/2011 Deutsche Bundesbank.

10 Siehe insbesondere für Deutschland Gesetz zur Restrukturierung und geordneten Abwicklung von Kreditinstituten, zur Errichtung eines Restrukturierungsfonds für Kreditinstitute und zur Verlängerung der Verjährungsfrist der aktienrechtlichen Organhaftung (Restrukturierungsgesetz) vom 9.12.2010, BGBl. I, 1900 ff.; Europäische Kommission, Consultation on technical details of a possible European crisis management framework, vom 6.1.2011; Financial Stability Board, Consultative Document Effective Resolution of Systemically Important Financial Institutions Recommendations and Timelines, vom 19.7.2011.

11 Siehe Vorschlag der Europäischen Kommission für eine Verordnung über OTC-Derivate, zentrale Gegenparteien und Transaktionsregister“ vom 15.9.2010, COM(2010) 484.

Die folgenden Ausführungen beziehen sich nur auf die Restrukturierungs- und Abwicklungsregime. Es wird zunächst das deutsche Restrukturierungsgesetz mit seinen wesentlichen Elementen, dem Sanierungs- und Reorganisationsverfahren, der Übertragungsanordnung und der Bankenabgabe dargestellt und bewertet (II.). Im Anschluss daran wird ein Ausblick auf die bevorstehende EU Richtlinie für das Krisenmanagement im Finanzsektor gegeben (III.). Zur besseren Einordnung von Restrukturierungsregimen für Finanzinstitute ist es jedoch erforderlich, die Anforderungen aufzuzeigen, die an eine erfolgreiche Restrukturierung und Abwicklung von Finanzinstituten zu stellen sind (I.).

I. Anforderungen an eine erfolgreiche Restrukturierung und Abwicklung von Finanzinstituten

1. Ordnungspolitische Ziele

Es sind zunächst ordnungspolitische Ziele, die es gilt, mit den neuen Gesetzgebungsinitiativen zu erreichen. Wohl kein Staat, der seit 2007 mit Steuergeldern Banken vor dem Zusammenbruch gerettet hat, wird es sich politisch leisten können, dies in gleicher Art und Weise noch einmal zu wiederholen. Das gilt insbesondere dann, wenn ausgerechnet die Anteilseigner einer de facto insolventen Bank Vermögenswerte zu Lasten der Allgemeinheit erhalten[12], obwohl ohne staatliche Rettung die Insolvenz zur Abwicklung des Instituts geführt hätte und die Anteilseigner erst dann eine Zahlung erhalten würden, wenn zuvor sämtliche Gläubiger vollständig befriedigt worden wären (§ 199 InsO). Ein solches Vorgehen läuft dem elementaren Funktionsprinzip der Marktwirtschaft zuwider, dass Verluste im Falle eines insolventen Unternehmens zunächst von den Vertragspartnern und Anteilsinhabern, nicht aber von der Allgemeinheit zu tragen sind[13].

Es ist auch aus ökonomischer Sicht empfehlenswert, einen realistischen Weg zur Verfügung zu haben, auf dem eine Bank geordnet aus dem Markt austreten kann und das auch muss, wenn ihr Geschäftsmodell versagt hat[14]. Dieses „Damoklesschwert" führt dazu, dass Gläubiger dieser Bank deren Bonität beurteilen, ohne eine implizite Staatsgarantie zu berücksichtigen, die ansonsten die Refinanzierung durch niedrigere Risikoprämien[15] günstiger gestalten würde. Mit anderen Worten: Ein realistisches Restrukturierungs- und Abwicklungsrecht für Banken sorgt für marktgerechtere Refinanzierungskosten einer Bank[16]. Muss eine Bank höhere

12 Zum Fall HRE siehe Finanzstabilitätsbericht der Deutschen Bundesbank 2009, S. 36.

13 *Lastra/Wood* Journal of International Banking Law and Regulation 2011, 307, 310.

14 Siehe dazu auch Finanzstabilitätsbericht der Deutschen Bundesbank 2010, S. 131 f.

15 Vgl. *Baker/Mc Arthur* The Value of the ‚Too big to fail' Big Bank Subsidy, Center for Economic Research, Issue Brief, September 2009.

16 Siehe dazu die Meldung, dass Standard&Poor's und Moody's ihre Bonitätsnoten für nachrangige Verbindlichkeiten von 18 deutschen Banken infolge des Inkrafttretens des

Refinanzierungskosten befürchten, weil die implizite Staatsgarantie wegfällt, wird sie bestrebt sein, die Refinanzierungskosten durch ein ausgewogeneres und tragfähigeres Geschäftsmodell zu senken.

2. *Allgemeine Anforderungen*

Neben diesen ordnungspolitischen Erwägungen gelten für Bankrestrukturierungen zunächst dieselben Anforderungen wie für jede Firmenrestrukturierung. Sie ist umso erfolgreicher, je eher sie beginnt. Ebenso wichtig wie das frühzeitige Handeln ist, dass sowohl die Eigentümer als auch die wesentlichen Gläubiger gemeinsam mit dem Management eine Restrukturierung des Unternehmens tragen. Das ist in der Praxis oft schwieriger, als es sich anhört. Es geht dabei immer um die Frage, wer trägt welchen Restrukturierungsbeitrag zu welchen Bedingungen. Gläubiger sind nur dann bereit, einen Restrukturierungsbeitrag zu leisten, wenn der Beitrag der nachrangigen Gläubiger und der Anteilseigner angemessen ist.

Denn sowohl nachrangige Gläubiger als auch Anteilseigner gehen nach Eröffnung eines Insolvenzverfahrens in aller Regel leer aus (§§ 39 Abs. 1 Nr. 5, 199 InsO). Diese differenzierte Zuordnung von Restrukturierungsbeiträgen fand in den jüngsten Bankenrettungen[17] nur sehr eingeschränkt statt[18]. Unabhängig von der Befriedigungsreihenfolge in einer Insolvenz sorgt die vollständige Rettung eines Finanzinstituts für eine Befriedigungsquote von einhundert Prozent für sämtliche potentiellen einfachen Insolvenzgläubiger im Sinne von § 38 InsO.

Neben einer differenzierten Zuordnung der Restrukturierungslasten müssen in jeder Sanierung Maßnahmen zur Überwindung einer drohenden Zahlungsunfähigkeit und einer drohenden Überschuldung getroffen werden[19].

Restrukturierungsgesetzes vom 9.12.2010, BGBl. I, 1900 ff. gesenkt haben (Handelsblatt vom 1.3.2011); siehe auch die Meldung, dass Fitch die Bonitätsnote für die UBS infolge der Änderung des Bundesgesetzes über Banken und Sparkassen (Stärkung der Stabilität im finanzsektor; too *big to fail*) vom 30.9.2011, BBl. 2011, 7484 ff. gesenkt hat (FAZ 15.10.2011).

17 Siehe dazu Finanzstabilitätsbericht der Deutschen Bundesbank 2009, S. 107 ff.

18 Selbst Bankgenussscheine, die gemäß § 10 Abs. 5 KWG in voller Höhe am Verlust des Emittenten teilzunehmen hätten, wurden vereinzelt verschont (siehe zum Genusschein Eurohypo AG: LG Frankfurt vom 5.2.2011 – 3-5 O 100/10 – ZIP 2011, 1670 – nicht rechtskräftig).

19 Ausführlich dazu *Obermüller* Insolvenzrecht in der Bankpraxis, 8. Auflage 2011, Rn 1.1260 ff.

3. Besondere Anforderungen für Finanzinstitute

a) Schnelle Verfahren

Bei Banken und auch anderen Finanzinstituten kommt als eine besondere Herausforderung hinzu, dass die Restrukturierung schnell gehen muss. Bankgeschäfte jeder Art leben von dem Vertrauen der Geschäftspartner unabhängig davon, ob es sich um Privatkunden, industrielle Kunden oder andere Finanzinstitute handelt. Der Verlust von Vertrauen in die Bonität einer Bank kann durch Gerüchte im Markt rasant schnell gehen[20]. Das Vertrauen wieder herzustellen dauert oftmals länger.

b) Einlegerschutz

Eine der wichtigsten Herausforderungen bei der Restrukturierung eines Geldhauses ist es, die Einleger zu schützen. Das hat betriebswirtschaftliche wie auch politische Gründe.

Einlagen von Nichtbanken sind eine der wichtigsten Refinanzierungsquellen einer Universalbank[21]. Ein plötzlicher Abzug dieser Gelder in großem Umfang würde deshalb jegliche Restrukturierungsmaßnahme erheblich erschweren, wenn nicht gar unmöglich machen[22]. Darüber hinaus sind Bilder von Menschenschlangen vor den Bankschaltern, die in Panik versuchen, ihre Sparguthaben wieder zu erlangen, mehr als unerwünscht. Zum einen erinnern sie an die Bankenkrise 1929–1931[23]. Zum anderen bergen sie die Gefahr in sich, dass in Zeiten einer Finanzmarktkrise weitere Finanzinstitute von panischen Mittelabflüssen erfasst werden, eine Stabilisierung der Lage deshalb umso schwieriger wird. Dem gilt es vorzubeugen.

c) Vermeidung von Ansteckungsrisiken

Die schwierigste Herausforderung bei der Restrukturierung und Abwicklung von Finanzinstituten besteht darin zu vermeiden, dass von der Krise eines Instituts eine ganze Schockwelle für andere Finanzinstitute ausgeht oder sich gar noch auf andere Bereiche der Wirtschaft ausdehnt. Damit einher geht die Frage, ob das Kündigungsrecht von Vertragspartnern der kriselnden Bank im Falle einer Restrukturierung oder wesentlichen Verschlechterung der wirtschaftlichen Verhältnisse der Bank eingeschränkt werden sollte[24].

---

20 *Branson* Plädoyer für mehr und höhere qualitative Kapitalanforderungen, Jahresmedienkonferenz vom 22.3.2011 (abrufbar unter www.finma.ch).

21 Vgl. Finanzstabilitätsbericht der Deutschen Bundesbank 2010, S. 36

22 Zur Funktion der Einlagensicherungssysteme siehe Finanzstabilitätsbericht der Deutschen Bundesbank 2010, S. 134.

23 Siehe dazu *Bernanke/James* The Gold Standard, Deflation, and Financial Crisis in the Great Depression: an International Comparison, National Bureau of Economic Research, Cambridge, Mass., Arbeitspapier 3488, Oktober 1990, Tabelle 2.7, S. 51 ff.

24 *Binder* Bankenintervention und Bankenabwicklung in Deutschland: Reformnotwendigkeiten und Grundzüge eines verbesserten Rechtsrahmens, Arbeitspapier 05/2009 für den

Darüber hinaus muss sichergestellt werden, dass bestimmte Dienstleistungen einer Bank, die für andere Marktteilnehmer unerlässlich sind und für die es keinen unverzüglich bereitstehenden Ersatzanbieter gibt, weiterhin angeboten werden, auch wenn der Rest der Bank nicht mehr überlebensfähig sein sollte.

II. Das deutsche Restrukturierungsgesetz

An diesen soeben ausgeführten Anforderungen müssen sich sämtliche Restrukturierungs- und Abwicklungsmechanismen für Finanzinstitute messen lassen so auch das deutsche Restrukturierungsgesetz[25], das seit 1.1.2011 in Kraft ist.

Diese Kurzbezeichnung „Restrukturierungsgesetz" ist an sich etwas irreführend, denn es werden nicht nur neue Instrumente zur Restrukturierung, sondern auch zur geordneten Abwicklung von Banken und Finanzierungslösungen eingeführt. Mit Artikel 1 ist ein völlig neues Gesetz geschaffen worden, nämlich das Gesetz zur Reorganisation von Kreditinstituten. Es beinhaltet zum einen das Sanierungsverfahren (1.), das bereits relativ frühzeitig vom Institut selbst initiiert werden kann, und zum anderen das Reorganisationsverfahren (2.), das ebenfalls von der Bank selbst angestoßen werden könnte, aber erst bei einer Bestandsgefährdung des Instituts zum Tragen kommt.

Scheitern diese freiwilligen Restrukturierungsverfahren oder kommen sie wegen des Ausmaßes der Krise gar nicht erst zum Einsatz, ist neu im KWG das polizeirechtliche Instrument der Übertragungsanordnung (3.) eingeführt worden, das die Abwicklung des Instituts ermöglichen soll, ohne dass die Finanzstabilität gefährdet wird. Schließlich wird mit der Schaffung des Restrukturierungsfondsgesetzes die Bankenabgabe (4.) eingeführt mit der deren Hilfe gezielte Restrukturierungsmaßnahmen finanziert werden dürfen, um den Finanzmarkt zu stabilisieren.

1. Sanierungsverfahren

a) Anwendungsbereich

Das Sanierungsverfahren steht allen in Deutschland ansässigen Kreditinstituten (§ 1 Abs. 1 KredReorgG, § 1 Abs. 1 KWG) offen, und zwar unabhängig von ihrer Bedeutung für den Finanzmarkt.

Sachverständigenrat zur Begutachtung der gesamtwirtschaftlichen Entwicklung, August 2009, S. 16 ff., abrufbar unter www.sachverstaendigenrat-wirtschaft.de.

25 Restrukturierungsgesetz vom 9.12.2010, BGBl. I, 1900 ff.; siehe dazu auch *Bachmann* ZBB 2010, 459; *Eidenmüller* FS Hopt, 2010, 1713; *Höche* WM 2011, 49; *Mülbert* FS Schneider, 2011, 855; *Müller* KTS 2011, 1; *Obermüller* NZI 2011, 81; *Obermüller/Kuder* ZInsO 2010, 2016; *Pannen* ZInsO 2010, 2026; *Riethmüller* WM 2010, 2295; *Schelo* NJW 2011, 186; *Schuster/Westpfahl* DB 2011, 221, 282; *Wimmer* jurisPR-InsR 17/2010 Anm 1; jurisPR-InsR 6/2011 Anm 1; *Wolfer/Voland* WM 2011, 1159.

b) Einleitung und Beantragung

Es ist auf ein freiwilliges Handeln des Kreditinstituts angelegt und wird deshalb auch nur durch dessen eigene Anzeige bei der BaFin eingeleitet (§ 2 Abs. 1 S. 1 KredReorgG). Die bloße Anzeige, das Sanierungsverfahren durchführen zu wollen, reicht jedoch nicht aus. Das Institut muss vielmehr die Schwelle der Sanierungsbedürftigkeit erreicht haben und dies der BaFin mitteilen (§ 2 Abs. 1S. 1 KredReorgG). Sanierungsbedürftig ist ein Institut dann, wenn sich die regulatorischen Eigenkapitalquoten oder Liquiditätskennziffern an mehreren Meldestichtagen in einem bestimmten Ausmaß verschlechtert haben (§ 2 Abs. 1 S. 2 KredReorgG, § 45 Abs. 1 S. 1 und S KWG)[26]. Für die Geschäftsleitung einer Bank, die die Sanierungsbedürftigkeit angezeigt hat, entfällt die strafbewehrte Pflicht (§ 55 KWG), die Zahlungsunfähigkeit oder Überschuldung der BaFin gemäß § 46b Abs. 1 S. 1 KWG mitzuteilen.

26 § 45 Abs. 1 S. 1 und 2 KWG lautet: „Wenn die Vermögens-, Finanz- oder Ertragsentwicklung eines Instituts die Annahme rechtfertigt, dass es die Anforderungen des § 10 Absatz 1 oder Absatz 1b, des § 45b Absatz 1 Satz 2 oder des § 11 nicht dauerhaft erfüllen können wird, …
Die Annahme, dass das Institut die Anforderungen des § 10 Absatz 1 oder Absatz 1b, des § 45b Absatz 1 Satz 2 oder des § 11 nicht dauerhaft erfüllen können wird, ist regelmäßig gerechtfertigt, wenn sich
1. die Gesamtkennziffer über das prozentuale Verhältnis der anrechenbaren Eigenmittel und der mit 12,5 multiplizierten Summe aus dem Gesamtanrechnungsbetrag für Adressrisiken, dem Anrechnungsbetrag für das operationelle Risiko und der Summe der Anrechnungsbeträge für Marktrisikopositionen einschließlich der Optionsgeschäfte nach der Rechtsverordnung nach § 10 Absatz 1 Satz 9 von einem Meldestichtag zum nächsten um mindestens 10 Prozent oder die nach der Rechtsverordnung nach § 11 Absatz 1 zu ermittelnde Liquiditätskennziffer von einem Meldestichtag zum nächsten um mindestens 25 Prozent verringert hat und aufgrund dieser Entwicklung mit einem Unterschreiten der Mindestanforderungen innerhalb der nächsten zwölf Monate zu rechnen ist oder
2. die Gesamtkennziffer über das prozentuale Verhältnis der anrechenbaren Eigenmittel und der mit 12,5 multiplizierten Summe aus dem Gesamtanrechnungsbetrag für Adressrisiken, dem Anrechnungsbetrag für das operationelle Risiko und der Summe der Anrechnungsbeträge für Marktrisikopositionen einschließlich der Optionsgeschäfte nach der Rechtsverordnung nach § 10 Absatz 1 Satz 9 an mindestens drei aufeinander folgenden Meldestichtagen um jeweils mehr als 3 Prozent oder die nach der Rechtsverordnung nach § 11 Absatz 1 zu ermittelnde Liquiditätskennziffer an mindestens drei aufeinander folgenden Meldestichtagen um jeweils mehr als 10 Prozent verringert hat und aufgrund dieser Entwicklung mit einem Unterschreiten der Mindestanforderungen innerhalb der nächsten 18 Monate zu rechnen ist und keine Tatsachen offensichtlich sind, die die Annahme rechtfertigen, dass die Mindestanforderungen mit überwiegender Wahrscheinlichkeit nicht unterschritten werden."

c) Sanierungsplan

Daneben hat die Bank mit der Anzeige der Sanierungsbedürftigkeit das Recht, einen geeigneten Sanierungsberater vorzuschlagen, und sie muss einen Sanierungsplan der BaFin vorlegen (§ 2 Abs. 2 S. 1 KredReorgG). In diesem Sanierungsplan können nur solche Maßnahmen enthalten sein, die zur Sanierung geeignet sind, aber keinen Eingriff in Rechte Dritter voraussetzen (§ 2 Abs. 1 S. 2 KredReorgG). Der Plan könnte also z.B. den Abbau von bestimmten Risikopositionen in den Aktiva der Bank oder den Verkauf von rentablen Tochtergesellschaften im Sanierungsplan vorsehen.

Allein wegen dieser Maßnahmen lohnt es sich für ein Kreditinstitut jedoch nicht, ein Sanierungsverfahren anzustrengen. Das kann sich allerdings vor dem Hintergrund ändern, dass für das Institut die Möglichkeit besteht, im Rahmen des Sanierungsplans einen Sanierungskredit aufzunehmen. Ein solcher Sanierungskredit würde nämlich vorrangig vor allen anderen Insolvenzgläubigern befriedigt werden, falls innerhalb von drei Jahren nach Anordnung der Durchführung des Sanierungsplans ein Insolvenzverfahren über das Vermögen des Kreditinstituts eröffnet wird (§ 2 Abs. 2 S. 3 KredReorgG). Die Zustimmung aller sonstigen Gläubiger der Bank ist für die Privilegierung des Sanierungskreditgebers nicht notwendig. Bedingung für diese Vorrangstellung ist allerdings, dass der Sanierungskredit nicht mehr als 10 % der regulatorischen Eigenmittel der Bank beträgt (§ 2 Abs. 2 S. 5 KredReorgG). Als Kreditgeber kommt jedermann in Betracht. Sogar für den Gesellschafter der Bank besteht die Möglichkeit, einen Sanierungskredit zur Verfügung zu stellen, ohne dass er die sonst übliche Gefahr läuft, mit seinem Gesellschafterdarlehen gemäß § 39 Abs. 1 Nr. 5 InsO in einem etwaigen Insolvenzverfahren nur nachrangig befriedigt zu werden. Insofern geht die Regelung des § 2 Abs. 2 S. 5 KredReorgG dem § 39 Abs. 1 Nr. 5 InsO als Spezialregelung vor[27]. Im Laufe des Gesetzgebungsverfahrens wurde aus diesem Grund der Verweis in § 2 Abs. 2 S. 6 KredReorgG auf § 264 Abs. 3 InsO gestrichen, der die Fortgeltung von § 39 Abs. 1 Nr. 5 InsO im Falle eines Vorrangkredites ausdrücklich anordnet[28].

d) Gerichtliche Anordnung

Wenn die BaFin das Sanierungsverfahren für zweckmäßig hält, muss sie unverzüglich bei Gericht die Durchführung des Sanierungsverfahrens beantragen (§ 2 Abs. 3 S. 1 KredReorgG). Ausschließlich zuständig für die Entscheidung, ob die Durchführung des Sanierungsverfahrens angeordnet wird, ist das OLG Frankfurt (§ 2 Abs. 3 S. 2 KredReorgG, § 1 Abs. 3 S. 1 FinDAG). Mit der gerichtlichen Anordnung des Sanierungsverfahrens treten die Wirkungen des Sanierungsplans

27 Vgl. auch *Wimmer* jurisPR-InsR 6/2011 Anm. 1 unter I.2.d.

28 Bericht des Finanzausschusses (7. Ausschuss) zu dem Gesetzentwurf der Bundesregierung – Drucksache 17/3024, 17/3362 – Entwurf eines Restrukturierungsgesetzes, BT-Drucks. 17/3547, 8.

in Kraft, insbesondere die Vorrangigkeit eines Sanierungskredits (§ 3 Abs. 2 S. 1 KredReorgG).

Der gleichzeitig vom Gericht bestellte Sanierungsberater (§ 3 Abs. 1 S. 2 KredReorG) soll den Sanierungsplan umsetzen (§ 6 Abs. 1 S. 1 KredReorgG) und ist deshalb mit weitreichenden Kompetenzen – auch für das operative Geschäft – ausgestattet. So ist er gemäß § 4 Abs. 1 KredReorgG befugt,

- die Geschäftsräume des Kreditinstituts zu betreten und dort Nachforschungen anzustellen,
- Einsicht in die Bücher und Geschäftspapiere des Kreditinstituts zu nehmen, die Vorlage von Unterlagen und die erforderlichen Auskünfte zu verlangen,
- an allen Sitzungen des Instituts und sonstiger Gremien in beratender Funktion teilzunehmen,
- Anweisungen für die Geschäftsführung des Kreditinstituts zu erteilen,
- Schadensersatzansprüche gegen (ehemalige) Organmitglieder durchzuführen und
- die Einhaltung bereits getroffener Auflagen nach dem Finanzmarktstabilisierungsfondsgesetztes zu überwachen.

Darüber hinaus kann das OLG Frankfurt auf Vorschlag der BaFin hin z.B. ein Tätigkeitsverbot für Mitglieder der Geschäftsleitung verhängen und Entnahmen sowie Gewinnausschüttungen untersagen (§ 5 Abs. 1 KredReorgG). Auf den ersten Blick mag diese Kompetenz für das OLG nicht nachvollziehbar sein, da die BaFin ohnehin diese Maßnahmen selbst verhängen könnte (§§ 36 Abs. 1 KWG, 45 Abs. 2 S. 1 Nr. 1 KWG)[29]. Der Unterschied zu einer Maßnahme des OLG gemäß § 5 Abs. 1 KredReorgG besteht darin, dass gegen einen entsprechenden OLG Beschluss keine Rechtsbehelfe zur Verfügung stehen. Nach § 1 Abs. 3 KredReorgG sind gerichtliche Entscheidungen in Form von Beschlüssen unanfechtbar. Im Gegensatz dazu kann gegen die Maßnahmen der BaFin Widerspruch eingelegt und ggf. Anfechtungsklage erhoben werden[30].

e) Bewertung

Legt man die unter I. aufgeführten Ausgangsprämissen für die Bewertung des Sanierungsverfahrens zugrunde, so ergibt sich ein gemischtes Bild.

---

29 So auch *Bachmann* ZBB 2010, 459, 462.

30 Maßnahmen nach §§ 36, 45 KWG sind gemäß § 49 KWG sofort vollziehbar, so dass weder dem Widerspruch noch der Anfechtungsklage aufschiebende Rechtswirkung zukommt (§ 80 Abs. 2 S. 1 Nr. 3 VwGO).

aa) Positive Elemente

(1) Freiwilligkeit

Positiv am Sanierungsverfahren ist sicherlich, dass es ein freiwilliges Verfahren ist. Dem Management einer Bank wird die Option gegeben, aus eigenem Antrieb heraus, die Sanierung des Unternehmens frühzeitig anzugehen.

(2) Vorrangiger Sanierungskredit

Mit der Möglichkeit eines vorrangigen Sanierungskredits per Gesetz wird zudem ein Anreiz geschaffen, der kriselnden Bank Liquidität zur Verfügung zu stellen. Das ist ein Novum im deutschen Recht, da sich das Kreditinstitut wirtschaftlich gesehen im Sanierungsverfahren in einer Phase noch weit vor dem Eintritt von Insolvenztatbeständen befinden kann. Derartige Vorrangkredite ohne Zustimmung aller Gläubiger sind nämlich ansonsten nur im Insolvenzverfahren möglich. So kann ein vorläufiger Insolvenzverwalter, nachdem das Gericht entweder dem Schuldner ein Verfügungsverbot auferlegt oder den vorläufigen Insolvenzverwalter zur Aufnahme eines Massedarlehens partiell erstarkt hat, Masseverbindlichkeiten für den Schuldner begründen (§§ 21 Abs. 2 S. 1 Nr. 2 2. Alt., 22 Abs. 2 S. 1, 55 Abs. 2 InsO bzw. § 21 Abs. 1 S. 1 InsO, § 55 Abs. 2 InsO analog). Masseverbindlichkeiten sind vorrangig zu bedienen (§ 53 InsO). Daneben gibt es für den Schuldner die Möglichkeit im Insolvenzplanverfahren, einen vorrangigen Kredit für die Zeit der Planüberwachung aufzunehmen (§ 264 InsO).

(3) Schnelligkeit

Positiv ist außerdem, dass das Sanierungsverfahren, wenn ein entsprechender Sanierungsplan bereits vorbereitet bzw. fertig gestellt wurde, binnen weniger Tage beantragt und angeordnet werden kann. Die BaFin hat unverzüglich die Durchführung des Sanierungsverfahrens beim OLG zu beantragen (§ 2 Abs. 3 S. 1 KredReorgG) und auch das Gericht muss „unter Berücksichtigung der besonderen Eilbedürftigkeit" über den Antrag entscheiden (§ 3 Abs. 2 S. 2 KredReorgG). Gegen die Anordnung des Gerichts per Beschluss sind keine Rechtsmittel möglich (§ 1 Abs. 3 KredReorgG). Die verfassungsrechtlich garantierte Rechtsschutzmöglichkeit (Art. 19 Abs. 4 GG) ist damit in Abwägung zu einer zügigen und effektiven Sanierung auf ein notwendiges Mindestmaß beschränkt worden[31].

31 Siehe Begründung zu § 1 KredReorgG im Entwurf der Bundesregierung für ein Restrukturierungsgesetz vom 25.8.2010, BT-Drucks. 17/3024, 44 f.

(4) Kein Verfahren im Sinne der Richtlinie 2001/24/EG

Schließlich handelt es sich bei dem Sanierungsverfahren nicht um ein Verfahren im Sinne der EU-Richtlinie zur Sanierung und Liquidation von Kreditinstituten[32] mangels direkten Eingriffs in Drittrechte. Positiv daran ist, dass damit außerordentliche Kündigungsrechte, die auf das Einleiten von entsprechenden Maßnahmen nach dieser Richtlinie verweisen, nicht zum Tragen kommen.

bb) Negative Aspekte

(1) Sanierungsbedürftigkeit

Misslich dagegen ist, dass im Gesetzgebungsverfahren die Eingriffsschwelle der Sanierungsbedürftigkeit hinzugekommen ist[33]. Für die Geschäftsleitung einer Bank wird sich deshalb die Frage stellen, ob mit der Anzeige der Sanierungsbedürftigkeit bei der BaFin der Niedergang des Instituts eher beschleunigt als aufgehalten wird. Das gilt vor allem dann, wenn der Tatbestand der Sanierungsbedürftigkeit öffentlich wird. Zwar ist das Sanierungsverfahren nicht als öffentliches Verfahren gedacht[34]. Die Entscheidungen des OLG ergehen durch Beschluss (§ 1 Abs. 3 S. 1 KredReorgG), der ohne mündliche Verhandlung und mithin ohne Beteiligung der Öffentlichkeit getroffen werden kann (§ 128 Abs. 4 ZPO, § 169 S. 1 GVG). Das betroffene Institut hat aber als Emittent von Finanzinstrumenten seine Sanierungsbedürftigkeit grundsätzlich unverzüglich zu veröffentlichen (§§ 13, 15 Abs. 1 S. 1 WpHG). Allerdings könnte die Bank sich auf die Selbstbefreiung von der Ad-hoc-Publizitätspflicht berufen (§ 15 Abs. 3 S. 1 WpHG). Ist die Bank sanierungsbedürftig und besteht für sie die realistische Chance, mithilfe eines Sanierungsplans im Wege des Sanierungsverfahrens ihre wirtschaftliche Situation zu verbessern, so wird das Interesse der Bank an einer Geheimhaltung des Sanierungsverfahrens dem Interesse der Kapitalmarktteilnehmer an einer möglichst weitgehenden Transparenz überwiegen[35].

---

32 Siehe Art. 2 der Richtlinie 2001/24/EG des Europäischen Parlaments und des Rates vom 4. April 2001 über die Sanierung und Liquidation von Kreditinstituten, ABl. 125 vom 5.5.2001, 15 ff., wonach „Sanierungsmaßnahmen" nur solche Maßnahmen sind, die die bestehenden Rechte Dritter beeinträchtigen könnten.

33 Siehe auch *Wimmer* jurisPR-InsR 6/2011 Anm. unter I.2.b.

34 Ebenso *Bachmann* ZBB 2011, 459, 462; a.A. offenbar *Schuster/Westpfahl* DB 2011, 221, 223.

35 So auch für den Fall existenzbedrohender Zahlungsschwierigkeiten *Zimmer/Kruse* in: Schwark/Zimmer (Hrsg.), Kapitalmarktrechtskommentar, 4. Auflage 2010, § 15 Rn 59; *Pfüller* in: Fuchs (Hrsg.), Kommentar zum WpHG, 1. Auflage 2009, § 15 Rn 209 ff.; vgl. auch Emittentenleitfaden BaFin vom 28.4.2009, Abschnitt IV.3., S. 65 ff., abrufbar unter www.bafin.de; siehe außerdem *Müller* KTS 2011, 1, 5; für eine Selbstbefreiung nur bis zur Antragstellung der BaFin *Schuster/Westpfahl* DB 2011, 221, 223, die aber fälschlicherweise von einem öffentlichen Verfahren ausgehen; zu den weiteren Befreiungsvoraussetzungen siehe *Assmann* in: Assmann/Schneider (Hrsg.), Kommentar zum WpHG,

(2) Rechtsmittel gegen den Sanierungskredit

Eine weitere Ungewissheit besteht für den privilegierten Sanierungskreditgeber. Er muss nämlich im Falle des Scheiterns der Sanierung in einem eröffneten Insolvenzverfahren damit rechnen, von Insolvenzgläubigern auf die Feststellung hin verklagt zu werden, dass die Voraussetzungen für die Einleitung des Sanierungsverfahrens nicht vorlagen (§ 3 Abs. 2 S.2 KredReorgG). Sofern eine solche Klage erfolgreich ist, verliert der Sanierungskreditgeber gegenüber sämtlichen nachrangigen Gläubigern seine Privilegierung. Diese Rechtschutzmöglichkeit aller Gläubiger im Rang nach dem Sanierungskreditgeber wird vor allem Gesellschafter als potentielle Kreditgeber abschrecken. Ihnen droht nämlich im Falle des Wegfalls der Privilegierung ihrer Kreditforderung nicht nur der Rang eines einfachen unbesicherten Insolvenzgläubigers, sondern der Nachrang ihres Gesellschafterdarlehens hinter sämtlichen einfachen Insolvenzgläubigern (§ 39 Abs. 1 Nr. 5 InsO).

Es ist zweifelhaft, ob es angesichts der Tatsache, dass die BaFin den Sanierungsplan als tauglich befunden hat und das OLG das Sanierungsverfahren angeordnet hat, eines darüber hinausgehenden Rechtsschutzes für die Insolvenzgläubiger bedurft hätte. Letztlich ist die Einräumung eines privilegierten Sanierungskredits mit der Einräumung eines Neukredits gegen Bestellung werthaltiger Sicherheiten am Vermögen des Schuldners vergleichbar. In beiden Fällen steht den sonstigen Insolvenzgläubigern nur ein vermindertes Schuldnervermögen zu deren Befriedigung zur Verfügung. Es macht wirtschaftlich keinen Unterschied, ob der Kredit aus den Vermögenswerten des Schuldners vorrangig oder aus den Erlösen der als Sicherheit dienenden Vermögenswerte des Schuldners zurückgeführt wird. Das verbleibende Haftungssubstrat für die Insolvenzgläubiger bleibt betragsmäßig dasselbe.

Im Falle einer einfachen Kreditgewährung gegen Sicherheitenbestellung haben die unbesicherten Gläubiger in einem etwaigen Insolvenzverfahren nicht die Möglichkeit, dem besicherten Gläubiger die vorrangige Befriedigung durch die Sicherheitenerlöse streitig zu machen. Nur für den Insolvenzverwalter besteht die Möglichkeit, die Haftungsmasse zu mehren, indem er eine etwaige Kreditrückführung oder Sicherheitenbestellung anficht (§§ 129 ff. InsO). Gerade aber in diesem Zusammenhang hat der Gesetzgeber die Gefahr gesehen, dass ein Sanierungkreditgeber im Sanierungsverfahren in einem späteren Insolvenzverfahren unter Umständen dem Vorwurf ausgesetzt sein könnte, er hätte den Kredit nicht auf der Grundlage eines tragfähigen Sanierungskonzepts eingeräumt. Nach der Rechtsprechung des BGH bestünde dann nämlich sowohl für etwaige Kreditrückführungen als auch Sicherheitenbestellungen der Anfechtungsgrund einer vorsätzlichen Gläubigerbenachteiligung (§ 133 InsO)[36]. Auf einen potentiellen Kredit-

5. Auflage 2009, § 15 Rn 133 ff.; *Pfüller* in: Fuchs (Hrsg.), Kommentar zum WpHG, 1. Auflage 2009, § 15 Rn 349 ff.

36 BGH vom 4.12.1997 – IX ZR 47/97 – WM 1998, 248; BGH vom 21.11.2005 – II ZR 277/03 – ZInsO 2006, 148; siehe zur Vergabe von Sanierungskrediten allgemein auch

geber hat diese Rechtsprechung abschreckende Wirkung. Bei Rechtshandlungen im Zusammenhang mit einer Sanierungskreditvergabe im Sanierungsverfahrens wird jedoch gesetzlich vermutet, dass sie ohne den Vorsatz, andere Gläubiger zu benachteiligen, vorgenommen wurden (§ 3 Abs. 2 S. 1 2. HS KredReorgG), eine Insolvenzanfechtung mithin regelmäßig ausscheiden wird. Diese gesetzliche Vermutung bezieht sich auch auf eine etwaige Sicherheitenbestellung[37].

Weshalb nun dieser Schutz des Sanierungskreditgebers durch eine wirtschaftlich wie rechtlich unnötige Rechtsschutzmöglichkeit aller sonstigen nachrangigen Insolvenzgläubiger wieder zunichte gemacht wird, ist nicht nachvollziehbar. Bei einer etwaigen Änderung des KredReorgG im Zuge der Umsetzung einer EU Richtlinie für eine umfassende Krisenbewältigung im Finanzsektor sollte dieser Wertungswiderspruch behoben werden.

(3) Ausfallabsicherungsgeschäfte

Schließlich darf nicht übersehen werden, dass die gesetzliche Privilegierung eines Sanierungskredits – so wünschenswert sie ist – auch Auswirkungen auf Ausfallabsicherungsgeschäfte (sog. Credit Default Swaps – CDS) haben kann, wenn die betroffene Bank der Referenzschuldner ist. Die Veränderung der Rangreihenfolge könnte als Kreditereignis der Schuldenrestrukturierung[38] einzuordnen sein, so dass nach den marktgängigen Vertragsbedingungen solche CDS, für die „Restructuring" vereinbart ist, in die Erfüllung gehen könnten[39]. Welche Auswirkungen damit für andere Marktteilnehmer verbunden sind, ist nur schwer feststellbar.

f) Zwischenergebnis

Angesichts der Vor- und Nachteile des Sanierungsverfahrens wird es wohl nicht für stark vernetzte Kreditinstitute, sondern eher für solche Banken in Betracht kommen, deren etwaige Insolvenz keine größeren Auswirkungen auf andere Institute oder gar weitere Wirtschaftsbereiche haben wird. Für diese begrenzten Fälle bietet das Sanierungsverfahren einen sinnvollen Restrukturierungsrahmen, insbesondere zur Überwindung von Liquiditätsengpässen.

Obermüller Insolvenzrecht in der Bankpraxis, 8. Auflage 2011, Rn 5.28 ff.; *Wittig* in: Schmidt/Uhlenbruck, Die GmbH in Krise, Sanierung und Insolvenz, 4. Auflage 2009, Rn 2.234 ff.

37 Bericht des Finanzausschusses (7. Ausschuss) zu dem Gesetzentwurf der Bundesregierung – Drucksache 17/3024, 17/3362 – Entwurf eines Restrukturierungsgesetz, BT-Drucks. 17/3547, 6 f.

38 Siehe Abschnitt 4.7 der 2003 ISDA Credit Derivatives Definitions zum „Restructuring", abgedruckt auszugsweise in *Zerey* Finanzderivate, 2. Auflage 2010, 216 ff.

39 Zur Abwicklung siehe *Zerey* Finanzderivate, 2. Auflage 2010, 220 ff.

2. *Reorganisationsverfahren*

a) Anwendungsbereich

Die nächste Stufe des KredReorgG umfasst das sogenannte Reorganisationsverfahren, das ebenso wie das Sanierungsverfahren für alle in Deutschland ansässigen Kreditinstitute (§ 1 Abs. 1 KredReorgG, § 1 Abs. 1 KWG) in Betracht kommt. Es setzt aber im Gegensatz zum Sanierungsverfahren eine Gefährdung der Stabilität des Finanzsystems voraus (§ 1 Abs. 1 S. 2 KredReorgG).

b) Einleitung und Beantragung

Das Reorganisationsverfahren ist wie das Sanierungsverfahren auf ein freiwilliges Handeln der Bank angelegt und wird durch eine entsprechende Anzeige der Bank bei der BaFin eingeleitet (§ 7 Abs. 1 S. 1 KredReorgG)[40]. Die BaFin kann jedoch die Durchführung eines Reorganisationsverfahrens nur dann beim OLG beantragen, wenn es sich um eine Bank handelt, die zum einen in ihrem Bestand gefährdet ist und zum anderen mit ihrer Bestandsgefährdung auch das Finanzsystem gefährden könnte (§ 7 Abs. 2 KredReorgG).

aa) Bestandsgefährdung

Bei einer Bestandgefährdung ist das Kreditinstitut nicht mehr nur sanierungsbedürftig (§ 2 Abs. 1 KredReorgG, § 45 Abs. 1 S. 1 und 2 KWG), sondern es besteht die Gefahr des insolvenzbedingten Zusammenbruchs des Instituts, wenn nicht gegengesteuert wird (§ 7 Abs. 2 KredReorgG, § 48b Abs. 1 S. 1 KWG). Die Bestandsgefährdung wird vermutet, wenn die notwendigen regulatorischen Eigenkapital- und Liquiditätsquoten unterschritten wurden oder ein solches Unterschreiten konkret droht (§ 7 Abs. 2 KredReorgG, § 48b Abs. 1 S. 2 bis 4 KWG)[41].

---

40 Daneben kann auch der Sanierungsberater nach einem gescheiterten Sanierungsverfahren mit Zustimmung des Kreditinstituts eine entsprechende Anzeige vornehmen (§ 7 Abs. 1 S. 2 KredReorgG).

41 § 48b Abs. 1 S. 2 bis 4 KWG lautet: Eine Bestandsgefährdung wird vermutet, wenn (1.) das verfügbare Kernkapital das nach § 10 Absatz 1 erforderliche Kernkapital zu weniger als 90 vom Hundert deckt; (2.) das modifizierte verfügbare Eigenkapital die nach § 10 Absatz 1 erforderlichen Eigenmittel zu weniger als 90 vom Hundert deckt; (3.) die Zahlungsmittel, die dem Institut in einem durch die Rechtsverordnung nach § 11 Absatz 1 Satz 2 definierten Laufzeitband zur Verfügung stehen, die in demselben Laufzeitband abrufbaren Zahlungsverpflichtungen zu weniger als 90 vom Hundert decken oder (4.) Tatsachen die Annahme rechtfertigen, dass eine Unterdeckung nach den Nummern 1, 2 oder 3 eintreten wird, wenn keine korrigierenden Maßnahmen ergriffen werden; dies ist insbesondere der Fall, wenn nach der Ertragslage des Instituts mit einem Verlust zu rechnen ist, infolgedessen die Voraussetzungen der Nummern 1, 2 oder 3 eintreten würden. Unterliegt das Kreditinstitut nach § 10 Absatz 1b oder nach § 45b Absatz 1 Satz 2 besonderen Eigenmittelanforderungen, so sind diese bei der Prüfung der Voraussetzungen des Satzes 2 Nummer 1, 2 und 4 zu berücksichtigen. Das Gleiche gilt

bb) Systemgefährdung

Von einer Systemgefährdung ist auszugehen, wenn sich die Bestandsgefährdung des Kreditinstituts in erheblicher Weise negativ auf andere Unternehmen des Finanzsektors, auf die Finanzmärkte oder auf das allgemeine Vertrauen der Einleger und anderen Marktteilnehmer in die Funktionsfähigkeit des Finanzsystems auswirken könnte (§ 48b Abs. 2 S. 1 KWG). Dieser unbestimmte Begriff der Systemgefährdung lässt der BaFin im konkreten Einzelfall einen relativ weiten Beurteilungsspielraum. Ein solches Ermessen ist vor allem deshalb sinnvoll, weil eine Definition von sogenannten systemrelevanten Kreditinstituten im Vorhinein nicht möglich und ökonomisch auch nicht wünschenswert ist[42]. Für die Beurteilung im konkreten Anwendungsfall hat sich die BaFin insbesondere an

- der Art und Umfang der Verbindlichkeiten des Kreditinstituts gegenüber anderen Instituten und sonstigen Unternehmen des Finanzsektors,
- dem Umfang der von dem Institut aufgenommenen Einlagen,
- der Art, dem Umfang und der Zusammensetzung der von dem Institut eingegangenen Risiken sowie die Verhältnisse auf den Märkten, auf denen entsprechende Positionen gehandelt werden,
- der Vernetzung mit anderen Finanzmarktteilnehmern und
- den Verhältnisse auf den Finanzmärkten, insbesondere die von den Marktteilnehmern erwarteten Folgen eines Zusammenbruchs des Instituts auf andere Unternehmen des Finanzsektors, auf den Finanzmarkt und das Vertrauen der Einleger und Marktteilnehmer in die Funktionsfähigkeit des Finanzmarktes,

zu orientieren (§ 48b Abs. 2 S. 2 KWG)[43]. Zur Klarstellung sei noch einmal darauf hingewiesen, dass trotz einer Bestands- und Systemgefährdung das Institut noch nicht zahlungsunfähig oder überschuldet und mithin insolvenzreif sein muss.

cc) Kündigungs- und Beendigungssperre

Mit der Anzeige der Bank, das Reorganisationsverfahren durchführen zu wollen, tritt für alle Schuldverhältnisse eine Kündigungs- und Beendigungssperre in Kraft; diese wirkt bis zum Ablauf des nächstfolgenden Geschäftstages (§ 13 KredReorgG). Die Sperre schützt das gefährdete Kreditinstitut vor einer vorzeitigen Beendigung und den damit gegebenenfalls negativen Folgen (z.B. Wiedereindeckung von Deri-

---

im Rahmen der Prüfung der Voraussetzungen des Satzes 2 Nummer 3 und 4 für besondere Liquiditätsanforderungen nach § 11 Absatz 2.

42 Eine relativ kleine Bank kann in wirtschaftlich stabilen Zeiten als nicht systemrelevant angesehen werden. Diese Ansicht kann sich allerdings in Krisenzeiten und in Anbetracht bestimmter Finanzprodukte ändern. Vgl. dazu auch *Mülbert* JZ 2010, 834, 843 für das Beispiel der Düsseldorfer Hypothekenbank AG.

43 Zur Systemgefährdung siehe auch *Mülbert* FS Schneider, 2011, 855 ff.

vaten). Der Aufschub ist jedoch nur kurz, da den Vertragsparteien die Kündigung jedenfalls nach Ablauf des nächstfolgenden Geschäftstages möglich bleibt[44]. Die Kündigungsmöglichkeit für die Vertragsparteien der gefährdeten Bank ist für deren eigene Risikosteuerung von zentraler Bedeutung. Ohne die Möglichkeit, ihr etwaiges Ausfallsrisiko durch eine Vertragsbeendigung zu begrenzen, könnte der (noch) solvente Vertragspartner durch die Krisenbank selbst wirtschaftlich gefährdet werden.

Darüber hinaus stellt sich die Frage, ob die Kündigungssperre auch dann anwendbar ist, wenn das Schuldverhältnis einem anderen als dem deutschen Recht unterliegt. Laut Gesetzesbegründung[45] handelt es sich bei der Kündigungsbeschränkung um eine zwingende Eingriffsnorm im Sinne von Art. 9 der Verordnung (EG) Nr. 593/2008 (Rom I)[46]. Danach müsste ein deutsches Gericht die Beschränkung der Beendigung eines Schuldverhältnisses auch für den Fall anerkennen, in dem der jeweilige Vertrag einem anderen Recht eines EU Staates unterliegt. Hiervon hat aber der Gesetzgeber selbst eine Ausnahme zugelassen. § 7 Abs. 5 S. 2 KredReorgG verweist nämlich auf § 46d Abs. 3 KWG. Demzufolge unterliegen Schuldumwandlungsverträge und Aufrechnungsvereinbarungen entsprechend § 340 Abs. 2 InsO auch im Rahmen eines Reorganisationsverfahrens dem Recht des Staates, das für diesen Vertrag maßgeblich ist. Dies entspricht der Vorgabe des Art. 25 der Richtlinie 2001/24/EG des Europäischen Parlaments und des Rates vom 4. April 2001 über die Sanierung und Liquidation von Kreditinstituten[47] und muss von einem deutschen Gericht entsprechend berücksichtigt werden.

c) Reorganisationsplan

Das Kreditinstitut hat mit der Anzeige, ein Reorganisationsverfahren einleiten zu wollen, einen Reorganisationsplan vorzulegen (§ 7 Abs. 1 S. 1 KredReorgG). Dieser ähnelt in weiten Teilen einem Insolvenzplan (§§ 219 ff. InsO). Er enthält im beschreibenden Teil die Sanierungsmaßnahmen und im gestaltenden Teil die Festlegung, wie in die Rechte der Beteiligten eingegriffen werden soll (§ 8 Abs. 1 KredReorgG).

aa) Eingriff in Rechtspositionen Dritter

Zunächst sind im Rahmen eines Reorganisationsplans die üblichen Eingriffe in Rechte der Gläubiger möglich. Dazu zählen z.B. die Kürzung und die Stundung von Forderungen (§ 12 Abs. 1 KredReorgG). Ausgeschlossen ist jedoch ein Eingriff

---

44 Kritisch hierzu *Schuster/Westpfahl* DB 2011, 221, 225.

45 Siehe Begründung zu § 13 KredReorgG im Entwurf der Bundesregierung für ein Restrukturierungsgesetz vom 25.8.2010, BT-Drucks. 17/3024, 52.

46 Des Europäischen Parlaments und des Rates vom 17. Juni 2008 über das auf vertragliche Schuldverhältnisse anzuwendende Recht, ABl. 177 vom 4.7.2008, 6 ff.

47 ABl. 125 vom 5.5.2001, 15 ff.

in die Rechte von Arbeitnehmern und Versorgungsberechtigten (§ 12 Abs. 3 KredReorgG) sowie Gläubigern, die im Entschädigungsfall einen Entschädigungsanspruch gegen eine Sicherungseinrichtung haben und deren Forderungen über eine freiwillige Einlagensicherung abgedeckt sind (§ 12 Abs. 2 KredReorgG, § 23a KWG). Für Kreditinstitute, die den Institutssicherungseinrichtungen angehören, wird das Reorganisationsverfahren ohnehin nur in Betracht kommen, wenn die Institutssicherung nicht mehr gewährleistet werden kann. In einem solchen Szenario stellt sich dann allerdings die Frage, welche Gläubiger vor Eingriffen geschützt sind. Das Gesetz spricht zwar nur von Entschädigungseinrichtungen. Es lässt sich aber aus § 12 EAEG schließen, dass den institutssichernden Einrichtungen zumindest der gleiche Schutzzweck zukommen soll wie den Entschädigungseinrichtungen[48]. Gläubiger von Banken, die der Institutssicherung angehören, werden demzufolge im Falle des Versagens der Institutssicherung zumindest im Umfang ihres Entschädigungsanspruchs nach § 4 EAEG geschützt sein[49].

Schließlich kann der Reorganisationsplan wie der Sanierungsplan für neue Kredite einen Vorrang in einem etwa anschließenden Insolvenzverfahren vorsehen (§§ 8 Abs. 1 S. 2 a.E.; 2 Abs. 2 S. 3 KredReorgG).

Darüber hinaus besteht die Möglichkeit, auch die Anteilseigner in den Reorganisationsplan einzubeziehen. Hierzu können im gestaltenden Teil des Reorganisationsplans alle Regelungen getroffen werden, die nach dem Gesellschaftsrecht zulässig und der Reorganisation förderlich sind (§ 10 KredReorgG). Vom Gesetzgeber hervorgehoben werden zwei Fallgestaltungen, zum einen die Umwandlung von Forderungen in Eigenkapital (§ 9 KredReorgG) und zum anderen die Ausgliederung (§ 11 KredReorgG).

(1) Umwandlung von Forderungen in Eigenkapital

Der Forderungstausch in Eigenkapital ist ausdrücklich nur dann zulässig, wenn die betroffenen Forderungsgläubiger dem auch zugestimmt haben (§ 9 Abs. 1 S. 2 KredReorgG). Das heißt, ein Gläubiger kann nicht gegen seinen Willen im Wege einer Mehrheitsentscheidung zum Erwerb eines Gesellschafteranteils gezwungen werden. Ausgenommen hiervon sind Mehrheitsentscheidungen von Gläubigern einer Schuldverschreibung (§ 5 Abs. 3 SchVG)[50]. Sie haben sich nämlich mit dem Erwerb einer entsprechenden Schuldverschreibung freiwillig mit einer etwaige Mehrheitsentscheidung zu ihren Lasten einverstanden erklärt[51].

48 Ebenso *Schuster/Westpfahl* DB 2011, 221, 226.

49 Weitergehend *Schuster/Westpfahl* DB 2011, 221, 226.

50 Vgl. die Begründung zu § 225a InsO-E, der einen Tausch von Forderungen und Eigenkapital ebenfalls nur mit Zustimmung des betroffenen Gläubigers vorsieht, im Gesetzentwurf der Bundesregierung für ein Gesetz zur weiteren Erleichterung der Sanierung von Unternehmen (ESUG) vom 4.5.2011, BT-Drucks. 17/5712, 31.

51 Ebenso *Schuster/Westpfahl* DB 2011, 221, 227.

Die für den Tausch von Forderungen in Eigenkapital notwendigen Kapitalmaßnahmen einschließlich eines etwaigen Bezugsrechtsausschlusses können ebenfalls in den gestaltenden Teil aufgenommen werden. Sofern der Gläubiger durch den Erwerb von Anteilen sowohl Gesellschafter als auch noch Gläubiger einer Restforderung ist, besteht die Gefahr, dass der Gläubiger in einer etwaigen späteren Insolvenz des Kreditinstituts mit seinen restlichen Forderungen nur nachrangig zu befriedigen ist (§ 39 Abs. 1 Nr. 5 InsO). Dies gilt allerdings nicht, wenn die Beteiligung des Gläubigers unterhalb von 10 % liegt oder wenn der Anteilserwerb zum Zwecke der Sanierung vorgenommen wurde (§ 9 Abs. 1 S. 4 KredReorgG, § 39 Abs. 4 S. 2 und Abs. 5 InsO)[52].

Den Anteilseignern, die von den Kapitalmaßnahmen betroffen sind, hat das Kreditinstitut eine angemessene Entschädigung zu leisten (§ 9 Abs. 2 KredReorgG). Die Frage der Angemessenheit der Entschädigung ist außerhalb des Reorganisationsverfahrens durch Sachverständige festzustellen (§ 9 Abs. 2 S. 2 und 3 KredReorgG). Laut Begründung des Gesetzentwurfs[53] soll sich die Entschädigung an dem Fortführungswert des betroffenen Instituts orientieren. Es ist allerdings fraglich, ob dies der richtige Anknüpfungspunkt ist, wenn die Fortführung des Kreditinstituts erst noch mittels eines erfolgreichen Reorganisationsverfahrens erreicht werden muss. Zudem wird es anderen Gläubigern schwerfallen, einen Sanierungsbeitrag z.B. in Form eines Forderungsverzichts zu leisten, wenn den Anteilsinhabern eine Entschädigungszahlung zugebilligt wird, die vom sanierten Institut zu leisten ist und deshalb mittelbar auf dem Sanierungsbeitrag anderer Beteiligter als den Anteilsinhabern beruht. Hier hätte es nahe gelegen, eine Bewertung des Anteils mit Null vorzusehen, es sei denn, sämtliche Gläubiger erhalten auf ihre Forderungen wirtschaftliche Werte, die einer Befriedigungsquote von 100 % entsprechen[54].

(2) Ausgliederung

Wichtig ist die erstmalige gesetzliche Berücksichtigung der Ausgliederung (§ 11 Abs. 1 KredReorgG) als Sanierungsmodell[55]. Damit können verschiedene Teile des Kreditinstituts mit allen Rechten und Pflichten, insbesondere mit den entsprechenden Vertragsverhältnissen auf einen bereits bestehenden oder neuen Rechtsträger übertragen werden.

---

52 Zur Kritik an dem unbestimmten Reichweite des Sanierungsprivilegs „.. bis zur nachhaltigen Sanierung …“ siehe *Obermüller* Insolvenzrecht in der Bankpraxis, 8. Auflage 2011, Rn 5.622 f.; *Westpfahl* ZGR 2010, 385, 394; zu den Kriterien einer „nachhaltigen Sanierung“ *Wittig* FS Karsten Schmidt, 2009, 1743, 1758 ff.

53 Siehe Begründung zu § 9 KredReorgG im Entwurf der Bundesregierung für ein Restrukturierungsgesetz vom 25.8.2010, BT-Drucks. 17/3024, 51.

54 Sie dazu auch schon *Obermüller/Kuder* ZInsO 2010, 2016, 2019; sich dem anschließend *Schuster/Westpfahl* DB 2011, 221, 227.

55 Vgl. auch § 123 Abs. 3 UmwG.

Die gesamtschuldnerische Haftung des übernehmenden Rechtsträgers ist auf den Betrag beschränkt, den die Gläubiger ohne die Ausgliederung erhalten hätten (§ 11 Abs. 4 S. 2 KredReorgG). Mit dieser Regelung wird zum einen eine bessere Befriedigungsquote der Gläubiger verhindert, die infolge der Gesamtschuldnerschaft sonst entstehen würde, und zum anderen der Rückstellungsbedarf des übernehmenden Rechtsträgers begrenzt. Trotz dieser Beschränkung wird die gesamtschuldnerische Haftung einen potentiellen übernehmenden Rechtsträger eher abschrecken. Denn für einen Erwerbsinteressenten ist die Belastung aus dieser Haftung nur schwer kalkulierbar.

bb) Abstimmung

Vergleichbar dem Insolvenzplan sind für den Reorganisationsplan Gruppen der Gläubiger je nach deren Rechtsstellung und eine Gruppe der Anteilseigner zu bilden, wenn in deren Rechte eingegriffen werden soll (§ 8 Abs. 2 KredReorgG)[56]. Für die Annahme des Reorganisationsplans müssen grundsätzlich alle Gläubigergruppen und die Gruppe der Anteilseigner zugestimmt haben (§ 19 Abs. 1 S. 1 KredReorgG). Es zählt in jeder Gläubigergruppe die Kopf- und Summenmehrheit der abstimmenden Gläubiger (§ 19 Abs. 1 S. 2 Nr. 2 und 3 KredReorgG). Allerdings gibt es wie im Insolvenzrecht ein Obstruktionsverbot. Das heißt, die Zustimmung der Gläubigergruppe gilt trotz mangelnder Mehrheiten als erteilt, wenn

- die Gläubiger durch den Plan nicht schlechter gestellt werden, als sie ohne Plan stünden,
- die Mehrheit der abstimmenden Gruppen dem Plan zugestimmt haben und
- die Gläubiger dieser opponierenden Gruppe angemessen am wirtschaftlichen Wert beteiligt werden, der aufgrund des Plans den Beteiligten zufließen soll (§ 19 Abs. 2 KredReorgG).

Letzteres – die angemessene Beteiligung am wirtschaftlichen Wert – kann nur dann angenommen werden, wenn neben weiteren Voraussetzungen (§ 19 Abs. 3 Nr. 1 und 3 KredReorgG) weder ein anderer nachrangiger Gläubiger noch ein Anteilseigner einen wirtschaftlichen Wert erhält (§ 19 Abs. 3 Nr. 2 KredReorgG). Diese Wertung des Gesetzgebers gegenüber nachrangigen Gläubigern deutscher Kreditinstitute hat dazu geführt, dass die Ratingagenturen Standard & Poor's und Moody's die Bonitätseinstufungen nachrangiger Bankanleihen gesenkt haben[57]. Es ist eingetreten, was auch ein Ziel des Restrukturierungsgesetzes ist. Die Ratingagenturen haben nämlich die implizite Garantie der Steuerzahler in ihren Bonitätsberechnungen für Nachranganleihen gestrichen.

---

56 Siehe auch die geplante Einbeziehung der Anteilseigner in den Insolvenzplan nach § 222 Abs. 1 Nr. 4 InsO-E gemäß des Entwurfes der Bundesregierung für ein Gesetz zur weiteren Erleichterung der Sanierung von Unternehmen (ESUG) vom 4.5.2011, BT-Drucks. 17/5712, 9.

57 Siehe Handelsblatt vom 1.3.2011.

Sofern mit dem Reorganisationsplan in die Rechte der Anteilseigner eingegriffen wird, müssen diese ebenfalls als gesonderte Gruppe dem Reorganisationsplan zustimmen (§ 8 Abs. 2 S. 1 und 3, 19 Abs. 1 S. 1KredReorgG). Ausreichend dafür ist grundsätzlich die Mehrheit der abgegebenen Stimmen (§§ 19 Abs. 1 S. 2 Nr. 1, 18 Abs. 3 S. 1 KredReorgG). Der Gesetzgeber hat allerdings vorgesehen, dass die Abstimmung über den Reorganisationsplan innerhalb der Gruppe der Anteilseigner in Form einer Hauptversammlung zu geschehen hat (§ 18 Abs. 1 KredReorgG). Der Grund für diese zusätzliche Komplexität des Reorganisationsverfahrens liegt im europäischen Gesellschaftsrecht[58]. Danach sind bei Aktiengesellschaften Kapitalerhöhungen, Kapitalherabsetzungen und der Ausschluss des Bezugsrechts grundsätzlich nur mit Zustimmung der Hauptversammlung möglich (Art. 25 Abs. 1, Art. 29 Abs. 4, Art. 30 der Richtlinie 77/91/EWG des Rates vom 13.12.1976[59]). Vor allem eine Kapitalerhöhung muss stets von der Hauptversammlung beschlossen werden[60]. Das gilt nach der Rechtsprechung des EuGH auch dann, wenn sich die Gesellschaft in einer wirtschaftlich schwierigen Situation befindet[61]. Die Hauptversammlung wird durch den Reorganisationsberater einberufen, wobei die Einberufungsfrist auf das Mindestmaß[62] von einundzwanzig Tagen begrenzt wurde (§ 18 Abs. 2 KredReorgG). Für den Ausschluss des Bezugsrechts im Zusammenhang mit einer Kapitalerhöhung und für die Kapitalherabsetzung ist in Abweichung zu §§ 186 Abs. 3, 222 Abs. 1 S. 1 AktG nur die Mehrheit von zwei Dritteln der abgegebenen Stimmen oder des vertretenen Grundkapitals notwendig (§ 18 Abs. 3 S. 2 KredReorgG). Ist die Hälfte des Grundkapitals vertreten, reicht die einfache Mehrheit (§ 18 Abs. 3 S. 3 KredReorgG)[63]. Abweichende

58 Zweite Richtlinie 77/91/EWG des Rates vom 13. Dezember 1976 zur Koordinierung der Schutzbestimmungen, die in den Mitgliedstaaten den Gesellschaften im Sinne des Artikels 58 Absatz 2 des Vertrages im Interesse der Gesellschafter sowie Dritter für die Gründung der Aktiengesellschaft sowie für die Erhaltung und Änderung ihres Kapitals vorgeschrieben sind, um diese Bestimmungen gleichwertig zu gestalten, ABl. L 26 vom 31.1.1977, 1 ff.

59 Siehe Fn. zuvor.

60 Für das Bezugsrecht bei einer Kapitalerhöhung gegen Sacheinlage und für die Kapitalherabsetzung, wenn sie durch eine gerichtliche Entscheidung angeordnet wird, bindet die Richtlinie 77/91/EWG (siehe Fn. 58) den deutschen Gesetzgeber nicht. Siehe allgemeine Begründung des Entwurfes der Bundesregierung für ein Gesetz zur weiteren Erleichterung der Sanierung von Unternehmen (ESUG) vom 4.5.2011, BT-Drucks. 17/5712, 20.

61 EuGH vom 30.5.1991 – Rs C-19/90, C-20/90 (*Karella*) – DB 1991, 1616; EuGH vom 12.3.1996 – Rs C-441/93 (*Pafitis*) – EuGHE 1996, 1347.

62 Vgl. Art. 5 Abs. 1 Richtlinie 2007/36/EG des Europäischen Parlaments und des Rates vom 11. Juli 2007 über die Ausübung bestimmter Rechte von Aktionären in börsennotierten Gesellschaften, ABl. L 184 vom 14.7.2007, 17 ff.

63 Vgl. Art. 29 Abs. 4, 30, 40 Zweite Richtlinie 77/91/EWG des Rates vom 13. Dezember 1976 zur Koordinierung der Schutzbestimmungen, die in den Mitgliedstaaten den Gesellschaften im Sinne des Artikels 58 Absatz 2 des Vertrages im Interesse der Gesellschafter sowie Dritter für die Gründung der Aktiengesellschaft sowie für die Erhaltung

Satzungsbestimmungen stehen dem nicht entgegen (§ 18 Abs. 3 S. 3 KredReorgG). Gegen den zustimmenden Hauptversammlungsbeschluss können die Anteilsinhaber Anfechtungsklage erheben, nachdem sie Widerspruch zur Niederschrift erklärt haben (§ 18 Abs. 4, Abs. 5 S. 1 KredReorgG). Die Möglichkeit des Freigabeverfahrens nach § 246a AktG, das die Eintragung der Beschlüsse im Handelsregister beschleunigen soll, besteht zwar(§ 18 Abs. 5 S. 3 KredReorgG). Die Praxis zeigt aber, dass solche Verfahren zur Beschleunigung Monate dauern können[64]. Diese Zeit hat ein bestandsgefährdetes Kreditinstitut nicht.

Aus Zeitgründen vorteilhafter wäre es deshalb, wenn die Hauptversammlung den Reorganisationsplan ablehnt. Trotzt der europarechtlichen Vorgaben soll es nämlich möglich sein, dass die Zustimmung der Anteilseigner im Wege des Obstruktionsverbots dennoch als erteilt gilt, wenn die Mehrheit der abstimmenden Gruppen dem Reorganisationsplan zugestimmt hat und erhebliche negative Folgeeffekte für die Stabilität des Finanzsystems verhindert werden sollen (§§ 19 Abs. 4, 20 Abs. 5 KredReorgG). Die Eintragung der entsprechenden Kapitalmaßnahmen im Handelsregister hat das Registergericht nach Zugang des bestätigten Reorganisationsplans unverzüglich vorzunehmen (§ 21 Abs. 3 KredReorgG). Die Frage, ob dieses Obstruktionsverbot europarechtskonform ist[65], stellt sich zwar derzeit noch[66]. Sie wird sich aber spätestens mit der Umsetzung der geplanten Ausnahmeregelungen zu den gesellschaftsrechtlichen Erfordernissen gemäß der Richtlinie 77/91/EWG des Rates vom 13.12.1976 für insolvenzbedrohte Kreditinstitute, die die Finanzstabilität gefährden könnten[67], erledigt haben.

d) Gerichtliche Anordnung

Die Maßnahmen des Reorganisationsplans werden erst mit einem entsprechenden Beschluss des OLG Frankfurt wirksam, der spätestens einen Monat nach Planannahme ergehen soll (§ 20 Abs. 1 KredReorgG). Weshalb sich das OLG einen Monat Zeit nehmen darf und nicht wie im Insolvenzrecht binnen zwei Wochen entscheiden soll[68], ist angesichts der hohen Bedeutung eines schnellen Verfahrens

---

und Änderung ihres Kapitals vorgeschrieben sind, um diese Bestimmungen gleichwertig zu gestalten, ABl. L 26 vom 31.1.1977, 1 ff.

64 So vergingen z.B. zwischen der Hauptversammlung und der rechtskräftigen Entscheidung des OLG Frankfurt v. 23.2.2010 – 5 Sch 2/09 im Freigabeverfahren 9 Monate; 12 Monate bei OLG Frankfurt, Beschl. v. 8.6.2009 – 23 W 3/09 – NZG 2009, 1066.

65 Siehe auch *Obermüller/Kuder* ZInsO, 2010, 2016, 2020.

66 Zur Eingriffsbefugnis in „systemrelevantes" nach Art. 14 GG geschütztes Eigentum in Anbetracht der elementaren Bedeutung eines funktionsfähigen Finanzmarktes s. Gutachten DJT 2010 Teil F (*Höfling*) S. F 57 f.

67 Europäische Kommission, DG Internal Market and Services Working Document – Technical Details of a Possible EU Framework for Bank Recovery and Resolution, 6.1.2011, S. 93 f.

68 Siehe § 231 Abs. 1 S. 2 InsO-E gemäß des Entwurfes der Bundesregierung für ein Gesetz zur weiteren Erleichterung der Sanierung von Unternehmen (ESUG) vom 4.5.2011, BT-Drucks. 17/5712, 9.

nicht nachvollziehbar. Auch komplexe Sachverhalte müssen zeitnah entschieden werden können. Die Bestätigung des Plans kann von Amts wegen oder auf Antrag eines Gläubigers hin, der durch den Plan schlechter gestellt wird, als er ohne ihn stünde, versagt werden (§ 20 Abs. 2 und Abs. 3 KredReorgG). Das damit mögliche Blockadepotenzial einzelner Gläubiger kann allerdings durch eine Sicherheitsleistung seitens des Reorganisationsberaters reduziert werden mit der Folge, dass der Gläubiger nur außerhalb des Reorganisationsverfahrens Klage auf eine angemessene Beteiligung erheben kann (§ 20 Abs. 4 KredReorgG)[69].

Der gleichzeitig vom Gericht bestellte Reorganisationsberater (§§ 7 Abs. 5 S. 1, 3 Abs. 1 S. 2 KredReorG) soll den Reorganisationsplan umsetzen (§§ 7 Abs. 5 S. 1, 6 Abs. 1 S. 1 KredReorgG). Er ist deshalb mit denselben Kompetenzen ausgestattet wie der Sanierungsberater (§§ 7 Abs. 5 S. 1, § 4 Abs. 1 KredReorgG). Darüber hinaus hat der Reorganisationsberater die Anmeldung, Prüfung und Feststellung der Forderungen zu betreiben (§§ 14, 15 KredReorgG) und er kann dazu bestimmt werden, die Erfüllung des Reorganisationsplans zu überwachen (§ 22 Abs. 2 S. 1 KredReorgG).

Schließlich wird die leidliche Differenzhaftung bei einem Tausch von Forderungen in Eigenkapital für die (ehemaligen) Gläubiger im Sinne einer Kalkulationssicherheit ausgeschlossen. Das heißt, nach der gerichtlichen Bestätigung des Reorganisationsplans kann das Kreditinstitut zukünftig keine Ansprüche wegen einer etwaigen Überbewertung dieser Forderungen[70] gegenüber dem (ehemaligen) Gläubiger geltend machen (§ 20 Abs. 2 KredReorgG)[71].

e) Bewertung

Angesichts der Ausgangsprämissen ist das Reorganisationsverfahren eher skeptisch zu bewerten.

aa) Positive Faktoren

Positiv ist, dass dem Bankmanagement ein Angebot unterbreitet wird, freiwillig die Restrukturierung der Krisenbank anzugehen[72]. Wie das Sanierungsverfahren, kann auch im Rahmen des Reorganisationsverfahrens ein vorrangiger Sanierungskredit aufgenommen werden, so dass ein Anreiz für potentielle Kreditgeber

69 Vgl. auch § 251 InsO-E gemäß des Entwurfes der Bundesregierung für ein Gesetz zur weiteren Erleichterung der Sanierung von Unternehmen (ESUG) vom 4.5.2011, BT-Drucks. 17/5712, 10 f.

70 Zur Entbehrlichkeit der Vollwertigkeit der eingebrachten Forderung *Cahn/Simon/Theiselmann* DB 2010, 1629; a.A. *Priester* DB 2010, 1445.

71 Vgl. auch § 254 Abs. 4 InsO-E gemäß des Entwurfes der Bundesregierung für ein Gesetz zur weiteren Erleichterung der Sanierung von Unternehmen (ESUG) vom 4.5.2011, BT-Drucks. 17/5712, 11.

72 Für eine Einleitung von Amts wegen *Bachmann* ZBB 2010, 459, 466.

besteht, eine Liquiditätshilfe dem Institut einzuräumen. Positiv ist sicher auch, dass die Anteilseigner in den Reorganisationsplan einbezogen werden können und damit eine differenzierte Zuordnung der Restrukturierungsbeiträge möglich ist.

bb) Negative Faktoren

(1) Dauer

Schwierig einzuschätzen bleibt aber – wie auch schon beim Sanierungsverfahren – wie die Finanzmärkte reagieren werden, wenn die Bank ein Reorganisationsverfahren angestoßen hat. Spätestens mit der Einberufung zur Abstimmung über den Reorganisationsplan wird das Verfahren öffentlich, da die Einberufung im elektronischen Bundesanzeiger zu veröffentlichen ist (§ 17 Abs. 2 S. 1 KredReorgG). Die damit einher gehende Unsicherheit wird noch dadurch verschärft, dass das Reorganisationsverfahren zu lange dauern muss. Selbst wenn der Plan mit dem Reorganisationsberater bereits vorbereitet ist, müssen immer noch die Gläubiger zur Anmeldung ihrer Forderungen und zur Abstimmung mit einer Frist von einundzwanzig Tagen aufgefordert und geladen werden. Für die Einberufung der Hauptversammlung gilt dieselbe Frist. Schließlich kann sich das OLG einen Monat Zeit nehmen, bevor es die Entscheidung über den Plan trifft (§ 20 Abs. 1 S. 3 KredReorgG). Von einer schnellen Restrukturierung kann bei einem Reorganisationsverfahren nicht die Rede sein[73]. Je länger es aber ungewiss ist, ob die Reorganisation eines angeschlagenen Kreditinstituts durchgeführt wird oder nicht, umso höher ist das Risiko eines Scheiterns des Reorganisationsverfahrens. Es sollte deshalb dringend noch einmal auf eine weitere Fristenstraffung und eine Reduktion der Komplexität[74] hin überprüft werden. So könnte z.B. die Frist bis zur gerichtlichen Entscheidung über den Reorganisationsplan von derzeit einem Monat auf vierzehn Tage begrenzt werden.

(2) Grenzüberschreitende Wirkung

Mit Unsicherheit belastet ist auch die Frage, welche Auswirkungen das Reorganisationsverfahren auf außerhalb der EU liegende Niederlassungen haben wird bzw. wie die dort ansässigen Aufsichtsbehörden reagieren werden. Es besteht die Gefahr, dass nicht abgestimmte Aufsichtsmaßnahmen zum Schutze nationaler Interessen ergriffen werden, die zum Scheitern des Reorganisationsverfahrens führen. Innerhalb der EU wird aber immerhin das Reorganisationsverfahren als vorrangig anerkannt werden müssen (§ 7 Abs. 5 S. 2 KredReorgG, § 46d Abs. 1 bis Abs. 4 KWG)[75].

73 Ebenso *Bachmann* ZBB 2010, 459, 466.

74 Kritisch hierzu auch *Eidenmüller* FS Hopt, 2010, 1713, 1725.

75 Mit § 46d KWG werden Regelungen der Richtline 2001/24/EG des Europäischen Parlaments und des Rates vom 4. April 2001 über die Sanierung und Liquidation von Kreditinstituten, ABl. 125 vom 5.5.2001, 15 ff. in deutsches Recht umgesetzt.

e) Zwischenergebnis

Das Reorganisationsverfahren in seiner derzeitigen gesetzlichen Ausprägung wird wohl nur in schwer vorstellbaren Einzelfällen zur Anwendung kommen können, etwa wenn sowohl die Anteilseigner als auch die von einem Plan möglicherweise betroffenen Gläubiger zahlenmäßig überschaubar sind bzw. gleichgerichtete Interessen verfolgen[76]. In den weit überwiegenden Fällen bestandsbedrohter und systemrelevanter Kreditinstitute wird das Reorganisationsverfahren zu schwerfällig sein, um eine weitere Schwächung der Stabilität des Finanzsystems zu verhindern.

3. *Übertragungsanordnung*

In diesen Fällen könnte sich aber die Übertragungsanordnung als geeignetes Eingriffsinstrument erweisen, die in den §§ 48a bis 48s KWG geregelt ist[77]. Dabei handelt es sich um eine hoheitliche Zwangsmaßnahme, die vor allem dann zum Einsatz kommen kann, wenn die Geschäftsleitung eines Kreditinstituts keine freiwilligen Sanierungsmaßnahmen ergreift oder diese angesichts des Marktumfelds die Restrukturierung des Instituts nicht rechtzeitig bewirken können[78].

a) Anwendungsbereich

Die Übertragungsanordnung kann jedes Kreditinstitut aber auch übergeordnete Unternehmen von Institutsgruppen und Finanzholdinggesellschaften mit Sitz in Deutschland treffen (§§ 1, 48o, 48p KWG). Erklärtes Ziel dieser Maßnahme ist es, die für die Finanzmarktstabilität bedeutenden Geschäftsbereiche einer Krisenbank zu separieren und auf eine Brückenbank zu übertragen, damit die restliche gescheiterte Bank in einem normalen Insolvenzverfahren abgewickelt werden kann, ohne dass das ganze Finanzsystem vom Scheitern einer Bank angesteckt wird[79]. Die bisherigen Aufsichtsmaßnahmen wie das Moratorium nach § 46a KWG-alt haben diese differenzierte Vorgehensweise nicht ermöglicht.

---

76 Für Teile einer Pfandbriefbank, die im Falle der Insolvenz als Pfandbriefbank mit beschränkter Geschäftstätigkeit fortbestehen würde, sind von Maßnahmen nach dem KredReorgG ausgenommen (§ 36a Abs. 1 PfandBG).

77 Zu den aufsichtsrechtlichen Maßnahmen zum frühzeitigen Eingreifen siehe *Obermüller/Kuder* ZInsO 2010, 2016, 2020 f.

78 Siehe Begründung zur Einführung eines neuen Unterabschnittes 4a – Maßnahmen gegenüber Kreditinstituten bei Gefahren für die Stabilität des Finanzsystems im Entwurf der Bundesregierung für ein Restrukturierungsgesetz vom 25.8.2010, BT-Drucks. 17/3024, 61 ff.

79 Siehe Fn. zuvor.

b) Anordnungskompetenz

Zuständig für die Anordnung einer Übertragungsanordnung ist die BaFin im Einvernehmen mit dem Lenkungsausschuss zur Finanzmarktstabilisierung, wenn finanzielle Mittel aus dem Restrukturierungsfonds benötigt werden (§ 48a Abs. 1, Abs. 3 KWG).

c) Inhalt der Übertragungsanordnung

Vorbild für die Übertragungsanordnung ist die umwandlungsrechtliche Ausgliederung auf einen bestehenden Rechtsträger gemäß § 123 Abs. 3 UmwG. Grund hierfür ist wiederum das europäische Gesellschaftsrecht, das für Kapitalmaßnahmen zwingend einen Beschluss der Aktionäre vorsieht[80]. Die Spaltung auf Gesellschafts-, nicht auf Gesellschafterebene (Ausgliederung) ist – derzeit – die einzige Möglichkeit die Anteilseigner wirtschaftlich in eine Restrukturierung außerhalb des Insolvenzverfahrens einzubeziehen, ohne dass es zwingend eines Gesellschafterbeschlusses nach europäischem Recht bedarf[81]. Die Ausgliederung fällt nicht unter die Anforderungen der Richtlinie 82/891/EWG[82], wonach sowohl die Aufspaltung als auch die Abspaltung die Zustimmung der Anteilseigner des übertragenden Rechtsträgers erfordert (Art. 5 der Richtlinie 82/891/EWG)[83].

Inhalt der Anordnung ist die Übertragung der gesamten oder eines Teils der Vermögenswerte und Verbindlichkeiten der Krisenbank auf einen bestehenden Rechtsträger (§§ 48a Abs. 1, 48e KWG). Wenn die übertragenen Aktiv- und Passivpositionen einen positiven Wert haben sollten, ist der übertragenden Krisenbank eine Gegenleistung einzuräumen (§ 48d Abs. 1 S. 1 KWG). Wie bei der umwandlungsrechtlichen Ausgliederung besteht diese Gegenleistung grundsätzlich in Anteilen am übernehmenden Rechtsträger (§ 48d Abs. 1 S. 2 KWG). Die übertragende Bank kann jedoch seitens der BaFin bis zum Erreichen des Sanierungsziels angewiesen werden, die mit den Anteilen einhergehenden Stimmrechte nur in bestimmter Weise auszuüben (§ 48l Abs. 2 KWG). Auch die Verfügung über die Anteile kann von der vorherigen Zustimmung der BaFin abhängen (§ 48l Abs. 3 KWG).

---

80 Siehe Ausführungen unter II.2.c) bb).

81 Siehe Begründung zur Einführung eines neuen Unterabschnittes 4a – Maßnahmen gegenüber Kreditinstituten bei Gefahren für die Stabilität des Finanzsystems im Entwurf der Bundesregierung für ein Restrukturierungsgesetz vom 25.8.2010, BT-Drucks. 17/3024, 61 ff.

82 Sechste Richtlinie 82/891/EWG des Rates vom 17. Dezember 1982 gemäß Artikel 54 Absatz 3 Buchstabe g) des Vertrages betreffend die Spaltung von Aktiengesellschaften, ABl. L 378, 47 ff.; zuletzt geändert durch Art. 3 ÄndRL 2009/109/EG vom 16.9.2009, ABl. L 259, 14 ff.

83 *Hörtnagl* in: Schmitt/Hörtnagl/Stratz, Kommentar UmwG, 5. Auflage 2009, Vorbem. zu §§ 123 bis 173 Rn 16.

Sofern es für den übernehmenden Rechtsträger unzumutbar ist oder der Zweck der Übertragungsanordnung vereitelt werden könnte, ist die Gegenleistung in Geld zu bemessen (§ 48d Abs. 1 S. 3 KWG). Der Zweck der Übertragungsanordnung könnte z.B. dann gefährdet sein, wenn aufgrund der Ausgliederung und Anteilseinräumung die Restbank zum Mutterunternehmen des übernehmenden Rechtsträgers wird und demzufolge in den regulatorischen Konsolidierungskreis einzubeziehen ist (§ 10a KWG)[84]. Dies könnte dazu führen, dass auf konsolidierter Basis die Eigenmittel nicht ausreichen[85]. Ob es allerdings hilfreich ist, in einem solchen Fall als Gegenleistung einen Geldbetrag vorzusehen, ist fraglich[86]. Regelmäßig wird die Liquidität dringend für die Aufrechterhaltung bzw. Stabilisierung der übernommenen Geschäftsfelder benötigt werden. Es wäre deshalb hilfreicher, eine Ausnahme von den Regelungen zum Konsolidierungskreis zuzulassen, wenn über das Vermögen der übertragenden Restbank ein Insolvenzverfahren eröffnet wird oder ihr die Bankerlaubnis entzogen wird (§ 481 Abs. 1 KWG).

Die Gegenleistung für die übertragenen Vermögenswerte muss in der Übertragungsanordnung nicht endgültig festgelegt werden. Sie kann und sie wird in der Praxis auf einer vorläufigen Bewertung der übertragenden Werte beruhen (§ 48d Abs. 4 KWG). Die exakte Bewertung ist dann im Nachhinein durch Sachverständige nachzuholen (§ 48d Abs. 4 S. 2, 5, 6 KWG). Es liegt auf der Hand, dass diese flexible Methode zur Bewertung der Gegenleistung vor allem eine schnelle Entscheidung ermöglichen soll. Das ist ausdrücklich zu begrüßen.

d) Voraussetzungen

Wie beim Reorganisationsverfahren darf eine Übertragungsanordnung nur dann ergehen, wenn das betroffene Institut in seinem Bestand gefährdet ist und es hierdurch die Stabilität des Finanzsystems gefährdet (§§ 48a Abs. 2 Nr. 1, 48b Abs. 1 und Abs. 2 KWG). Es gelten die Ausführungen unter II.2.b entsprechend. Die Bestands- und Systemgefährdung ist von der BaFin anhand der notwendigen Eigenkapital und Liquiditätsquoten und nach Anhörung der Bundesbank festzustellen (§ 48b Abs. 3 KWG). Aufgrund ihrer Eingriffstiefe kommt die Übertragungsanordnung nur als das letzte Mittel in Betracht, wenn keine anderen milderen Auswege in gleich effektiver Weise ersichtlich sind[87].

---

84 Siehe Begründung zu § 48d KWG im Entwurf der Bundesregierung für ein Restrukturierungsgesetz vom 25.8.2010, BT-Drucks. 17/3024, 65.

85 *Schuster/Westpfahl* DB 2011, 282, 284.

86 *Schuster/Westpfahl* DB 2011, 282, 284.

87 Zur Vereinbarkeit mit Art. 14 GG siehe Begründung zur Einführung eines neuen Unterabschnittes 4a – Maßnahmen gegenüber Kreditinstituten bei Gefahren für die Stabilität des Finanzsystems im Entwurf der Bundesregierung für ein Restrukturierungsgesetz vom 25.8.2010, BT-Drucks. 17/3024, 62 f.; siehe dazu auch *Eidenmüller* FS Hopt, 2010, 1713, 1730.

Schließlich muss der übernehmende Rechtsträger der Übertragung zugestimmt haben (§ 48c Abs. 3 KWG). Sind der übertragenden Bank als Gegenleistung Anteile an der Brückenbank einzuräumen und müssen diese Anteile erst noch durch eine entsprechende Kapitalerhöhung geschaffen werden, darf die Anordnung nur dann ergehen, wenn ein entsprechender Beschluss gefasst wurde, der nicht mehr mit der Rechtsfolge einer möglichen Rückabwicklung angefochten werden kann (§ 48c Abs. 4 KWG). Auf den ersten Blick könnte man meinen, dass mit dieser Regelung eine schnelle Übertragungsanordnung binnen weniger Tage nicht möglich ist. Dem ist aber nicht so. Der Gesetzgeber erklärt nämlich diverse Erleichterungen des Finanzmarktstabilisierungbeschleunigungsgesetzes (FMStBG) zur Ermöglichung und Umsetzung einer Übertragungsanordnung für weiterhin anwendbar (§ 48m Abs. 2 KWG, §§ 7 bis 7b, 7d, 7e, 8 bis 11, 12 Abs. 1 bis Abs. 3, 14, 15, 17 bis 19 FMStBG). Dazu zählt z.B. die Möglichkeit der unbeschränkten Schaffung eines bedingten und genehmigten Kapitals (§ 48m Abs. 2 KWG, §§ 7a, 7b FMStBG). Zwar beträgt die Einberufungsfrist für eine entsprechend notwendige Hauptversammlung mindestens einundzwanzig Tage (§ 48m Abs. 2 KWG, § 7 Abs. 1 S. 2 FMStBG). Wenn es sich aber bei dem übernehmenden Rechtsträger um eine Vorratsgesellschaft handelt, besteht die realistische Möglichkeit, dass sämtliche Aktionäre auf eine entsprechende Einberufungsfrist verzichten (§ 121 Abs. 6 AktG). Darüber hinaus sind die Beschlüsse zur Eintragung im Handelsregister unverzüglich anzumelden und auch unverzüglich einzutragen. Klagen und Anträge auf Erlass von Entscheidungen gegen den Beschluss oder seine Eintragung stehen dem nicht entgegen (§§ 48m Abs. 3, 48g Abs. 3 S. 2 KWG). Im Anschluss an die Eintragung entsprechender Kapitalerhöhungsbeschlüsse, die bei Zeitverzögerungen auch von der Bundesanstalt für Finanzmarktstabilisierung (FMSA) vorgenommen werden kann (§§ 48g Abs. 3 S. 3, 48f Abs. 5 KWG), könnte die Übertragungsanordnung ergehen[88].

e) Rechtsfolgen

Mit Bekanntgabe der Anordnung gegenüber dem übertragenden Kreditinstitut und dem übernehmenden Rechtsträger gehen die bezeichneten Vermögenspositionen über und es entsteht der Anspruch auf die entsprechende Gegenleistung (§ 48g Abs. 1, Abs. 2 KWG). Der Brückenbank wird damit gleichzeitig die Bankerlaubnis für die übertragenen Geschäfte erteilt (§ 48g Abs. 6 KWG). Zudem gehen die Beschäftigungsverhältnisse nach § 613a BGB auf die Brückenbank über.

Darüber hinaus dürfen Schuldverhältnisse allein aus Anlass der Übertragungsanordnung weder beendet noch gekündigt werden. Entgegenstehende Regelungen sind unwirksam (§ 48g Abs. 7 S. 1 bis 3 KWG). Für den Fall, dass das Schuldverhältnis nicht auf die Brückenbank übertragen wird oder ein Kündigungsgrund bei der Brückenbank selbst vorliegt, können die Verträge nach wie vor entsprechend

88 *Schuster/Westpfahl* DB 2011, 282, 284.

den vertraglichen Regelungen beendet werden (§ 48g Abs. 7 S. 4). Sind mehrere Schuldverhältnisse in einem Rahmenvertrag miteinander verbunden und enthält dieser Rahmenvertrag eine aufsichtsrechtlich berücksichtigungsfähige Aufrechnungsvereinbarung, so kann der Rahmenvertrag nur in seiner Gesamtheit nebst gegebenenfalls vereinbarten Finanzsicherheiten übertragen werden (§§ 48g Abs. 7 S. 4 Nr. 3, 48k Abs. 2 KWG)[89].

Wie im Reorganisationsverfahren[90] stellt sich an dieser Stelle die Frage, ob die Kündigungssperre auch dann anwendbar ist, wenn das Schuldverhältnis einem anderen als dem deutschen Recht unterliegt. Laut Gesetzesbegründung[91] handelt es sich bei der Kündigungsbeschränkung um eine zwingende Eingriffsnorm im Sinne von Art. 9 der Verordnung (EG) Nr. 593/2008 (Rom I)[92]. Ein deutsches Gericht müsste also die Beschränkung der Beendigung eines Schuldverhältnisses auch für den Fall anerkennen, in dem der jeweilige Vertrag einem anderen Recht eines EU Staates unterliegt. Eine Ausnahme wie im Reorganisationsverfahren hat der Gesetzgeber nicht vorgesehen. Es fehlt an einem Verweis auf § 46d Abs. 3 KWG, § 340 Abs. 2 InsO, wonach Schuldumwandlungsverträge und Aufrechnungsvereinbarungen dem Recht des Staates unterliegen, das für diesen Vertrag maßgeblich ist. In der Gesetzesbegründung finden sich hierzu keine weiteren Ausführungen, so dass überlegt werden kann, ob § 46d Abs. 3 KWG entsprechend anzuwenden ist. Hierfür spricht zumindest, dass § 48n KWG zumindest auf §§ 46d Abs. 1 und 2 KWG verweist, der Gesetzgeber also die Übertragungsanordnung als Sanierungsmaßnahme im Sinne der Richtlinie 2001/24/EG des Europäischen Parlaments und des Rates vom 4. April 2001 über die Sanierung und Liquidation von Kreditinstituten[93] ansieht. Darüber hinaus ist nicht ersichtlich, weshalb zwischen dem Reorganisationsverfahren und der Übertragungsanordnung ein Unterschied zu machen ist. Denn in beiden Verfahren muss das betroffene Kreditinstitut in seinem Bestand gefährdet und damit systemgefährdend sein. Es bleibt aber abzuwarten, ob ein deutsches Gericht diesen Überlegungen folgen wird.

Sollte ein Geschäftspartner nun trotz des Kündigungsverbots den Vertrag mit dem übertragenden Rechtsträger beenden, etwa mit der Begründung, dass das deutsche Recht ihn nicht binde, sieht das Gesetzgeber als Abschreckung die Rückübertragungsmöglichkeit vor. Die BaFin kann binnen zehn Tagen nach Zugang einer solchen behaupteten Kündigung, das gesamte Rechtsverhältnis inklu-

89 Siehe auch Begründung zu § 48g Abs. 7 und § 48k Abs. 2 KWG im Entwurf der Bundesregierung für ein Restrukturierungsgesetz vom 25.8.2010, BT-Drucks. 17/3024, 67 f.

90 Siehe Ausführungen unter II.2.b).

91 Siehe auch Begründung zu § 48g Abs. 7 KWG im Entwurf der Bundesregierung für ein Restrukturierungsgesetz vom 25.8.2010, BT-Drucks. 17/3024, 67.

92 Verordnung (EG) Nr. 593/2008 des Europäischen Parlaments und des Rates vom 17. Juni 2008 über das auf vertragliche Schuldverhältnisse anzuwendende Recht (Rom I), ABl. L 177 vom 4.7.2008, 6.

93 ABl. 125 vom 5.5.2001, 15 ff.

sive einer etwaigen Ausgleichsforderung auf die Restbank zurückübertragen (§ 48j Abs. 5 KWG).

Diese Möglichkeit der Rückübertragung hat die BaFin auch für alle anderen Vermögensbestandteile und Verbindlichkeiten (§ 48j Abs. 1 KWG). Damit besteht für die BaFin die Option, aus Zeitgründen zunächst sämtliche Vermögensbestandteile und Verbindlichkeiten auf die Brückenbank zu übertragen und im Nachhinein binnen vier Monaten nach dem Wirksamwerden der Ausgliederung die systemrelevanten Geschäftsfelder, die bei der Brückenbank bleiben sollen, zu bestimmen.

Die aus dem Umwandlungsrecht bekannte gesamtschuldnerische Haftung (§ 133 Abs. 1 S. 1 UmwG) ist für den übernehmenden Rechtsträger begrenzt. Die Brückenbank haftet nur subsidiär für die an die Restbank wieder zurück übertragenen Verbindlichkeiten und das auch nur für den Fall, dass ohne Ausgliederung eine höhere Befriedigungsquote bei Abwicklung der Restbank erzielt worden wäre (§§ 48j Abs. 4 KWG). Das gilt auch für den Fall, dass bestimmte Verbindlichkeiten von vornherein nicht von der Übertragungsanordnung erfasst waren. Allerdings haftet die Brückenbank dann nicht nur subsidiär (§ 48k Abs. 3 KWG)[94].

Es ist das erklärte Ziel des Gesetzgebers, dass das übertragende Kreditinstitut nach der Übertragung der systemrelevanten Geschäftsfelder gegebenenfalls im Rahmen eines Insolvenzverfahrens abgewickelt werden kann[95]. Deshalb sieht das Gesetz ausdrücklich die Insolvenzfestigkeit der Ausgliederung vor (§ 48h Abs. 2 KWG).

Für den Fall, dass Vermögensgegenstände der Krisenbank einer anderen Rechtsordnung unterliegen und deshalb nicht ohne weiteres der Übertragungsanordnung unterfallen, muss die Bank eine Einzelrechtsnachfolge anstrengen (§ 48i Abs. 1 KWG). Für die Zwischenzeit wird eine gesetzliche Treuhand etabliert (§ 48i Abs. 2 KWG).

f) Bewertung

Die Übertragungsanordnung ist eine sehr eingriffsintensive Maßnahme. Angesichts der Ausgangsprämisse, dass der geordnete Marktaustritt gescheiterter Banken realistisch möglich sein muss, ohne das Finanzsystem zu gefährden, hat die Übertragungsanordnung viele positive Merkmale.

---

94 Kritisch hierzu *Schuster/Westpfahl* DB 2011, 282, 285.

95 Siehe Begründung zur Einführung eines neuen Unterabschnittes 4a – Maßnahmen gegenüber Kreditinstituten bei Gefahren für die Stabilität des Finanzsystems im Entwurf der Bundesregierung für ein Restrukturierungsgesetz vom 25.8.2010, BT-Drucks. 17/3024, 62.

aa) Positive Faktoren

Es ist ein schnelles Verfahren, das binnen weniger Tage durchgeführt werden kann. Ein Blockadepotential der Anteilseigner der übertragenden Bank ist ausgeschlossen, da es deren Mitwirkung nicht bedarf. Sie hätten es auch zuvor in der Hand gehabt, durch entsprechende freiwillige Restrukturierungsmaßnahmen die Anordnung zu verhindern. Darüber hinaus ermöglicht die Übertragungsanordnung ein gezieltes Zuordnen der Verluste auf die einzelnen Gläubigergruppen. Es ist offensichtlich, dass z.B. Gläubiger von nachrangigen Forderungen oder auch Gläubiger von normalen unbesicherten Inhaberschuldverschreibungen im Zuge der Übertragungsanordnung mit ihren Forderungen entweder gleich bei der übertragenden Bank bleiben oder dorthin zurückübertragen werden. Schließlich sind die Vorschriften zur Übertragungsanordnung in Einklang mit dem europäischen Gesellschaftsrecht.

bb) Kritische Faktoren

Was bleibt, sind praktische Umsetzungsfragen. Das Operationalisieren der Brückenbank – möglicherweise binnen eines Wochenendes – wirft komplexe administrative Fragen auf. So werden z.B. für den Tag eins nach der Übertragung neue Buchungskreise für sämtliche übertragenen Geschäftsbereiche und deren Geschäftsvorfälle nötig sein. Weiterhin wird sich die Frage stellen, wie Rahmenverträge über Finanzgeschäfte zu behandeln sind, die sowohl systemrelevante Dienstleistungen als auch andere Geschäfte betreffen. Zuvor müsste jedoch geklärt werden, welche Dienstleistungen der betroffenen Bank als systemrelevant anzusehen sind.

g) Zwischenergebnis

Trotz dieser kritischen Faktoren ist die Möglichkeit einer Übertragungsanordnung ein geeignetes Instrument, ein Kreditinstitut in Schieflage gezielt abzuwickeln und gleichzeitig solche Dienstleistungen aufrecht zu erhalten, die für einen funktionierenden Finanzmarkt und damit auch Wirtschaftsraum notwendig sind.

4. Restrukturierungsfonds

Im Zusammenhang mit einer Übertragungsanordnung stellt sich aber zwangsläufig die Frage nach der Finanzierung der aufrecht zu erhaltenden Geschäftsbereiche. Es ist bekannt, dass die Finanzmarktstabilisierungsanstalt bereits einige Vorratsgesellschaften gegründet hat, die als übernehmender Rechtsträger in Betracht kommen. Nur wer wird diese Brückenbanken ausreichend kapitalisieren und wer ausreichend Liquidität zur Verfügung stellen? Zu denken ist dabei an den Restrukturierungfonds.

Der Restrukturierungsfonds wird durch das Restrukturierungsfondsgesetz[96] eingeführt. Er wird bei der Anstalt für Finanzmarktstabilisierung eingerichtet (§ 1 RStruktFG) und von dieser verwaltet (§ 11 S. 1 RStruktFG). Die Mittel des Restrukturierungsfonds sollen aus der viel diskutierten Bankenabgabe[97] aufgebracht werden[98]. Zusätzlich kann der Bund einen Kredit in Höhe von maximal zwanzig Milliarden EUR bereitstellen (§ 12 Abs. 6 RStruktFG).

Der Restrukturierungsfonds ist Sondervermögen des Bundes im Sinne des Art. 110 Abs. 1 GG (§ 3 Abs. 3 RStruktFG), weshalb Finanzierungen auch beihilferechtlich relevant sein könnten. Der Bund haftet für die vom Fonds eingegangen Verbindlichkeiten (§ 10 RStruktFG). Demzufolge sind vom Fonds garantierte Verbindlichkeiten bei einer Gläubigerbank aus regulatorischer Sicht mit Null zu gewichten. Das heißt, die entsprechenden Aktiva sind nicht mit Eigenkapital zu unterlegen[99]. Die Mittel des Restrukturierungsfonds dürfen nur ganz gezielt zur Überwindung von Bestands- und Systemgefährdungen eingesetzt werden (§ 3 Abs. 1 RStruktFG, § 48b Abs. 1 und Abs. 2 KWG). Dazu zählen

- die Gründung von Brückeninstituten und der Erwerb von Anteilen an diesen (§ 5 RStruktFG),
- die Begebung von Garantien bezogen auf die Verbindlichkeiten der Brückenbank (§ 6 RStruktFG),
- die Kapitalmaßnahmen und sonstigen Rekapitalisierungen der Brückenbank (§ 7 RStruktFG) und
- die sonstigen Ansprüche, die im Zusammenhang mit den zuvor genannten Maßnahmen entstehen (§ 8 RStruktFG).

Für Sanierungskredite im Sanierungs- oder Reorganisationsverfahren stehen diese Mittel demnach nicht zur Verfügung. In Anbetracht dieser engen Zweckbindung erscheint die Zielgröße des Fonds von siebzig Milliarden EUR (§ 12 Abs. 10 RStruktFG) angemessen.

96 Art. 3 des Restrukturierungsgesetzes BGBl. 2010, 1900 ff.

97 Kritisch zur Einführung auf nationaler und nicht europäischer Ebene *Ackermann*, siehe Handelsblatt vom 30.6.2011 „Ackermann warnt vor Überregulierung"; zur verfassungsrechtlichen Bewertung *Schön/Hellgart/Osterloh-Konrad* WM 2010, 2145, 2193; *Martini* NJW 2010, 2019.

98 Vgl. Restrukturierungsfonds-Verordnung vom 26.7.2011, BGBl. I, 1406 ff.

99 Ebenso *Schuster/Westpfahl* DB 2011, 282, 286.

III. Ausblick auf die bevorstehende EU Richtlinie für das Krisenmanagement im Finanzsektor

Mit der Einführung geeigneter Restrukturierungs- und Abwicklungsregime für Kreditinstitute beschäftigen sich nicht nur Deutschland und viele andere Staaten[100], sondern auch supranationale staatliche und nichtstaatliche Gremien[101].

Im Herbst 2011 wird voraussichtlich die EU Kommission den Entwurf einer Richtlinie für ein umfassendes Krisenmanagement im Finanzsektor vorlegen. Aufgrund der bisher stattgefundenen Mitteilungen und Konsultationen hierzu[102] wird diese Richtlinie aller Voraussicht nach zunächst einen Katalog von Vorsorgemaßnahmen enthalten. Dazu zählen z.B. eine verbesserte Aufsicht, die Übertragbarkeit von Aktiva innerhalb einer Bankengruppe und die Verpflichtung zum Erstellen von Sanierungs- und Abwicklungspläne. Im Rahmen solcher Abwicklungspläne könnte dann unter anderem das Szenario einer Übertragungsanordnung vorbereitet werden.

Darüber hinaus wird diese Richtlinie Maßnahmen für ein frühzeitiges Eingreifen der Aufsichtsbehörden vorsehen, wie etwa das Einsetzen eines Sonderverwalters oder die Umsetzung von Sanierungsplänen.

Schließlich ist zu erwarten, dass diese Richtlinie einen umfassenden Katalog von Abwicklungsinstrumenten zur Verfügung stellen wird, der unter anderem die erleichterte Unternehmensveräußerung, die Möglichkeit der Übertragung von Geschäftseinheiten auf eine Brückenbank und die Möglichkeit der Übertragung von toxischen Aktiva auf eine Zweckgesellschaft umfassen wird. Es bleibt abzuwarten, ob diese Richtlinie auch Maßnahmen vorsehen wird, die es den Aufsichtsbehörden ermöglichen, bei einer Krisenbank als allerletztes Mittel sämtliche nachrangige Verbindlichkeiten abzuschreiben oder in Eigenkapital umzutauschen und darüber hinaus auch sonstige normale unbesicherte Verbindlichkeiten der Bank per Verwaltungsakt in Eigenkapital zu wandeln[103].

---

100 Zur Entwicklung in Frankreich siehe *Dammann/Samol* RIW 2009, 59; für Großbritannien siehe *Anning/Terlau* RIW 2009, 54; *Binder* ZBB 2009, 19; für Japan siehe *Kaiser* RIW 2009, 66; für Österreich siehe *Inwinkl* RIW 2009, 60; für die USA siehe *Flägel/Smith* RIW 2009, 51.

101 Empfehlungen des Basler Ausschusses für Bankenaufsicht veröffentlicht unter http://www.bis.org/publ/bcbs169.pdf?noframes=1.

102 Konsultation über technische Details eines möglichen Rahmens für ein europäisches Krisenmanagement vom 6.1.2011; Mitteilung über einen neuen EU Rahmen für das Krisenmanagement im Finanzsektor vom 20.10.2010; Konsultation über einen EU-Rahmen für das grenzübergreifende Krisenmanagement auf dem Banksektor vom 20.10.2009, KOM(2009) 561/4, abrufbar unter: http://ec.europa.eu/internal_market/bank/crisis_management/index_de.htm.

103 Siehe dazu Konsultation über technische Details eines möglichen Rahmens für ein europäisches Krisenmanagement vom 6.1.2011, Annex „Debt write down as an additional resolution tool" S. 105 ff., abrufbar unter http://ec.europa.eu/internal_market/consultations/docs/2011/crisis_management/consultation_paper_en.pdf.

IV. Zusammenfassung

Mit dem Restrukturierungsgesetz ist zweifellos ein Instrumentarium geschaffen worden, mit dem Banken gezielter restrukturiert und ggf. abgewickelt werden können, als das bisher der Fall war. Zwar mag das Reorganisationsverfahren aufgrund seiner Komplexität und Dauer eine eher theoretische Option zur Bewältigung einer Bankenkrise darstellen. Dafür bieten aber das Sanierungsverfahren und vor allem die Übertragungsanordnung eine realistische Handlungsalternative. Inwieweit die Regelungen des KredReorgG und des KWG infolge der Umsetzung der anstehenden EU Richtline anzupassen sind, muss abgewartet werden. Jedenfalls sollte diese Gelegenheit genutzt werden, die bisher diskutierten Mängel und Unklarheiten im Zusammenhang mit dem Sanierungs- und Reorganisationsverfahren sowie der Übertragungsanordnung zu beseitigen.

Am Ende bleibt der Wunsch, dass das neue Restrukturierungsrecht für Banken möglichst wenig zum Einsatz kommt. Sollte es dennoch notwendig sein, ist den handelnden Personen sowohl in den zuständigen Behörden als auch in den betroffenen Instituten Mut, Überblick und Weitsicht sowie eine gute Kondition zu wünschen.

Unternehmenssanierung nach der Insolvenzrechtsreform 2011*

Professor Dr. *Horst Eidenmüller*, LL.M. (Cambr.)
Ludwig-Maximilians-Universität München und Oxford University

I. Einführung

Etwa 12 Jahre nach Inkrafttreten der Insolvenzordnung zum 1.1.1999 unternimmt der deutsche Gesetzgeber erneut eine grundlegende Reform unseres Insolvenzrechts. Im Frühjahr 2011 hat die Bundesregierung den „Entwurf eines Gesetzes zur weiteren Erleichterung der Sanierung von Unternehmen" (ESUG) vorgelegt.[1] Der Gesetzentwurf wurde am 30.6.2011 in erster Lesung vom Bundestag beraten

---

* Dieser Beitrag geht auf einen Vortrag zurück, den ich am 1.7.2011 auf dem Bankrechtstag 2011 in München gehalten habe. Die Vortragsform wurde weitgehend beibehalten. Die Nachweise beschränken sich auf ausgewählte Belegstellen.

1 BT-Drucks. 17/5712 v. 4.5.2011. Die Vorschriften des Regierungsentwurfs werden mit dem Zusatz „RegE" zitiert.

und in den Rechtsausschuss (federführend), den Finanzausschuss, den Ausschuss für Wirtschaft und Technologie sowie den Ausschuss für Arbeit und Soziales überwiesen. Er wurde sodann am 27.10.2011 vom Bundestag in der vom Rechtsausschuss geänderten Fassung angenommen.[2] Gegenstand des Reformvorhabens ist das Unternehmensinsolvenzrecht bzw. – präziser – das *Recht der Unternehmenssanierung*. Diese Materie hält der deutsche Gesetzgeber, unter anderem vor dem Hintergrund eines zunehmenden „Wettbewerbs der Insolvenzrechte“, für modernisierungsbedürftig. Allerdings handelt es sich beim Recht der Unternehmenssanierung nicht um die einzige insolvenzrechtliche Materie, für die Reformen ins Auge gefasst werden. Bereits im Frühjahr 2010 hatte die Bundesjustizministerin einen langfristigen, aus drei Reformstufen bestehenden Plan angekündigt:[3] Danach ist die Reform des Unternehmensinsolvenzrechts mit dem ESUG neben der Schaffung eines Reorganisationsverfahrens für systemrelevante Kreditinstitute lediglich der erste Schritt. In einem zweiten Schritt wird erwogen, ein vorinsolvenzliches Restrukturierungsverfahren für Unternehmen einzuführen. Gleichzeitig soll das Verbraucherinsolvenzverfahren reformiert werden. Ein dritter Reformschritt könnte schließlich in einer Kodifizierung des sogenannten Konzerninsolvenzrechts sowie der Schaffung eines neuen Regulierungsrahmens für den Verwalterberuf bestehen.

Mit meinem heutigen Vortrag greife ich diese Entwicklung auf. Er wird schwerpunktmäßig das ESUG und damit die erste Reformstufe des BMJ in den Blick nehmen. Daneben sollen aber auch weitere mögliche Reformschritte, die mittelfristig zu einer Veränderung des Rechts der Unternehmenssanierung führen könnten, betrachtet werden. Entsprechend ihrer praktischen Bedeutung werde ich mich auf Kapitalgesellschaften als Unternehmensträger und Schuldner konzentrieren. Gleichzeitig soll aus Gläubigersicht die Bankenperspektive im Vordergrund stehen. Beginnen werde ich mit Überlegungen zur Ausgangslage, insbesondere zum Wettbewerb der Insolvenzrechte sowie zu den Reformzielen und zu Defiziten des Status quo (Abschnitt II.). Den gewichtigsten Teil des Vortrages bilden sodann (kritische) Überlegungen zur Reform der InsO durch das ESUG (Abschnitt III.). Hier geht es zum einen um die Governance von Insolvenzverfahren und zum anderen um das reformierte Insolvenzplanverfahren. In weiteren Abschnitten beschäftige ich mich sodann mit der möglichen Einführung eines vorinsolvenzlichen Sanierungsverfahrens (Abschnitt IV.), mit dem Konzerninsolvenzrecht (Abschnitt V.) sowie mit internationalen Unternehmenssanierungen (Abschnitt VI.). Die Basis meiner Überlegungen bilden eigene konzeptionelle Erwägungen zur

2 BT-Drucks. 17/7511 v. 26.10.2011. Die Vorschriften der vom Bundestag angenommenen Fassung werden mit dem Zusatz „n.F.“ zitiert.

3 Rede der Bundesjustizministerin *S. Leutheusser-Schnarrenberger* auf dem 7. Deutschen Insolvenzrechtstag der Arbeitsgemeinschaft Insolvenzrecht im Deutschen Anwaltverein am 17.3.2010 in Berlin; abrufbar unter: http://www.bmj.de/SharedDocs/Reden/DE/2010/20100317_7er_Deutscher_Insolvenzrechtstag.html.

sinnvollen Ausgestaltung des Rechts der Unternehmenssanierung, aber auch die Einschätzungen in- und ausländischer Restrukturierungspraktiker zu dieser Thematik, die wir vor einiger Zeit im Rahmen einer empirischen Untersuchung erheben konnten.[4]

II. Ausgangslage

Zur Beurteilung der Ausgangslage für die Insolvenzrechtsreform 2011 ist es wichtig, den europäischen Wettbewerb der Insolvenzrechte und den mit ihm verbundenen Wettbewerbsdruck auf den deutschen Gesetzgeber näher zu analysieren. Es wird sich zeigen, dass dieser Wettbewerbsdruck weniger stark ist, als vielfach angenommen und dass das deutsche Insolvenzrecht international durchaus konkurrenzfähig ist. Gleichzeitig gibt es durchaus gewisse Defizite des Status quo, die sich durch eine Reform beheben ließen. Diese Defizite zu erkennen setzt freilich voraus, dass man sich Klarheit über die Ziele etwaiger Reformbemühungen verschafft. Auch dies soll im Folgenden geleistet werden.

1. Wettbewerb der Insolvenzrechte

Die derzeit unternommene Reform des deutschen Rechts der Unternehmenssanierung spielt sich vor dem Hintergrund eines „Wettbewerbs der Insolvenzrechte" ab.[5] Bereits bei dem Gesetzentwurf zur Modernisierung des GmbH-Rechts (MoMiG) hatte der Wettbewerbsgedanke eine maßgebliche Rolle gespielt.[6] Jetzt wird dieser Aspekt im Zusammenhang mit der unternommenen Reform des Rechts der Unternehmenssanierung erneut evoziert. In der Begründung zum Entwurf des ESUG wird darauf hingewiesen, dass in der Vergangenheit einige Unternehmen ihren Sitz nach England verlegt hätten, da der Geschäftsleitung und den maßgeblichen Gläubigern die Eröffnung eines Insolvenzverfahrens nach englischem Recht zur Sanierung des Unternehmens vorteilhafter erschienen sei.[7] Auch wenn dies Einzelfälle geblieben seien, so hätten sie doch Anlass zu einer umfassenden Diskussion in der Fachöffentlichkeit über den Sanierungsstandort Deutschland gegeben und den Blick für die Schwächen des geltenden deutschen Rechts geschärft. Der deutsche Gesetzgeber sieht sich also im Hinblick auf die derzeit unternommene Reform des

---

4 Vgl. *Eidenmüller/Frobenius/Prusko*, NZI 2010, 545 (empirische Untersuchung zum Wettbewerb der Insolvenzrechte und zum Reformbedarf im deutschen Recht der Unternehmenssanierung auf der Basis von 51 strukturierten Interviews mit in- und ausländischen Restrukturierungspraktikern).

5 *Eidenmüller*, ZGR 2006, 467.

6 Vgl. BT-Drucks. 16/6140 v. 25.7.2007, S. 25.

7 Vgl. im Folgenden BT-Drucks. 17/5712, S. 17.

Rechts der Unternehmenssanierung anscheinend einem erheblichen Wettbewerbsdruck ausgesetzt.

Nun ist es im Ausgangspunkt sicher richtig, dass das geltende deutsche Recht mit seinem Modell eines einzigen, einheitlichen Insolvenzgesetzes („Einheitsmodell"), das multifunktional angelegt ist (Sanierung wie Liquidation, Unternehmensinsolvenz- wie Verbraucherverfahren) international einen Sonderweg darstellt. So steht in den USA das Liquidationsverfahren nach Chapter 7 des Bankruptcy Code neben dem Sanierungsverfahren nach Chapter 11 des Bankruptcy Code. In Großbritannien gibt es sogar mehrere unterschiedliche Sanierungsverfahren: die Administration nach Schedule B1 Insolvency Act 1986, das Company Voluntary Arrangement nach Part I Insolvency Act 1986 sowie das Scheme of Arrangement nach Sections 895-901 Company Act 2006. Ähnliches gilt für Frankreich. Hier finden sich im 6. Buch des Handelsgesetzes mit der Conciliation, der Sauvegarde sowie dem Redressement Judiciaire drei verschiedene, teilweise vorinsolvenzlich ansetzende Sanierungsprozeduren.

Dass der deutsche Weg eines „Einheitsmodells" international ein Sonderweg ist, bedeutet nicht, dass es sich um den falschen Weg handeln müsste. So hat eine empirische Untersuchung in den Jahren 2009/2010 gezeigt, dass der vom deutschen Gesetzgeber wahrgenommene Wettbewerbsdruck tatsächlich nur sehr gering ist.[8] Prominente Fälle eines Forum Shopping nach England mit dem Ziel der Erlangung besserer Restrukturierungsbemühungen sind aus deutscher Sicht bisher eine seltene Ausnahme geblieben (Schefenacker, Deutsche Nickel). Ein solches Forum Shopping ist teuer und lohnt sich deshalb von vornherein nur bei großen und professionell beratenen Unternehmen. Die Situation ist hier ganz anders als im Gesellschaftsrecht, wo ausländische Gesellschaftsformen ohne Standortverlagerung nutzbar gemacht werden können.[9] Artikel 3 Abs. 1 EuInsVO zwingt mit dem Anknüpfungskriterium des „Mittelpunkts der hauptsächlichen Interessen" zu aufwendigen Dispositionen, soll eine entsprechende Verlagerung stattfinden. Zwar hat in jüngster Zeit insbesondere das englische Scheme of Arrangement auch für deutsche Unternehmen als Restrukturierungsinstrument eine gewisse praktische Bedeutung erlangt, auf die noch zurückzukommen sein wird. Indes handelt es sich dabei nicht um ein Insolvenzverfahren, sondern um ein vorinsolvenzliches Sanierungsverfahren, und seine Durchführung setzt auch nicht die Verlagerung des „Mittelpunkts der hauptsächlichen Interessen" eines Unternehmens voraus. Für insolvenzgebundene Sanierungsverfahren kann jedenfalls konstatiert werden, dass ein Zwang zur nachahmenden Reform nicht besteht. Der deutsche Gesetzgeber kann sich also in Ruhe auf die Suche nach der sachlich besten Lösung begeben.

---

8 Vgl. *Eidenmüller/Frobenius/Prusko*, NZI 2010, 545.

9 Für eine empirische Untersuchung zum europäischen Regulierungswettbewerb im Bereich der geschlossenen Kapitalgesellschaften vgl. *Braun/Eidenmüller/Engert/Hornuf*, Does Charter Competition Foster Entrepreneurship? A Difference-In-Difference Approach to European Company Law Reforms (May 1, 2011), http://papers.ssrn.com/abstract=1827962.

Dazu besteht umso mehr Anlass, als die vorhandenen empirischen Daten keineswegs auf gravierende Funktionsdefizite des deutschen (Unternehmens-)Insolvenzrechts schließen lassen. So hat etwa eine Studie von *Blazy*, *Petey* und *Weill* aus dem Jahre 2009 ergeben, dass die Deckungsquoten sowohl für ungesicherte als auch für gesicherte Gläubiger in Deutschland höher sind als in Frankreich sowie im Vereinigten Königreich.[10] Zwar sind in den Ländervergleich nicht alle Verfahrenstypen einbezogen,[11] und die zitierte Studie leidet auch an methodischen Defiziten.[12] Gleichwohl kann man zumindest konstatieren, dass das deutsche Insolvenzrecht aus Gläubigersicht international relativ gut dazustehen scheint. Diese Einschätzung wird durch eine weitere Studie von *Davydenko* und *Franks* bestätigt.[13] Danach liegt der Mittelwert der nicht-abgezinsten Deckungsquoten von Bankengläubigern im Vereinigten Königreich bei 92 %, in Deutschland bei 67 % und in Frankreich bei 56 %. Zwischen der Studie von *Blazy/Petey/Weill* und derjenigen von *Davydenko/Franks* besteht jedenfalls ein latenter Widerspruch, weil Letztere das Vereinigte Königreich zumindest im Hinblick auf Bankengläubiger „an der Spitze" sehen, Erstere demgegenüber im Hinblick auf gesicherte Gläubiger allgemein die Bundesrepublik Deutschland. Unabhängig davon wird aber deutlich, dass das deutsche Insolvenzrecht aus Gläubigersicht jedenfalls sicher nicht schlecht abschneidet.[14]

Dass das deutsche Unternehmensinsolvenzrecht im internationalen Vergleich durchaus positiv zu bewerten ist, bedeutet nicht, dass es keinen Grund gäbe, über Verbesserungen bzw. Reformen nachzudenken. Die Zahl der Unternehmensinsolvenzen in Deutschland ist nach der Finanz- und Wirtschaftskrise 2008/2009 stark angestiegen und zeigt seit 2010 wieder eine (leicht) fallende Tendenz.[15] Es gibt aber die begründete Vermutung, dass diese Zahl in nächster Zeit wieder (deutlich) steigen wird. Zum einen besteht seit längerem ein Trend zu einer sehr starken Fremd-

10 *Blazy/Petey/Weill*, Can Bankruptcy Codes Create Value? Evidence from Creditors' Recoveries in France, Germany, and the UK (December 1, 2009), http://ssrn.com/abstract=1628814.

11 Nicht einbezogen sind etwa im Hinblick auf England das Company Voluntary Arrangement sowie das Scheme of Arrangement sowie im Hinblick auf Frankreich die Conciliation und die Sauvegarde.

12 Im Hinblick auf Frankreich wirken sich etwa die höheren Deckungsquoten bei Sanierungsverfahren trotz erheblicher Fallzahlen nicht auf die durchschnittliche Deckungsquote aus. Das ist nicht nachvollziehbar.

13 *Davydenko/Franks*, Do Bankruptcy Codes Matter? A Study of Defaults in France, Germany and the UK (September 2006), http://ssrn.com/abstract=647861.

14 Der deutsche Gesetzgeber ist sich bewusst, dass derzeit kaum empirische Daten über Insolvenzverfahren zur Verfügung stehen. Mit dem ESUG soll deswegen auch ein „Insolvenzstatistikgesetz" geschaffen werden (Art. 7 ESUG). Das Gesetz sieht auch eine Erhebung von Deckungsquoten in Insolvenzverfahren vor.

15 Vgl. *Creditreform*, Insolvenzen, Neugründungen und Löschungen, 1. Halbjahr 2011, 2011, S. 1.

kapitalisierung von Unternehmen. Dies bedeutet gleichzeitig, dass Unternehmen sehr anfällig auf Liquiditätsengpässe reagieren und deshalb rasch ein Finanzproblem (*financial distress*), aber nicht zwingend ein wirtschaftliches Problem (*economic distress*) haben, dass also zwar Zahlungsunfähigkeit und/oder Überschuldung besteht, das Unternehmen aber sanierungswürdig ist (Fortführungswert größer als Liquidationswert). Gerade in den nächsten Monaten bzw. in den nächsten ein/zwei Jahren werden eine Vielzahl von Verbindlichkeiten im Rahmen komplexer Fremdkapitalfinanzierungsstrukturen fällig. Es kommt hinzu, dass die europäischen Kreditinstitute im Gefolge der Griechenland-Krise zunehmend restriktiv bzw. sensibel auf Kreditanfragen bzw. Prolongationswünsche reagieren (werden). Gleichzeitig sind die Konjunkturaussichten für die Euro-Zone eher düster.[16] Die Zahl der Unternehmensinsolvenzen dürfte also bald wieder (signifikant) steigen, und wir können erwarten, dass eine Vielzahl sanierungswürdiger Unternehmen in finanzielle Engpässe gerät. Es lohnt sich also, über weiteres Verbesserungspotenzial im Hinblick auf das deutsche Unternehmensinsolvenzrecht nachzudenken.

2. *Reformziele und Defizite des Status quo*

Ein entsprechendes Verbesserungspotenzial bzw. Defizite des Status quo lassen sich freilich erst auf der Grundlage einer klaren Vorstellung von den Zielen etwaiger Reformbemühungen identifizieren. Eine Vergewisserung über diese Ziele muss deshalb am Anfang sämtlicher Reformüberlegungen stehen.

a) Ziele von Reformbemühungen

Im Ausgangspunkt gilt es festzuhalten, dass Unternehmenssanierung kein Selbstzweck ist. Ein Unternehmen sollte nur dann saniert werden, wenn sein Fortführungswert den Liquidationswert übersteigt. Das Insolvenzrecht erfüllt eine wesentliche Auslese- bzw. Filterfunktion, auch und gerade zum Schutz der Wettbewerber. Dem entspricht das geltende deutsche Insolvenzrecht, das in § 1 Satz 1 InsO einen Primat der Haftungsverwirklichung statuiert und festlegt, dass eine Unternehmenssanierung nur ein mögliches *Mittel* zur Erreichung dieses Zieles ist. Daran sollte auch *de lege ferenda* festgehalten werden.[17] In der Masse der Unternehmensinsolvenzen ist danach eine Liquidation angezeigt.

Ist ein Unternehmen allerdings sanierungswürdig (Fortführungswert größer als Liquidationswert), dann sollte alles dazu getan werden, den (haftenden) Unterneh-

16 Vgl. http://www.welt.de/print/die_welt/wirtschaft/article13690930/Maue-Konjunkturaussichten-fuer-Euro-Zone.html (OECD prognostiziert ein Wirtschaftswachstum von 0,3 Prozent).

17 International ist das keineswegs selbstverständlich. So zeigt sich etwa in dem neueren französischem Unternehmensinsolvenzrecht zunehmend die Tendenz, Unternehmen gewissermaßen „um jeden Preis" zu erhalten, vgl. *Flessner*, KTS 2010, 127, 130.

menswert zu maximieren. Dies bedeutet dreierlei: Zum einen gilt es, ein Sanierungsverfahren möglichst frühzeitig auszulösen. Je früher dies geschieht, desto höher ist erfahrungsgemäß der sanierbare Unternehmenswert, und desto geringer ist auch der Risikoanreiz der Gesellschafter bzw. Geschäftsleiter (*gambling for resurrection*).[18] Eine rechtzeitige Auslösung von Restrukturierungen setzt Anreize für die Bestinformierten voraus, und das sind häufig die Gesellschafter bzw. Geschäftsleiter als Insider. Darauf wird zurückzukommen sein. Zum zweiten bedeutet eine Maximierung des Unternehmenswertes bei sanierungswürdigen Unternehmen, dass der Unternehmensträger saniert wird, wenn der so erreichbare Wert größer ist als bei einer übertragenden Sanierung. Das kann etwa daran liegen, dass dieser Träger über günstige Schuldverträge, Lizenzen, Genehmigungen oder aber Verlustvorträge verfügt.[19] Zum dritten schließlich impliziert das Ziel einer Maximierung eines Unternehmenswertes bei sanierungswürdigen Unternehmen eine Minimierung der Insolvenzkosten. Dies bedeutet, dass eine Restrukturierung möglichst schnell und „geräuscharm" vonstattengehen sollte.[20]

b) Defizite des Status quo

Vor diesem Hintergrund lassen sich eine Reihe von Defiziten des Status quo im deutschen Recht ausmachen, die Reformpotenzial bergen. An erster Stelle zu nennen ist insoweit die Tatsache, dass Unternehmenssanierungen in Deutschland viel zu spät ausgelöst werden. Ein Insolvenzantrag wird heute durchschnittlich erst 10 Monate nach Eintritt der materiellen Insolvenz gestellt.[21] Im Zeitraum von 2000 bis 2007 sind von 276.785 Unternehmensinsolvenzen nur in 4.311 Fällen Insolvenzanträge wegen drohender Zahlungsunfähigkeit gestellt worden.[22] Die Ursache für diesen Befund liegt auf der Hand: Es gibt derzeit im deutschen Recht keine wirksamen Anreize für die Gesellschafter bzw. Geschäftsleiter notleidender Unternehmen, rechtzeitig ein Restrukturierungsvorhaben einzuleiten. Haftungssanktionen haben sie erst bei materieller Insolvenz zu befürchten, wenn dann nicht unverzüglich Insolvenzantrag gestellt wird. Vorher drohen keine Nachteile.[23] Aber auch positive Anreize zur rechtzeitigen Einleitung von Restrukturierungen bestehen nicht. Das Rechtsinstitut der Eigenverwaltung ist derzeit praktisch bedeutungslos. Nur in weniger als 0,5 % der Unternehmensinsolvenzen kommt es zum Einsatz.[24] Dies liegt daran, dass ein Schuldner heute bei Insolvenzantragstellung

18 *Eidenmüller*, Unternehmenssanierung zwischen Markt und Gesetz, 1999, S. 22 ff., 34 f.

19 *Eidenmüller*, Unternehmenssanierung, S. 43 ff.; *Eidenmüller*, ZIP 2010, 649, 651; *Eidenmüller*, Finanzkrise, Wirtschaftskrise und das deutsche Insolvenzrecht, 2009, S. 20; *Bitter/Laspeyres*, ZIP 2010, 1157.

20 *Eidenmüller*, ZIP 2010, 649, 651.

21 *Kirstein*, ZInsO 2006, 966, 967.

22 Bundesamt für Statistik, zitiert in: *Ahrendt*, ZRP 2010, 66, 67.

23 *Eidenmüller*, ZIP 2010, 649, 651.

24 *Eidenmüller*, ZHR 175 (2011), 11, 24 f.

keine sichere Expektanz darauf hat, dass das Verfahren auch in Eigenverwaltung geführt werden kann, wenn diese beantragt wird.[25]

Ein zweites wichtiges Defizit des Status quo liegt darin, dass nach geltendem deutschem Insolvenzrecht die Gesellschafter eine notwendig werdende Sanierung des Unternehmensträgers blockieren können.[26] Nach dem bereits Ausgeführten kann eine solche Trägersanierung aus Gläubigersicht einer übertragenden Sanierung vorzuziehen sein, wenn der (haftende) Unternehmenswert bei einer Trägersanierung größer ist. Ohne Kapitalmaßnahmen lässt sich eine entsprechende Sanierung jedoch nicht bewerkstelligen, und dies gibt den Gesellschaftern ein strategisches Blockadepotenzial, das sie dazu nutzen können, sich einen nicht unerheblichen Teil des Fortführungswertes „anzueignen". Dieses Blockadepotenzial erscheint nicht gerechtfertigt, weil bei einem zahlungsunfähigen oder überschuldeten Unternehmen die Entscheidung über Sanierung oder Liquidation allein von denjenigen getroffen werden sollte, welche die wirtschaftlichen Eigentümer des Unternehmens sind, und das sind seine Gläubiger. Der deutsche Gesetzgeber ist sich des Problems bewusst und adressiert es mit Regelungen zur Reform des Insolvenzplanverfahrens. Darauf wird zurückzukommen sein.

Ein drittes Defizit des Status quo liegt in den vergleichsweise hohen Insolvenzkosten. Dies wiederum hat seine Ursache darin, dass das Planverfahren zu langwierig ist. Insolvenzpläne werden ohnehin nur in etwa 0,6 % der Unternehmensinsolvenzen vorgelegt.[27] Die durchschnittliche Dauer eines Planverfahrens beträgt 1,5 Jahre nach Insolvenzantragstellung, der Median liegt bei 60 Wochen.[28] Das Planverfahren ist fehleranfällig und rechtsmittellastig (§ 253 InsO). Bis ein Insolvenzplan rechtskräftig bestätigt wird und damit wirksam werden kann, vergeht regelmäßig viel Zeit, und das ist in einer Sanierungssituation hoch problematisch. Es kommt hinzu, dass die deutschen Insolvenzgerichte – bis auf wenige Ausnahmen – nicht so professionell und kompetent arbeiten, wie dies zumindest im Rahmen eines Planverfahrens bei einer größeren Unternehmensinsolvenz nötig wäre.

Insgesamt lässt sich festhalten, dass die wesentlichen Defizite des Status quo im deutschen Recht der Unternehmenssanierung derzeit darin bestehen, dass keine Anreize für frühzeitige Restrukturierungen gesetzt werden, die Gesellschafter nicht in das Planverfahren einbezogen sind und dieses zu langwierig ist. Diese Defizitpunkte bergen gleichzeitig wichtiges Reformpotenzial, das der deutsche Gesetzgeber mit dem ESUG realisieren möchte.

---

25 *Eidenmüller*, ZHR 175 (2011), 11, 25.

26 *Eidenmüller*, ZIP 2010, 649, 652.

27 *Paffenholz/Kranzusch*, Insolvenzplanverfahren: Sanierungsoption für mittelständische Unternehmen, 2007, S. 55 f.

28 Vgl. *Paffenholz/Kranzusch*, Insolvenzplanverfahren, S. 102 f.

III. Reform der InsO durch das ESUG

Soweit es um die Reform des Rechts der Unternehmenssanierung durch das ESUG geht, lässt sich zwischen der Governance (Verfahrenssteuerung) von Insolvenzverfahren und dem Insolvenzplanverfahren unterscheiden. Auf diesen beiden Feldern liegen die wichtigsten Reformvorhaben des deutschen Gesetzgebers.

1. Governance von Insolvenzverfahren

a) Konzentration und Professionalität der Insolvenzgerichte

Soweit es um die Governance von Insolvenzverfahren geht, stehen die Konzentration und Professionalität der Insolvenzgerichte an erster Stelle der Reformüberlegungen. Der Status quo wird hier von 47 % der Befragten in unserer empirischen Studie negativ bewertet, nur 9 % schätzen ihn positiv ein.[29] *De lege lata* gibt es in Deutschland auf der Basis von § 2 Abs. 2 InsO 191 Insolvenzgerichte bei insgesamt 116 Landgerichts-Bezirken. Deutschland hat etwa 82 Millionen Einwohner. Auf ein Insolvenzgericht kommen damit ca. 429.000 Einwohner. Im Vergleich dazu gibt es in den USA bei 311 Millionen Einwohnern 94 Insolvenzgerichte. Einem Insolvenzgericht stehen somit etwa 3,3 Millionen Einwohner gegenüber. Der Unterschied liegt nahe bei einem Faktor 10. Es erscheint offensichtlich, dass eine stärkere Konzentrierung von Insolvenzgerichten zur Ausbildung professioneller und schlagkräftiger agierender Einheiten führen könnte. Diese Professionalität ist aber auch eine Funktion der jeweils handelnden Personen und deren Qualifizierung. Zu Recht wird beklagt, dass Insolvenzrichterinnen und -richter häufig die nötigen Fachkenntnisse auf betriebswirtschaftlichem und gesellschaftsrechtlichem Gebiet fehlen.[30] Es kommt hinzu, dass das Planverfahren *de lege lata* Rechtspflegersache ist.[31] Den Anforderungen bei größeren Unternehmensinsolvenzen, die regelmäßig auch einen grenzüberschreitenden Bezug haben, wird das nicht gerecht.

Deshalb strebte der deutsche Gesetzgeber zu Recht zunächst eine stärkere Konzentration der Insolvenzgerichte an und sah Maßnahmen vor, die deren Professionalität steigern sollten. Gemäß § 2 Abs. 2 InsO-RegE sollte in Zukunft nur noch maximal ein Insolvenzgericht pro Landgerichtsbezirk möglich sein; die Länder hätten es in der Hand gehabt, eine weitere Konzentration vorzunehmen. Dieser Vorschlag verdiente Unterstützung. Natürlich lassen sich gewisse Gegenargumente vorbringen. So wird etwa vorgetragen, dass gegen eine Konzentration die damit

29 *Eidenmüller/Frobenius/Prusko,* NZI 2010, 545, 550.

30 Vgl. die Untersuchungsergebnisse bei *Eidenmüller/Frobenius/Prusko*, NZI 2010, 545, 550.

31 § 3 Nr. 2e) und g) RPflG.

verbundene mangelnde Ortsnähe der Gerichte spreche und es auch zu einer geringeren Sachkompetenz durch einen Verlust der Kenntnis örtlicher Verhältnisse kommen könne.[32] Auch seien die Einmalkosten einer Umstellung zu berücksichtigen.[33] Der eher diffuse Gesichtspunkt mangelnder Ortsnähe wiegt jedoch handfeste Spezialisierungsnachteile nicht auf. Einmalkosten sind schließlich das, was sie sind: Einmalkosten. Im Ergebnis setzten sich gleichwohl die Regionalinteressen der Länder durch: Die vorgeschlagene Änderung wurde bedauerlicherweise auf ihren Druck in dem vom Bundestag angenommenen Gesetzesentwurf wieder gestrichen. Es wird somit auch in Zukunft im Ermessen der Landesregierungen stehen, die Zersplitterung der Insolvenzgerichtsstandorte zu beenden.[34] Dass sie insoweit flächendeckend aktiv werden, ist nicht zu erwarten.

Im Hinblick auf eine Verbesserung der Professionalität der Insolvenzgerichte sieht § 22 Abs. 6 GVG-n.F. vor, dass Insolvenzrichter „belegbare Kenntnisse“ auf einschlägigen Gebieten vorweisen sollen, und § 18 Abs. 1 Nr. 2 RPflG-n.F. normiert, dass das Planverfahren in Zukunft Richtersache ist. Auch diese Änderungen sind zielführend. Gegen eine Normierung „belegbarer Kenntnisse“ auf einschlägigen Fachgebieten wird vorgebracht, dass dies nicht zu überprüfen sei und auch in anderen Richterberufen keine entsprechenden Anforderungen gestellt würden.[35] Doch sind auch vage formulierte Kriterien jedenfalls ein Schritt in die richtige Richtung, und insbesondere die für eine Insolvenzrichtertätigkeit bei Unternehmensinsolvenzen maßgeblichen Kenntnisse im Bereich Buchführung, Bilanzierung und Finanzierung werden durch die juristische Ausbildung eben überhaupt nicht vermittelt. Gleichwohl wird gegen den diesbezüglichen Gesetzesbeschluss des Bundestages möglicherweise der Vermittlungsausschuss angerufen werden.[36] Das ist bedauerlich.

Insgesamt ist festzuhalten, dass der ursprüngliche Reformentwurf hinsichtlich einer höheren Professionalität der Insolvenzgerichte nachhaltige Unterstützung verdient. Aufgrund von Regional- und Partikularinteressen der Länder wurde bzw. wird er allerdings so verwässert, dass von dem maßgeblichen Reformziel einer stärkeren Konzentration der Insolvenzgerichte nichts mehr übrig geblieben ist.

b) Bestellung eines Insolvenzverwalters

Rechtspolitisch sicherlich noch wesentlich umstrittener ist allerdings die Neuregelung der Insolvenzverwalterbestellung. Das derzeitige Recht ist durch eine sehr starke Stellung des Insolvenzgerichts gekennzeichnet, das nach § 21 Abs. 2 Nr. 1

32 Stellungnahme des Bundesrates, BT-Drucks. 17/5712, S. 76 f.
33 Stellungnahme des Bundesrates, BT-Drucks. 17/5712, S. 78.
34 Vgl. § 2 Abs. 2 InsO; BT-Drucks. 17/7511, S. 45.
35 Stellungnahme des Bundesrates, BT-Drucks. 17/5712, S. 98 ff.
36 Vgl. http://blog.handelsblatt.com/rechtsboard/2011/11/20/bundesrat-will-esug-an-vermittlungsausschuss-uberweisen/.

InsO einen vorläufigen Insolvenzverwalter bestellen kann und nach § 56 InsO bei Verfahrenseröffnung den (endgültigen) Insolvenzverwalter bestellt. Das Recht der Gläubiger, in der ersten Gläubigerversammlung einen anderen Insolvenzverwalter gemäß § 57 InsO zu wählen, ist praktisch nichts wert. Diese Zurückdrängung des Gläubigereinflusses bei der Verwalterbestellung ist nicht gerechtfertigt. Bei einem zahlungsunfähigen oder überschuldeten Unternehmen gehört das verbliebene Schuldnervermögen wirtschaftlich den Gläubigern – es ist diesen zur Verwertung zugewiesen. Aufgrund ihrer wirtschaftlichen Betroffenheit sollten die Gläubiger einen maßgeblichen Einfluss auf die Verwalterbestellung haben. Dies wird auch mehrheitlich in unserer empirischen Studie so gesehen. Der Ist-Zustand wird von 59 % der Befragten negativ bewertet, lediglich 16 % sehen ihn positiv.[37]

Zu Recht zielt die Reform deshalb auf eine stärkere Gläubigerbeteiligung bei der Verwalterbestellung. Eine wesentliche Rolle spielt insoweit zunächst die (neue) Institution eines vorläufigen Gläubigerausschusses (vgl. § 21 Abs. 2 S. 1 Nr. 1a) InsO-n.F.). Seine Einsetzung soll *zwingend* sein, wenn das notleidende Unternehmen mindestens zwei von drei folgenden Kriterien erfüllt: eine Bilanzsumme von mindestens 4,84 Millionen Euro, einen Umsatz von mindestens 9,68 Millionen Euro sowie mindestens 50 beschäftigte Arbeitnehmer (§ 22a Abs. 1 InsO-n.F.). Zudem *soll* das Gericht einen vorläufigen Gläubigerausschuss einsetzen, wenn dies entweder von einem Gläubiger, dem Schuldner oder dem vorläufigen Insolvenzverwalter beantragt wird und mit dem Antrag gleichzeitig in Betracht kommende Personen benannt und deren Einverständniserklärungen beigefügt werden (§ 22a Abs. 2 InsO-n.F.). Andererseits *muss* die Einsetzung eines vorläufigen Gläubigerausschusses unterbleiben, wenn der Schuldner seinen Geschäftsbetrieb eingestellt hat, wenn diese Einsetzung im Hinblick auf die zu erwartende Insolvenzmasse unverhältnismäßig ist oder die mit der Einsetzung verbundene Verzögerung des Verfahrens zu einer nachteiligen Veränderung in der Vermögenslage des Schuldners führt (§ 22a Abs. 3 InsO-n.F.).

Grundlage für die personelle Zusammensetzung des vorläufigen Gläubigerausschusses sind Angaben des Schuldners im Insolvenzantrag (§ 13 InsO-n.F.) sowie – auf spezifische Aufforderung – Angaben des vorläufigen Insolvenzverwalters (§ 22a Abs. 4 InsO-n.F.).[38] Die wesentliche Bedeutung des vorläufigen Gläubigerausschusses liegt darin, dass seine Beschlüsse im Hinblick auf die Person eines Insolvenzverwalters unter bestimmten Voraussetzungen für das Insolvenzgericht bindend sind. Schlägt der vorläufige Gläubigerausschuss einstimmig einen bestimmten Insolvenzverwalter vor, so ist das Insolvenzgericht an diesen Vorschlag gebunden; gebunden ist es auch an (mehrheitlich) beschlossene Anforderungen,

---

37 *Eidenmüller/Frobenius/Prusko,* NZI 2010, 545, 549 f.

38 Auch der Schuldner kann (erneut) zu Angaben nach der zuletzt zitierten Vorschrift aufgefordert werden. Welche Sanktionen eingreifen sollen, wenn der Schuldner seinen diesbezüglichen Pflichten nicht nachkommt, ist unklar, vgl. *Hirte/Knof/Mock*, DB 2011, 632.

die der vorläufige Gläubigerausschuss an die Person des Insolvenzverwalters stellt (vgl. § 56a Abs. 1 und Abs. 2 InsO-n.F.).[39] Eine weitere wichtige Stärkung des Gläubigereinflusses liegt darin, dass bestimmte Gesichtspunkte in Zukunft nicht mehr zwingend die Unabhängigkeit eines Verwalters ausschließen sollen. Das soll für die Fälle gelten, in denen ein Verwalter von einem Gläubiger oder vom Schuldner vorgeschlagen wird oder in denen der potenzielle Verwalter den Schuldner im Insolvenzvorfeld allgemein insolvenzrechtlich beraten hat (§ 56 Abs. 1 InsO-n.F.).

Auch wenn das Ziel der Reform einer Stärkung der Gläubigerbeteiligung zu begrüßen ist, so sind die beschlossenen Regelungen doch sehr kritisch zu bewerten. Ihre Anwendung wird voraussichtlich zu einem erheblichen und für Unternehmenssanierungen gefährlichen Zeitverlust führen, und sie können auch durch die Insolvenzgerichte leicht unterlaufen werden. Erfahrungsgemäß ist bei der Insolvenz eines großen Unternehmens überaus rasches Handeln notwendig. Bereits kurz nach Insolvenzantragstellung muss die Frage geklärt werden, wer das Unternehmen im Falle einer voraussichtlichen Fremdverwaltung führen soll. Es steht zu befürchten, dass die neuen Vorschriften diesem Ziel nicht gerecht werden. Zunächst muss ein vorläufiger Gläubigerausschuss gebildet werden. Dieser muss sodann Beratungen aufnehmen und potenzielle Kandidaten diskutieren oder sich zumindest über maßgebliche Kriterien für deren Auswahl verständigen. Das geschieht nicht innerhalb von Stunden. Es droht ein Zeitverlust, der der Wahrnehmung von Sanierungschancen abträglich ist.[40] Es kommt hinzu, dass das Insolvenzgericht die stipulierte Bindung an das Votum des vorläufigen Gläubigerausschusses leicht unterlaufen kann. Ein solcher Ausschuss darf nämlich, wie bereits erwähnt, nicht eingesetzt werden, wenn dies zu einer nachteiligen Veränderung in der Vermögenslage des Schuldners führen würde. Dies lässt sich recht leicht begründen, so denn eine entsprechende Beteiligung als hinderlich empfunden wird.[41]

Aus diesen Gründen ist einer Alternativlösung hinsichtlich einer Stärkung der Gläubigerbeteiligung der Vorzug zu geben, die zu keinen Zeitverzögerungen führt und auch tatsächlich eine Bindung des Insolvenzgerichts bewirkt. Das Insolvenzgericht sollte einen vorgeschlagenen (vorläufigen) Insolvenzverwalter ernennen

---

39 Der vorläufige Gläubigerausschuss beschließt mit Kopfmehrheit, vgl. § 72 InsO i.V.m. § 21 Abs. 2 S. 1 Nr. 1a) InsO-n.F.

40 *Eidenmüller*, ZIP 2010, 649, 658; *Pape*, ZInsO 2010, 1582, 1588, 1590; *Hofmann*, NZI 2010, 798, 803.

41 Vgl. *Riggert*, NZI 2011, 121, 123. Aus diesem Grund läuft auch die in § 56a Abs. 3 InsO-n.F. vorgesehene Befugnis des vorläufigen Gläubigerausschusses, in seiner ersten Sitzung einstimmig einen anderen als den eingesetzten (vorläufigen) Insolvenzverwalter zu wählen, wenn das Insolvenzgericht aufgrund einer zu erwartenden nachteiligen Änderung in der Vermögenslage des Schuldners von einer Anhörung des vorläufigen Gläubigerausschusses abgesehen hat (§ 56a Abs. 1 InsO-n.F.), leer: In einer solchen Situation darf das Gericht gar keinen vorläufigen Gläubigerausschuss einsetzen.

müssen, sofern dieser Vorschlag von mindestens 25 % der voraussichtlich stimmberechtigten Gläubiger (gemessen an der Forderungshöhe) unterbreitet wird.[42] Auf diese Weise würde eine schnelle Entscheidung über die Verwalterbestellung herbeigeführt, die über § 57 InsO korrigierbar bleibt. Gegen diesen Vorschlag wird vorgetragen, dass damit die Interessen von Großgläubigern bevorzugt würden, diese häufig auch ein Interesse an der Liquidation eines notleidenden Unternehmens hätten, da sie durch (ausreichende) Sicherheiten geschützt seien, und ein von Großgläubigern designierter Insolvenzverwalter auch kein Interesse daran habe, Anfechtungsansprüche im Interesse der Gläubigergesamtheit geltend zu machen.[43] Insolvenzverfahren sind aber nun einmal Verfahren, in denen Forderungen und nicht Personen auf dem Spiel stehen – im Ausgangspunkt erscheint es daher gerechtfertigt, auch an die Forderungshöhe als maßgebliches Kriterium anzuknüpfen. Es darf auch nicht vergessen werden, dass ein ernannter Insolvenzverwalter durch Haftungsregelungen fiduziarisch darauf verpflichtet wird, die Interessen aller Gläubiger wahrzunehmen. Schließlich ist zu berücksichtigen, dass wesentliche Verwertungsentscheidungen im Rahmen eines Planverfahrens von allen Gläubigern getroffen werden können und müssen. Diese kann kein Insolvenzverwalter präjudizieren. Ein rein kapitalbezogenes Vorschlagskriterium impliziert auch keinen Systembruch mit § 57 InsO, der eine Kopfmehrheit verlangt.[44] § 57 InsO lässt sich als ein Korrektivinstrument interpretieren, das zugunsten aller Gläubiger wirkt, wenn die durch „Großgläubiger" durchgesetzte Person ausnahmsweise keine breite Akzeptanz genießen sollte. Schließlich ist darauf hinzuweisen, dass Gläubigerbeschlüsse in Insolvenzverfahren allgemein – von § 57 InsO abgesehen – kapitalbezogen erfolgen (vgl. § 76 InsO). Sicher ist richtig, dass die hier vorgeschlagene Neuregelung das derzeitige System von Vorauswahllisten bei den Insolvenzgerichten überflüssig machen würde.[45] Das aber ist kein Gegenargument, sondern beschreibt lediglich den Status quo.

Zu folgen ist dem Reformgesetzgeber insoweit, als bestimmte Gesichtspunkte allein eine fehlende Eignung eines Insolvenzverwalters nicht mehr begründen können. Mir scheint sogar eine weitergehende Regelung dergestalt sinnvoll zu sein, dass das Insolvenzgericht eine vorgeschlagene Person nur dann nicht zu ernennen braucht, wenn diese offensichtlich befangen oder ungeeignet ist. Natürlich kann es sein, dass ein Vorgeschlagener, der etwa den Schuldner beraten oder aber für diesen einen Insolvenzplan erstellt hat, nicht vollständig unabhängig ist. Wenn er gleichwohl von den Gläubigern als Verwalter akzeptiert wird, ist dagegen meines Erachtens wenig zu sagen.[46] Es kommt hinzu, dass parteiisches Verhalten mit Haftungssanktionen bedroht bleibt.

---

42 Vgl. *Eidenmüller*, ZIP 2007, 1729, 1733 f.

43 *Pape*, ZInsO 2010, 1582, 1590.

44 So aber Begr. ESUG, BT-Drucks. 17/5712, S. 25 f.

45 *Hölzle*, KTS 2011, 291, 317; *Pape*, ZInsO 2010, 1582, 1590; *Frind,* NZI 2010, 705, 707.

46 Vgl. auch *Hirte/Knof/Mock*, DB 2011, 632, 634; *Pape*, ZInsO 2010, 1582, 1589 f.

Insgesamt ist festzuhalten, dass die durch den Reformgesetzgeber vorgesehene Beteiligung eines vorläufigen Gläubigerausschusses bei der Verwalterbestellung, da zu Zeitverzögerungen führend, kritisch zu bewerten ist, zumal diese Beteiligung nach den vorgesehenen Regelungen durch das Insolvenzgericht unterlaufen werden kann. Sinnvoll wäre ein kapitalbezogenes, bindendes Vorschlagsrecht von mindestens 25 % der voraussichtlich stimmberechtigten Gläubiger für einen (vorläufigen) Insolvenzverwalter.

c) Reformiertes Regime der Eigenverwaltung

Die vermutlich bedeutsamste Reformidee des deutschen Gesetzgebers betrifft das Recht der Eigenverwaltung. Dieses Rechtsinstitut spielt derzeit, wie bereits erwähnt, praktisch keine Rolle. Indes liegt gerade hier ein möglicherweise entscheidender (positiver) Anreiz für das Schuldnerunternehmen, frühzeitig in ein Insolvenzverfahren einzutreten. Es ist kaum zu sehen, auf welche andere Art und Weise ein solcher Anreiz innerhalb des gegenwärtigen deutschen Rechtsrahmens für Unternehmenssanierungen sonst wirksam gesetzt werden könnte. Anders als in anderen Ländern bestehen keine wirksamen Sanktionen für Geschäftsleiter, die im Insolvenzvorfeld nicht restrukturierungsfördernd reagieren.[47] Es gibt aber auch in Deutschland derzeit kein vorinsolvenzliches Sanierungsverfahren, das einen entsprechend positiven Anreiz für die Geschäftsleiter von Krisenunternehmen setzen würde. Umgekehrt ist geplant, die Gesellschafter in das Insolvenzplanverfahren einzubinden und so deren strategisches Blockadepotenzial zu brechen. Dies wird die Bereitschaft von Gesellschaftern insbesondere kleiner Kapitalgesellschaften, die hier einen maßgeblichen Einfluss auf die Geschäftspolitik haben, zur frühzeitigen Insolvenzantragstellung nicht fördern.

Von entscheidender Bedeutung für einen positiven Anreiz des Schuldnerunternehmens zur rechtzeitigen Antragstellung ist, dass bereits bei Antragstellung eine *sichere Erwartung* besteht, dass das Verfahren tatsächlich in Eigenverwaltung geführt werden kann.[48] Jede diesbezügliche Rechtsunsicherheit verwässert den Anreiz des Schuldners, sich bereits bei in Zukunft absehbaren finanziellen Schwierigkeiten (drohende Zahlungsunfähigkeit) unter den Schutzschirm eines Ordnungsverfahrens zu stellen. Wie noch zu zeigen sein wird, lassen sich die berechtigten Interessen anderer Verfahrensbeteiligter wahren, auch wenn ein Rechtsregime dem Schuldner eine solche sichere Expektanz einräumt.

Der Reformgesetzgeber verfolgt dezidiert das Ziel, das Rechtsinstitut der Eigenverwaltung im Vergleich mit dem gegenwärtigen Rechtszustand zu stärken. Ein Antrag auf Eigenverwaltung soll in Zukunft nur noch abgelehnt werden können, wenn die Eigenverwaltung zu konkreten Nachteilen für die Gläubiger führen

---

47 In England besteht demgegenüber eine mögliche Haftung nach Section 214 Insolvency Act 1986, vgl. dazu etwa *Hirt*, ECFR 2004, 71; *Steffek*, NZI 2010, 589.

48 *Eidenmüller*, ZHR 175 (2011), 11, 25.

würde. Insoweit bestünde eine Bindung des Insolvenzgerichts an einen einstimmigen Beschluss des vorläufigen Gläubigerausschusses (§ 270 InsO-n.F.). Anders als im gegenwärtigen Recht soll es nicht mehr möglich sein, dass ein einzelner Gläubiger eine Eigenverwaltung zu Fall bringen kann (vgl. § 270 Abs. 2 Nr. 2 InsO-n.F.).[49] Der Reformgesetzgeber verfolgt aber nicht nur das Ziel, die Anordnungsvoraussetzungen für eine Eigenverwaltung zu erleichtern. Es geht ihm auch darum, präjudizierende Maßnahmen gegen eine Eigenverwaltung im Eröffnungsverfahren zu vermeiden. Wenn ein gestellter Antrag auf Eigenverwaltung nicht offensichtlich aussichtslos ist, sieht § 270a InsO-n.F. eine Reihe von Maßnahmen vor, welche den Weg in die Eigenverwaltung ebnen sollen: Dem Schuldner darf kein allgemeines Verfügungsverbot bzw. ein allgemeiner Zustimmungsvorbehalt auferlegt werden, es ist ein vorläufiger Sachwalter statt eines vorläufigen Insolvenzverwalters zu bestellen, und dem Schuldner wird die Möglichkeit gegeben, einen bei drohender Zahlungsunfähigkeit gestellten Insolvenzantrag auf Hinweis des Insolvenzgerichtes, dass dieses keine Eigenverwaltung anzuordnen beabsichtigt, wieder zurückzunehmen. Wichtig für das gesetzgeberische Konzept einer Stärkung der Eigenverwaltung ist schließlich, dass die Geschäftsleitung bei einer angeordneten Eigenverwaltung unabhängig von gesellschaftsrechtlichen Bindungen agieren können soll (§ 276a InsO-n.F.). Damit wird eine Auffassung gesetzlich kodifiziert, die schon heute *de lege lata* mehrheitlich vertreten wird.[50]

Die Stärkung des Rechtsinstituts der Eigenverwaltung durch die genannten Reformmaßnahmen möchte der Gesetzgeber durch einen Schutzschirm für den Schuldner flankieren, wenn ein Insolvenzantrag bei drohender Zahlungsunfähigkeit oder Überschuldung – also nicht erst bei tatsächlicher Zahlungsunfähigkeit – gestellt wird. Sofern eine angestrebte Unternehmenssanierung nicht offensichtlich aussichtslos ist, sieht § 270b InsO-n.F. eine Reihe von Maßnahmen vor, die einen entsprechenden Schutzschirm konstituieren sollen: Der Schuldner erhält eine Frist von maximal drei Monaten bis zur Vorlage eines Insolvenzplans. Er kann einen vorläufigen Sachwalter benennen, der von dem Insolvenzgericht vorbehaltlich einer etwa fehlenden Eignung ernannt werden muss. Auf Antrag des Schuldners ist ihm Vollstreckungsschutz zu gewähren. Nicht in den Gesetzesbeschluss des Bundestages übernommen wurde der noch im Regierungsentwurf enthaltene Aufhebungsgrund der (eingetretenen) Zahlungsunfähigkeit für den Schutzschirm (vgl. § 270b Abs. 3 Nr. 1 InsO-RegE). Durch den Verzicht auf diesen Aufhebungsgrund soll verhindert werden, dass einzelne Gläubiger ihre Forderungen fällig stellen, um das Schutzschirmverfahren zu torpedieren. Die praktisch angestrebten Konsequenzen dieses Schutzschirms liegen darin, dass der Schuldner im Eröffnungsverfahren einen Insolvenzplan erarbeitet, und zwar unter dem soeben beschriebenen Schutzschirm und unter Aufsicht durch einen vorläufigen Sachwalter, den er selbst

49 Vgl. Begr. ESUG, BT-Drucks. 17/5712, S. 38.

50 Vgl. zum Streitstand *Pape*, in: Uhlenbruck, InsO, 13. Aufl. 2010, § 270 Rn. 37 ff.

auswählt. Bei Insolvenzeröffnung ist dann Eigenverwaltung unter den schon beschriebenen, erleichterten Voraussetzungen anzuordnen, und der Schuldner legt gleichzeitig den im Insolvenzeröffnungsverfahren ausgearbeiteten Insolvenzplan vor.

Der Grundansatz des Reformgesetzgebers, das Rechtsinstitut der Eigenverwaltung zu stärken, ist zu begrüßen. Zu begrüßen ist insbesondere auch die Klarstellung, dass die Geschäftsleitung bei einer angeordneten Eigenverwaltung unabhängig von gesellschaftsrechtlichen Bindungen agieren können soll. Dafür spricht nicht so sehr die Erwägung, dass der Schuldner bei einer Eigenverwaltung im Vergleich mit einer Fremdverwaltung privilegiert werden müsse. Vielmehr geht es darum, dass die Geschäftsleitung des Schuldners auch bei einer angeordneten Eigenverwaltung keineswegs bindungsfrei agieren kann. Sie ist vielmehr in ein engmaschiges Netz von insolvenzrechtlichen Vorschriften eingebunden, die für die Governance eines Insolvenzverfahrens von maßgeblicher Bedeutung sind. Dazu gehören insbesondere die insolvenzrechtlichen Normen, welche die Mitwirkung der Gläubiger an maßgeblichen insolvenzrechtlichen Entscheidungen regeln (Gläubigerausschuss, Gläubigerversammlung). Im Insolvenzverfahren sind die Gläubiger die Residualberechtigten. Außerhalb eines Insolvenzverfahrens sind dies die Eigentümer (Gesellschafter) des Unternehmens. Es ist nur folgerichtig, bei einer angeordneten Eigenverwaltung im Insolvenzverfahren ausschließlich die Governance-Vorschriften des Insolvenzrechts zur Anwendung zu bringen. Darüber hinaus werden so etwaige Konflikte mit den gesellschaftsrechtlichen Governance-Vorschriften vermieden.[51]

Auch wenn der Gesetzgeber mit der Stärkung des Rechtsinstituts der Eigenverwaltung in die richtige Richtung geht, sind die konkreten Reformpläne doch im Übrigen zu kritisieren. Das größte Problem der neuen Regelungen liegt darin, dass das Schuldnerunternehmen nach wie vor keine rechtssichere Aussicht bei Antragstellung haben würde, dass eine Eigenverwaltung auch tatsächlich angeordnet wird. Eine Einstimmigkeit im vorläufigen Gläubigerausschuss, die das Insolvenzgericht zur Anordnung der Eigenverwaltung zwingen würde, wird es praktisch nie geben. Auch wenn die materiellen Anordnungsvoraussetzungen abgeschwächt werden, kann der Schuldner deshalb keineswegs sicher sein, dass das Insolvenzgericht ein Verfahren in Eigenverwaltung anordnen wird. Die Möglichkeit, einen gestellten Insolvenzantrag bei einem entsprechenden Hinweis des Insolvenzgerichts, dass es keine Eigenverwaltung anzuordnen gedenkt, zurückzunehmen, ist allenfalls ein sehr schwacher Trost.[52] Man stelle sich etwa eine größere Kapitalgesellschaft vor, die vor den Augen der Weltpresse bei drohender Zahlungsunfähigkeit einen Insolvenzantrag stellt und dann das „Privileg“ erhält, diesen wieder zurücknehmen zu

51 Nicht überzeugend deshalb die Bedenken von *K. Schmidt*, BB 2011, 1603, 1606 f. gegen das Reformkonzept.

52 Vgl. *Pape*, ZInsO 2010, 1582, 1594.

dürfen, nachdem durch den Insolvenzantrag ein massiver Wertverlust des Unternehmens eingetreten ist. Im Übrigen scheidet eine solche Rücknahme aus, wenn zwischenzeitlich, was häufig der Fall sein wird, Zahlungsunfähigkeit oder Überschuldung eingetreten ist.[53] Zwar lässt sich darauf hinweisen, dass bei zu großzügigen Anordnungsvoraussetzungen für die Eigenverwaltung die Gefahr einer Übersanierung des Schuldners bestehen könnte. Real ist diese Gefahr freilich zu vernachlässigen. Unternehmen, die keinerlei Finanzschwierigkeiten haben, werden praktisch nie proaktiv ein Insolvenzverfahren und die damit verbundenen massiven Insolvenzkosten (Reputationsverlust) ansteuern, nur um sich strategisch einiger lästiger Verbindlichkeiten zu entledigen. Das kommt allenfalls in sehr seltenen Ausnahmefällen vor.

Der zweite wichtige Kritikpunkt, der an dem Reformkonzept des deutschen Gesetzgebers im Hinblick auf die Eigenverwaltung anzubringen ist, liegt darin, dass der durch die neuen Regelungen aufgespannte Schutzschirm viel zu spät kommt.[54] Ohne Not und zu Unrecht hält der Reformentwurf daran fest, dass ein Insolvenzantrag und damit auch ein Antrag auf Eigenverwaltung erst gestellt werden kann, wenn das Unternehmen drohend zahlungsunfähig oder überschuldet ist, wenn also ein Insolvenzgrund vorliegt.[55] Das bedeutet, dass ein finanziell angeschlagenes Unternehmen mit hohem Restrukturierungsbedarf nicht in das Schutzschirmverfahren eintreten kann. Es wurde bereits darauf hingewiesen, dass die Befürchtung, ohne zwingende Vorlage eines Insolvenzgrundes könne es zu einer Übersanierung gesunder Unternehmen kommen, praktisch irreal ist. Aufgrund des enormen Wertverlustes, der mit einem Insolvenzverfahren immer verbunden ist, wird bis auf höchst seltene Ausnahmefälle nur ein Unternehmen den Weg in dieses Verfahren suchen, das sich absehbar jedenfalls in einer erheblichen finanziellen Schieflage befindet. Drohende Zahlungsunfähigkeit oder Überschuldung für die Antragstellung zu verlangen, zwingt entsprechende Unternehmen, einen weiteren, massiven Wertverlust abzuwarten, bevor das Schutzschirmverfahren beginnen kann.

Ein dritter Kritikpunkt kommt noch hinzu. Der Reformgesetzgeber sieht ein außerordentlich langwieriges Eröffnungsverfahren vor, das zwangsläufig etwaige Sanierungschancen drastisch verringern dürfte. Wie bereits mehrfach ausgeführt, löst ein Insolvenzantrag regelmäßig erhebliche (indirekte) Insolvenzkosten aus und führt deshalb zu einem massiven Wertverlust des betroffenen Unternehmens. Durch die gesetzlich erzwungene Gläubigermitwirkung im Schutzschirmverfahren ist eine erhebliche Zeitverzögerung vorprogrammiert.[56] Es kommt hinzu, dass der

---

53 § 15a InsO.

54 *Eidenmüller*, ZHR 175 (2011) 11, 35 f.; *Hirte/Knof/Mock*, DB 2011, 693, 696; *Hirte*, ZInsO 2011, 401, 402; *Bork*, Sanierungsrecht in Deutschland und England, 2011, S. 319 („Kardinalmangel").

55 *Eidenmüller*, ZHR 175 (2011) 11, 36.

56 Vgl. auch *Hofmann*, NZI 2010, 798, 803.

Schutzschirm das schuldnerische Unternehmen lediglich vor Zwangsvollstreckungen bewahrt bzw. bewahren kann,[57] aber kein Moratorium bietet und Kreditkündigungen nicht verhindert. Das wiederum bedeutet, dass Liquiditätsprobleme für das Unternehmen vorprogrammiert sind.

Insgesamt liegt das Hauptproblem der Neuregelung darin, dass sie dem Schuldner keine rechtssichere Perspektive auf ein Verfahren in Eigenverwaltung gibt und zu Unrecht an Insolvenzgründen und der Notwendigkeit eines Insolvenzeröffnungsverfahrens festhält.[58] Ein Alternativkonzept[59] müsste dieses Hauptproblem lösen. Das bedeutet, dass der Schuldner bereits bei Antragstellung wissen müsste, dass das Verfahren in Eigenverwaltung geführt wird und dass dies aber nur dann geschehen kann, wenn *kein* zwingend zur Insolvenzantragstellung führender Insolvenzgrund gegeben ist. Wesentliches Element eines solchen Alternativkonzeptes wäre demzufolge, dass der Schuldner einen Insolvenzantrag zusammen mit einem Antrag auf Eigenverwaltung nur stellen kann, wenn er versichert, dass weder Zahlungsunfähigkeit noch Überschuldung vorliegen. In einer solchen Situation ist es außerordentlich unwahrscheinlich, dass ein antragstellendes Unternehmen liquidationsreif in dem Sinne ist, dass der Liquidationswert den Fortführungswert übersteigt. Regelmäßig wird vielmehr lediglich eine drohende finanzielle Notlage bestehen. Umgekehrt ist aus dem bereits mehrfach angesprochenen Gründen kaum zu erwarten, dass es zu einer massenweisen Flucht gesunder Unternehmen in die Insolvenz kommen würde.[60] Im Übrigen kann ein unternehmenstragender Schuldner den Gläubigern keine Rechtsverluste aufoktroyieren. Die Entscheidung über den Verfahrensfortgang liegt in der Hand der Gläubiger (§ 157 InsO), sie müssen wesentlichen Verfahrenshandlungen zustimmen (§ 160 InsO), und sie sind auch die Herren des Planverfahrens.

Stellt das schuldnerische Unternehmen einen entsprechenden Antrag, so ist das Insolvenzverfahren sofort in Eigenverwaltung zu eröffnen. Ein Vorverfahren gibt es nicht. Dafür besteht kein Bedarf, da es nichts zu prüfen gibt. Insbesondere muss nicht festgestellt werden, dass etwa ein Insolvenzgrund vorliegt. Vielmehr versichert der Schuldner umgekehrt bei Antragstellung, dass weder Zahlungsunfähigkeit noch Überschuldung gegeben sind.

Das dritte wesentliche Element des Alternativkonzepts liegt darin, dass bei Verfahrenseröffnung immer ein Sachwalter eingesetzt wird. Dieses Element wird von der Erwägung getragen, dass eine kontrollierende Instanz zum Ausgleich der Partikularinteressen von Schuldner und Gläubigern notwendig ist. Der Schuldner sollte berechtigt sein, einen Sachwalter zu benennen, den das Insolvenzgericht

57 § 270b Abs. 2 S. 3 a.E. InsO-n.F.

58 Im Schrifttum wird teilweise darüber hinaus kritisiert, dass das Schutzschirmverfahren besser als im Recht der Eigenverwaltung im allgemeinen Teil der Insolvenzordnung aufgehoben sei (*Hirte/Knof/Mock*, DB 2011, 693, 695).

59 Vgl. dazu im Einzelnen *Eidenmüller*, ZHR 175 (2011), 11, 29 ff.

60 *Eidenmüller*, ZHR 175 (2011), 11, 32; *Jaffé*, ZHR 175 (2011), 37, 52.

dann – vorbehaltlich seiner offensichtlich fehlenden Eignung – einzusetzen hat. Insbesondere im vorinsolvenzrechtlichen Stadium ist ein solches Vorschlagsrecht des Schuldners gut zu rechtfertigen.[61] Dass der so eingesetzte Sachwalter dann faktisch nicht unabhängig agieren und Gläubigerinteressen nicht wahrnehmen würde, ist eine unbegründete Befürchtung.[62] Er ist ja, ebenso wie ein Insolvenzverwalter, in ein enges fiduziarisches Pflichtenkorsett eingebunden, dessen Verletzung mit massiven Haftungssanktionen bedroht ist.

Mit einem entsprechenden Alternativkonzept, das eine sofortige Verfahrenseröffnung in Eigenverwaltung mit Einsetzung eines Sachwalters bei einem Antrag vor Zahlungsunfähigkeit oder Überschuldung des Schuldnerunternehmens vorsieht, würde ein tatsächlich effizientes Regime etabliert, das einen maßgeblichen Beitrag zu einer im Vergleich zum geltenden Recht deutlich früheren Antragstellung leisten könnte.

2. *Reform des Insolvenzplanverfahrens*

Neben der Governance von Insolvenzverfahren liegt in der Reform des Insolvenzplanverfahrens das zweite zentrale Element der durch den Gesetzgeber mit dem ESUG ins Werk gesetzten Insolvenzrechtsreform. Kernstück der Reform des Insolvenzplanverfahrens ist die Einbeziehung der Gesellschafter in einen Insolvenzplan, mit der unter anderem ein Debt/Equity Swap im Planverfahren unter erleichterten Voraussetzungen möglich sein soll.

a) Reformkonzept

Demgemäß sieht der Reformgesetzgeber vor, dass die Gesellschafter des notleidenden Rechtsträgers in Zukunft in einen Insolvenzplan einbezogen werden können (§§ 217 S. 2 InsO-n.F., 225a InsO-n.F.). Konzeptionell werden sie damit als letztrangig Berechtigte behandelt.[63] Genau dies entspricht auch ihrer wirtschaftlichen Stellung: Sie haben erst dann etwas zu beanspruchen, wenn sämtliche vorrangig Berechtigten – und das sind alle Gläubiger des Unternehmens – voll befriedigt werden können. Damit wird das strategische Blockadepotenzial besprochen, von dem bereits ausführlich die Rede war. In Zukunft soll es möglich sein, dass der Insolvenzplan jede gesellschaftsrechtlich zulässige Regelung trifft. Eine Kollision mit der 2. Gesellschaftsrechtlichen Richtlinie (Entscheidungszuständigkeit der Hauptversammlung) bei einer im Insolvenzverfahren befindlichen Gesellschaft besteht nicht,[64] und der verfassungsrechtlich durch Art. 14 GG gebotene Schutz

---

61 Vgl. *Pape*, ZInsO 2010, 1582, 1594 f.

62 *Hofmann*, NZI 2010, 798, 802 f.

63 Zum Modell vgl. *Eidenmüller/Engert*, ZIP 2009, 541, 548 ff.

64 *Eidenmüller/Engert*, ZIP 2009, 541, 547 f.

der Gesellschafter wird durch §§ 245 InsO-n.F. und 251 InsO-n.F. realisiert. Spezifische Entschädigungsregeln sind nicht nötig. Als Gruppe haben die Gesellschafter einen Anspruch auf einen Teil des Fortführungswertes nur unter der Voraussetzung einer vollständigen Gläubigerbefriedigung. Zwar ist ein Entzug der Gesellschafterposition durch Entscheidung der Gläubiger als verfassungsrechtliche Inhaltsbestimmung nur zulässig, wenn den Gesellschaftern der volle wirtschaftliche Wert ihrer Beteiligung ersetzt wird. Ihre wirtschaftliche Stellung und ihr verfassungsrechtlich verbürgter Anspruch stehen jedoch unter dem Vorbehalt der insolvenzrechtlichen Verteilungsregel, nach der nachrangig Berechtigte erst dann eine Partizipation an dem Schuldnervermögen geltend machen können, wenn vorrangig Berechtigte keine Einbußen hinnehmen müssen.

In der Einbeziehung der Gesellschafter in einen Insolvenzplan liegt die wichtigste, aber nicht die einzige Neuerung des Reformgesetzgebers im Hinblick auf das Planverfahren. In Zukunft soll in einem Insolvenzplan auch die Verfahrensabwicklung geregelt werden können (§ 217 S. 1 InsO-n.F.). Wesentlich ist daneben vor allem das Ziel, Beschwerdemöglichkeiten zurückzuführen (§§ 251 InsO-n.F., 253 InsO-n.F.). Eine Beschwerde gegen die Planbestätigung soll nur noch zulässig sein, wenn der Beschwerdeführer eine wesentliche Schlechterstellung gegenüber dem Regelverfahren glaubhaft machen kann, die nicht durch zurückgestellte Planleistungen ausgleichbar ist. Damit wird das Konzept der sogenannten salvatorischen Klauseln legalisiert, die nach überwiegender Auffassung bereits *de lege lata* eine Planbestätigung sichern, wenn eine mögliche Schlechterstellung eines bestimmten Gläubigers durch den Plan im Vergleich zum Regelverfahren im Raum steht.[65] Auf Empfehlung des Rechtsausschusses wurde ferner ein Freigabeverfahren eingeführt (§ 253 Abs. 4 InsO-n.F.) – darauf wird zurückzukommen sein. Schließlich sieht der Gesetzgeber eine Möglichkeit zur Berichtigung offensichtlicher Planfehler (§§ 221 S. 2, 248a InsO-n.F.) sowie neue Vorschriften vor, die das schuldnerische Unternehmen im Hinblick auf Liquiditätsabflüsse bei Masseverbindlichkeiten schützen sollen (§ 258 Abs. 2 InsO-n.F.) und einen spezifischen Vollstreckungsschutz sowie ein spezielles Verjährungsregime nach Aufhebung des Insolvenzverfahrens etablieren (§§ 259a, 259b InsO-n.F.). Zentral ist und bleibt aber das gesetzgeberische Konzept einer Einbeziehung der Gesellschafter in das Planverfahren als letztrangig Berechtigte.

b) Debt/Equity Swap im Besonderen

Diese Einbeziehung der Gesellschafter in das Planverfahren dient nicht nur, aber doch vor allem dem Zweck, Debt/Equity Swaps als Sanierungsinstrument bei einer Sanierung des Unternehmensträgers zu erleichtern. Entsprechende Debt/Equity Swaps besitzen in der Sanierungspraxis eine große Bedeutung. Sie entlasten das

---

65 *Eidenmüller*, NJW 1999, 1837, 1838; *Eidenmüller*, in: MüKo-InsO, 2. Aufl. 2008, § 221 Rn. 41 ff. m.w.N.

notleidende Unternehmen zum einen von Verbindlichkeiten und können damit eine drohende oder bereits eingetretene Überschuldung beseitigen. Zum anderen verbessern sie die Liquiditätsposition des Unternehmens, weil Zins- und Tilgungsverpflichtungen wegfallen. Wirtschaftlich bringen sie diejenigen auch formal in die Gesellschafterposition, denen das Unternehmen im Insolvenzfall ohnehin wirtschaftlich gehört: die Gläubiger.

Soll in Zukunft ein Debt/Equity Swap im Insolvenzplan durchgeführt werden, so sind die notwendigen Kapitalmaßnahmen im gestaltenden Teil des Plans vorzusehen. Dazu gehört insbesondere, dass Gläubigerforderungen – nach einer nominellen Kapitalherabsetzung – im Wege einer effektiven Kapitalerhöhung als Sacheinlage in das Unternehmen eingebracht werden. Eine praktisch zentrale Bedeutung besitzt insoweit die Frage des richtigen Einbringungswertes für die Forderungen. Die bislang überwiegend vertretene Auffassung[66] und auch der Regierungsentwurf gehen davon aus, dass eingebrachte Forderungen nicht zum Nominalwert, sondern zum tatsächlichen wirtschaftlichen Wert anzusetzen seien.[67] Etwas unklar im Regierungsentwurf ist, ob dabei die Liquidation oder die Fortführung des Unternehmens zu unterstellen ist.[68] Richtigerweise müsste es auf den Einzelfall ankommen, also darauf, ob unter den gegebenen Umständen die Unternehmensfortführung oder die Liquidation des Unternehmens die ökonomisch sinnvolle Lösung ist.

Tatsächlich ist es allerdings zutreffend, nicht den wirtschaftlichen Wert der einzubringenden Forderung, sondern vielmehr deren Nominalwert anzusetzen.[69] Aus der Warte des betroffenen Unternehmens impliziert ein Debt/Equity Swap einen Passivtausch. Das Eigenkapital des Unternehmens erhöht sich exakt um den Nominalbetrag. Aus Gläubigersicht verhält es sich so, dass die verbleibenden Gläubiger durch den Tausch einen „Konkurrenten" verlieren. Der Einbringungsbetrag ist für sie unwesentlich. Richtig ist, dass eine gewisse Gefahr der Irreführung Dritter insofern besteht, als der Eindruck hervorgerufen werden könnte, das notleidende Unternehmen habe einen effektiven Mittelzufluss zu verbuchen. Das rechtfertigt die Anwendung der Sacheinlagevorschriften, aber nur bzgl. der Publizität der Einlage.[70] Werden Forderungen bei einem Debt/Equity Swap zutreffend zu ihrem Nominalwert eingebracht, so erledigt sich eine Schutzvorschrift, die der Reformgesetzgeber in § 254 Abs. 4 InsO-n.F. vorsieht. Danach soll eine Diffe-

66 Statt vieler: *Brinkmann*, WM 2011, 97, 101.

67 Begr. ESUG, BT-Drucks. 17/5712, S. 32: Der Entwurf geht insoweit davon aus, dass Gutachten über den wirtschaftlichen Wert vorzulegen seien.

68 Begr. ESUG, BT-Drucks. 17/5712, S. 32.

69 Vgl. ausführlich *Cahn/Simon/Theiselmann*, Corporate Finance Law 2010, 238, 242 ff. Ebenso jetzt auch *Hölzle*, ZIP 2011 [im Druck].

70 Dazu wieder insbesondere *Cahn/Simon/Theiselmann,* Corporate Finance Law 2010, 238, 247. Für die Zwecke der 2. Richtlinie ist allerdings von einer Bareinlage auszugehen, da bei einer Sacheinlage eine Wertkontrolle erfolgen müsste.

renzhaftung nicht mehr nach rechtskräftiger Planbestätigung geltend gemacht werden können. Relevant wird dies freilich dann nicht, wenn Forderungen immer zu ihrem Nominalwert einzubringen sind.[71]

Debt/Equity Swaps haben praktisch immer den Effekt, dass insbesondere auch Bankengläubiger in eine Gesellschafterposition einrücken. Dies gefährdet stehen gelassene oder neu gewährte Kredite der betreffenden Bank, die in einer Folgeinsolvenz möglicherweise nur nachrangige Ansprüche gewähren (§ 39 Abs. 1 Nr. 5 InsO).[72] Nun verhält es sich sowieso so, dass die Subordinierung von Gesellschafterdarlehen – anders als die Anfechtung von Zahlungen auf solche Darlehen – rechtspolitisch höchst problematisch ist. Die besseren Gründe sprechen dafür, auf eine solche Subordinierung zu verzichten.[73] Um zu verhindern, dass durch eine entsprechende Subordinierung ein Sanierungshindernis aufgerichtet wird, hat der MoMiG-Gesetzgeber zumindest ein Sanierungsprivileg in § 39 Abs. 4 InsO geschaffen. Dieses reicht allerdings nur bis zur „nachhaltigen Sanierung" des Schuldnerunternehmens. Mit dieser Klausel ist eine erhebliche Rechtsunsicherheit verbunden. Es wäre sehr hilfreich, wenn der Gesetzgeber eine zeitliche Klarstellung des Sanierungsprivilegs formulieren würde,[74] so er sich denn nicht zu der gänzlichen Abschaffung der Subordinierungsregeln entschließen kann.

Ein potenziell wichtiges Hindernis für einen Debt/Equity Swap ist schließlich § 230 InsO. Wenn Gläubiger Anteils- oder Mitgliedschaftsrechte oder Beteiligungen unter anderem an einer juristischen Person übernehmen sollen, so ist dem Plan nach dieser Vorschrift die zustimmende Erklärung eines jeden dieser Gläubiger beizufügen. Ratio dieser Vorschrift ist die negative Vereinigungsfreiheit.[75] Sie fordert zu Recht, dass niemand gegen seinen Willen in eine Gesellschafterstellung gezwungen werden kann. Indes ist klar, dass das Erfordernis einer zustimmenden Erklärung jedes Betroffenen erhebliche Belastungen für den Restrukturierungsprozess mit sich bringen und einen Debt/Equity Swap möglicherweise sogar ganz verunmöglichen kann. Zwar gibt es eine Ausnahme zu § 230 Abs. 2 InsO in § 5 Abs. 3 Nr. 5 SVG. Diese Ausnahme betrifft aber nur nach deutschem Recht begebene Anleihen und Anleihegläubiger. Im Vorfeld der Insolvenzrechtsreform ist

---

71 § 254 Abs. 4 InsO-n.F. ist nicht unproblematisch, weil die mit der Vorschrift bewirkte Angreifbarkeit einer Überbewertung eingebrachter Forderungen nur im Planverfahren dazu führt, dass Neugläubiger nach Aufhebung des Planverfahrens nicht geschützt werden, vgl. *Brinkmann*, WM 2011, 97, 101. Die Einbringung von Forderungen zu ihrem wirtschaftlichen Wert bringt noch eine Reihe weiterer Probleme für das notleidende Unternehmen mit sich. Liegt dieser wirtschaftliche Wert unter dem Nominalwert, dann kommt es zu einem ausschüttungsfähigen Ertrag – entweder sofort oder nach Auflösung einer gebildeten Rücklage. Damit ist eine entsprechende steuerliche Belastung des Unternehmens verbunden.

72 *Eidenmüller/Engert*, ZIP 2009, 541, 552.

73 *Eidenmüller*, in: FS Canaris, 2007, 49, 54 ff., 60.

74 *Eidenmüller/Engert*, ZIP 2009, 541, 552.

75 *Eidenmüller*, in: Müko-InsO, § 230 Rn. 46.

vorgeschlagen worden, den gegenwärtigen § 230 Abs. 2 InsO dergestalt zu modifizieren, dass eine Widerspruchslösung an die Stelle eines expliziten Zustimmungserfordernisses tritt.[76] Dieser Vorschlag ist hier zu wiederholen.

Insgesamt ist festzuhalten, dass die durch den Reformgesetzgeber ermöglichte Einbeziehung der Gesellschafter in das Insolvenzplanverfahren in erster Linie zu dem Zweck erfolgt, Debt/Equity Swaps als wichtiges Restrukturierungsinstrument zu erleichtern. Ein zentrales Problem bei solchen Tauschgeschäften ist die Forderungsbewertung. Richtigerweise sind Gläubigerforderungen immer zum Nominalwert einzubringen.

c) Verbleibende Problemfelder bei einer Plansanierung

Mit den Regelungen zur Einbeziehung der Gesellschafter in das Planverfahren beseitigt der Reformgesetzgeber das derzeit wichtigste Hindernis, das einer effektiven Nutzung dieses Verfahrens als Reorganisationsinstrument entgegensteht. Allerdings schafft diese Einbeziehung weitere (neue) Probleme, und im Übrigen kann eine sinnvolle Unternehmenssanierung nach wie vor auch an anderen Hindernissen im Planverfahren scheitern. Zum einen kann nach dem neuen § 245 Abs. 3 Nr. 1 InsO-n.F. das Obstruktionsverbot zu Lasten der Gesellschafter nur wirken, wenn kein Gläubiger übernominal befriedigt wird. Eine entsprechende übernominale Gläubigerbefriedigung muss daher durch den Plan verhindert werden.[77] Sie ist nicht unwahrscheinlich, weil ein Gläubiger, der in eine Gesellschafterstellung einrückt, natürlich von den Fortführungschancen des Unternehmens profitiert. Eine Lösung der Problematik liegt in Abschöpfungsklauseln, die in den Insolvenzplan aufgenommen werden.[78] Mit solchen Klauseln wird sichergestellt, dass Ausschüttungen an Neugesellschafter (= Altgläubiger) nur bis zur Höhe des Nominalbetrages der getauschten Forderung(en) erfolgen dürfen. Allerdings ist insoweit eine Ungleichbehandlung von Alt- und Neugesellschaftern nicht möglich, entsprechende Klauseln müssen also zu Lasten aller Gesellschafter wirken.

Als wesentliches Problem des derzeitigen Insolvenzplanverfahrens hatte sich dessen Langwierigkeit und Rechtsmittelanfälligkeit herausgestellt. Der Reformgesetzgeber möchte dem entgegenwirken durch die bereits zitierten §§ 251 und 253 InsO-n.F., nach denen eine Beschwerde nur zulässig ist, wenn der Beschwerdeführer eine wesentliche Schlechterstellung gegenüber dem Regelverfahren glaubhaft macht, die nicht durch zurückgestellte Planleistungen ausgleichbar ist. Dabei geht die Bundesregierung davon aus, dass eine Beschwerde stets ein monetarisierbares Begehren voraussetzt.[79] Das ist nicht richtig. Ein Beschwerdeführer kann immer

---

76 *Eidenmüller/Engert*, ZIP 2009, 541, 552.

77 *Eidenmüller/Engert*, ZIP 2009, 541, 552; *Verse*, ZGR 2010, 299, 321 f.

78 *Eidenmüller*, in: Müko-InsO, § 221 Rn. 48.

79 Siehe § 253 Abs. 2 Nr. 3 InsO-n.F.; Begr. ESUG, BT-Drucks. 17/5712, S. 35.

auch geltend machen, dass ein Plan rechtswidrige Inhalte in dem Sinne habe, dass im gestaltenden Teil bestimmte (beanstandete) Gestaltungen unzulässig seien.[80] Im Übrigen ist auch nach den §§ 251 und 253 InsO-n.F. nötig, dass das Beschwerdegericht die Zulässigkeit einer Beschwerde prüft. Dies kann Wochen oder sogar Monate dauern. Über die zitierten Vorschriften hinaus war es deshalb sinnvoll, in den § 217 ff. InsO ein Freigabeverfahren nach dem Vorbild von § 246a AktG zu regeln.[81] Bei einem offensichtlich unzulässigen oder unbegründeten Rechtsmittel oder überwiegenden Interessen an einer sofortigen Wirksamkeit des Plans könnte das bestätigende Gericht danach die sofortige Wirksamkeit anordnen. Der Rechtsmittelführer wäre darauf verwiesen, im Beschwerdeverfahren Schadensersatz zu verlangen.

Vorgesehen war eine derartige Regelung im Regierungsentwurf allerdings zunächst nicht. Erst auf die begrüßenswerte Intervention des Rechtsausschusses ist sie in der Form von § 253 Abs. 4 InsO-n.F. Gesetz geworden. Danach weist das Landgericht auf Antrag des Insolvenzverwalters die Beschwerde unverzüglich zurück, wenn das alsbaldige Wirksamwerden des Plans vorrangig erscheint, weil die Nachteile einer Verzögerung des Planvollzugs nach freier Überzeugung des Gerichts die Nachteile für den Beschwerdeführer überwiegen und kein besonders schwerer Rechtsverstoß vorliegt. Der Beschwerdeführer kann dann nur noch Schadensersatz aufgrund der Nachteile durch den Planvollzug verlangen, und zwar vor dem entscheidenden Landgericht. Dieses Freigabeverfahren orientiert sich an § 246a AktG und ist die richtige Antwort auf das Problem, dass die Prüfung der Zulässigkeit einer Beschwerde durch das Beschwerdegericht Wochen oder sogar Monate dauern kann. Allerdings wäre es begrüßenswert, wenn der Schadensersatzanspruch des Benachteiligten zwingend durch ausreichende Planrückstellungen gesichert würde.[82] Verfassungsrechtlich würde ein solches System jedenfalls dann den aus Art. 14 GG zugunsten des Beschwerten abzuleitenden Aufforderungen genügen.

Ein wesentliches Problemfeld im Rahmen einer Plansanierung, das an dieser Stelle nur kurz angesprochen werden kann, sind die steuerrechtlichen Rahmenbedingungen einer solchen Sanierung. Sie sind derzeit unsicher und/oder ungünstig. Das gilt zum einen für die Besteuerung von Sanierungsgewinnen. Bekanntlich ist das entsprechende Sanierungsprivileg des § 3 Nr. 66 EStG a.F. vor einigen Jahren gefallen und wurde durch eine Verwaltungsvorschrift „ersetzt", die unter bestimmten Voraussetzungen einen Steuererlass ermöglicht.[83] Der entsprechende Schutz für das zu sanierende Unternehmen ist jedoch unsicher, und er betrifft auch

80 Vgl. *Eidenmüller*, ZIP 2010, 649, 657.
81 *Eidenmüller*, ZIP 2010, 649, 657.
82 Vgl. *Eidenmüller*, ZIP 2010, 649, 657.
83 Schreiben des Bundesministeriums der Finanzen vom 27.3.2003 (IV A 6 – S 2140 – 8/03), BStBl. 2003 I, S. 240; *Eidenmüller*, in: Müko-InsO, § 217 Rn. 83.

von vornherein nicht die Gewerbesteuer.[84] Zudem ist die Verfassungskonformität der derzeitigen Praxis zweifelhaft.[85] Für Unternehmenssanierungen im Planverfahren problematisch ist auch die Regelung zum Verlustabzug bei Körperschaften in § 8c Abs. 1 und Abs. 1a KStG. Danach ist ein Beteiligungserwerb von mehr als 25 % grundsätzlich „schädlich" in dem Sinne, dass vorhandene Verlustvorträge nicht mehr genutzt werden können. Lediglich bei einem eng definierten Beteiligungserwerb zum Zweck der Sanierung des Geschäftsbetriebes gilt etwas anderes. Diese Regelung bringt große Rechtsunsicherheit mit sich und sollte insgesamt gestrichen werden.

Insgesamt werden die flankierenden Reformen des Planverfahrens neben der Einbeziehung der Gesellschafter dazu beitragen, dessen Effizienz zu steigern. Hinsichtlich der steuerrechtlichen Rahmenbedingungen einer Sanierung im Insolvenzplanverfahren besteht jedoch nach wie vor ein erhebliches Reformpotenzial.[86]

IV. Vorinsolvenzliches Sanierungsverfahren

Unternehmenssanierungen werden im besten Fall sehr frühzeitig eingeleitet und außergerichtlich abgewickelt. Eine außergerichtliche bzw. eine sogenannte freie Sanierung birgt den für ein Unternehmen zentralen Vorteil, dass die mit einem Insolvenzverfahren verbundenen indirekten Insolvenzkosten, insbesondere der Reputationsverlust des Unternehmens, (weitgehend) vermieden werden können.[87] Zudem bietet eine außergerichtliche Unternehmenssanierung ein hohes Maß an Flexibilität in der Verfahrensgestaltung und in der Auswahl der Sanierungsinstrumente. Schlussendlich haben konsensuale Lösungen den Vorteil, dass sie – anders als gerichtlich implementierte – von der Autonomie der Beteiligten getragen werden und deshalb regelmäßig langfristig tragfähiger sind.

---

84 Schreiben des Bundesministeriums der Finanzen vom 27.3.2003 (IV A 6 – S 2140 – 8/03), BStBl. 2003 I, S. 240 Rn. 15.

85 FG München, DStR 2008, 1687 f.; Revision beim BFH anhängig unter dem BFH Aktenzeichen VIII R 2/08.

86 In der Literatur wird darüber hinaus darauf hingewiesen, dass insbesondere die mit einem Debt/Equity Swap verbundene Veränderung in der Kontrolle eines notleidenden Unternehmens aufgrund von Change of Control-Klauseln in Kreditverträgen problematisch sein könnte (*Brinkmann,* WM 2011, 97, 101 f.). Diesen Bedenken hat der Gesetzgeber jetzt mit dem neuen § 225a Abs. 4 InsO-n.F. Rechnung getragen, indem er insoweit die Unwirksamkeit dieser Klauseln anordnet. Allerdings dürfte hier sowieso kein wesentliches Problem liegen. Jedenfalls wird aus der Praxis nicht berichtet, dass größere Veränderungen in der Eigentümerstruktur notleidender Kapitalgesellschaften entsprechende Schwierigkeiten ausgelöst hätten. Wenn es sie gäbe, dann wären diese im Übrigen besser nicht im Planverfahren, sondern mittels der Vorschriften der Insolvenzordnung über gegenseitige Verträge (und deren mögliche Reform) gelöst worden.

87 *Eidenmüller*, Unternehmenssanierung, S. 331 ff., 405 f.

Das große Problem außergerichtlicher Unternehmenssanierungen liegt in ihrer Fragilität. Nach der immer noch gültigen Akkordstörer-Rechtsprechung des Bundesgerichtshofes[88] kann kein Gläubiger zur Mitwirkung an einem außergerichtlichen Sanierungsvergleich gezwungen werden. Das bedeutet gleichzeitig, dass für jeden Gläubiger strategische Anreize bestehen, sich als Trittbrettfahrer zu verhalten und darauf zu spekulieren, dass die anderen Beteiligten die zu einer Sanierung erforderlichen Opfer erbringen werden. Zwar ließe sich dem bereits *de lege lata* durch Kooperationspflichten entgegenwirken, die sich aus der gesellschaftsähnlichen Verbindung der Gläubiger in einer Sanierungssituation ergeben können.[89] Die Rechtsprechung ist dem bis jetzt jedoch noch nicht gefolgt.

Um frühzeitige Sanierungen zu fördern und dem Trittbrettfahrerproblem entgegenzuwirken, hatte das BMJ zunächst den Plan gefasst, in einer zweiten Reformstufe möglicherweise ein vorinsolvenzliches Sanierungsverfahren gesetzlich zu regeln. Allerdings waren gegen dieses Vorhaben bald eine Reihe von Bedenken erhoben worden. Thematisiert wurden die Gefahr eines Eintritts auch liquidationsreifer Unternehmen in ein entsprechendes vorinsolvenzliches Sanierungsverfahren, die Gefahr von Systembrüchen mit der Insolvenzordnung sowie die Gefahr einer Überregulierung.[90] Insbesondere der zuletzt genannte Gesichtspunkt ist hervorzuheben, da ein vorinsolvenzliches, aber gerichtlich überwachtes Sanierungsverfahren zwangsläufig – ähnlich wie ein Insolvenzverfahren – einen negativen Publizitätseffekt für das betroffene Unternehmen mit sich bringt. Es überrascht deshalb nicht, dass ein entsprechendes Verfahren nur von 38 % der Befragten in unserer empirischen Untersuchung gefordert wurde.[91] Schließlich ist zu bedenken, dass mit der jetzt vorgeschlagenen Modernisierung des Rechts der Eigenverwaltung sowie der Einführung eines Schutzschirmverfahrens wesentliche Elemente eines vorinsolvenzlichen Sanierungsverfahrens in die Insolvenzordnung integriert werden, zumal der Hauptanwendungsbereich der genannten Neuerungen bei Unternehmen liegen dürfte, die drohend zahlungsunfähig, aber noch nicht zahlungsunfähig sind.

Aus diesen Gründen war 2010/2011 der Eindruck entstanden, dass der Gesetzgeber seinen ursprünglichen Plan, ein vorinsolvenzliches Sanierungsverfahren neben die reformierte Insolvenzordnung zu stellen, möglicherweise nicht mehr weiter verfolgen würde. Nun hatte sich jedoch in Abschnitt III.1.c) bereits gezeigt, dass das InsO-Reformvorhaben im Hinblick auf die Eigenverwaltung und das Schutzschirmverfahren Schwächen aufweist. Es ist zweifelhaft, ob damit das gesetzgeberische Ziel, mehr sanierungsbedürftige Unternehmen frühzeitig in ein Insolvenzverfahren zu führen, erreicht werden wird. Es kommt hinzu, dass spezi-

88 BGHZ 116, 319.
89 *Eidenmüller*, Unternehmenssanierung, S. 551 ff.
90 *Eidenmüller*, WM 2010, 1337, 1343 ff.
91 *Eidenmüller/Frobenius/Prusko*, NZI 2010, 545, 550.

fische Sanierungsprozeduren nach ausländischem Recht in letzter Zeit gerade im vorinsolvenzlichen Bereich eine gewisse praktische Bedeutung erlangt haben. Das gilt insbesondere für das Scheme of Arrangement des englischen Rechts.[92] Es ist 2011 etwa genutzt worden, um die deutschen Firmen Tele Columbus und Rodenstock zu restrukturieren. Das Scheme of Arrangement ist kein Insolvenzverfahren und setzt deshalb zu seiner Durchführung auch keine Verlagerung des Mittelpunkts der hauptsächlichen Interessen eines Schuldnerunternehmens voraus.[93] Es ist allerdings nur anwendbar auf Forderungen, die englischem Recht unterstehen und für welche die englischen Gerichte prorogiert wurden.[94] Nichtsdestotrotz zeigt die jüngste Popularität des englischen Scheme of Arrangement, dass in der Rechtspraxis Bedarf nach einem frühzeitig eingreifenden Sanierungsverfahren mit Majorisierungsmöglichkeiten für dissentierende Gläubiger besteht. Sollte sich die deutsche Rechtsprechung nicht zu einer Aufgabe der Akkordstörer-Rechtsprechung entschließen können, so ist der Reformgesetzgeber aufgerufen, die Eigenverwaltung unter der Insolvenzordnung einschließlich des geplanten Schutzschirmverfahrens so attraktiv auszugestalten, dass sie auch vorinsolvenzlich genutzt werden kann.[95] Entsprechende Vorschläge sind in Abschnitt III.1.c) unterbreitet worden.

V. Konzerninsolvenzrecht

1. Ausgangspunkte

Rechtspraktisch ist die Schieflage eines größeren Unternehmens praktisch immer die Schieflage einer Gruppe miteinander verbundener Rechtsträger. Die „Insolvenz einer Unternehmensgruppe" bildet daher den realen Haupttypus einer größeren Unternehmensinsolvenz. Schon seit vielen Jahren wird über die optimale Bewältigung einer Gruppeninsolvenz intensiv diskutiert. Dabei stehen sich im Wesentlichen zwei Modelle gegenüber:[96] Zum einen geht es um eine mögliche verfahrensmäßige Koordination der mehreren Verfahren über miteinander verbundene Rechtsträger. Zum anderen wird immer wieder auch eine substanzielle Konsolidierung im Sinne einer Zusammenfügung von Haftungsmassen und Verbindlichkeiten dieser Rechtsträger erwogen. Eine verfahrensmäßige Koordination birgt offensichtliche Effizienzpotenziale im Sinne einer insgesamt höheren Masse, als sie

92 Dazu zuletzt *Westpfahl/Knapp*, ZIP 2011, 2033.

93 Vgl. zum Folgenden ausführlich *Eidenmüller/Frobenius*, WM 2011, 1210, 1214.

94 Das ist sehr strittig. Anderer Ansicht insoweit etwa *Mankowski,* WM 2011, 1201, 1206.

95 Für ein vorinsolvenzliches Sanierungsverfahren außerhalb der InsO demgegenüber *Bork*, ZIP 2011, 2035.

96 Vgl. *Eidenmüller,* ZHR 169 (2005), 528, 531 ff.; *K. Schmidt*, KTS 2010, 1, 13 ff.; *Paulus*, ZGR 2010, 270, 281.

in den vielen Einzelverfahren erreichbar wäre. Eine substanzielle Konsolidierung scheint dann nahezuliegen, wenn sich Verbindlichkeiten und Vermögenswerte bei mehreren Konzernunternehmen faktisch nicht mehr oder nur noch mit außerordentlich hohem Aufwand trennen lassen. Deswegen sehen manche Insolvenzrechtsordnungen, etwa diejenige der USA,[97] eine solche substanzielle Konsolidierung als Möglichkeit vor. Indes hätte sie *ex post* unerwünschte Anreize für Verfahrensbeteiligte zur Folge, die entweder versuchen, möglichst rasch ein Insolvenzverfahren einzuleiten (wenn sie sich von einer Konsolidierung Vorteile erwarten), oder aber, diese Einleitung unter allen Umständen zu verhindern (wenn sie für sie Nachteile mit sich bringt). Darüber hinaus erschwert eine substanzielle Konsolidierung *ex ante* eine präzise Risikoabschätzung auf der Seite von Kreditgebern. Sie ist deshalb auch *de lege ferenda* nicht zu befürworten.

Der rechtliche Status quo in Deutschland ist dadurch gekennzeichnet, dass über mehrere konzerngebundene Rechtsträger mehrere Insolvenzverfahren stattfinden (müssen). Allerdings gibt es Koordinationsmöglichkeiten. Die Insolvenzgerichte können dieselbe Person als Insolvenzverwalter einsetzen. Im Einzelfall kann, wie etwa bei Arcandor/Quelle,[98] über § 3 Abs. 1 Satz 2 InsO die Zuständigkeit desselben Insolvenzgerichts für die mehreren Verfahren herbeigeführt werden. Werden unterschiedliche Verwalter eingesetzt, können diese maßgebliche Informationen austauschen und Verwertungshandlungen abgestimmt vornehmen. § 1 Satz 1 InsO und die dort festgelegte fiduziarische Verpflichtung auch der Insolvenzverwalter auf eine bestmögliche Haftungsverwirklichung lässt sich sogar als Grundlage für Koordinationspflichten heranziehen.[99] Diese setzen im Einzelfall Erforderlichkeit und Zumutbarkeit voraus. Freilich stellen dahingehende Überlegungen heute noch eine Minderheitsauffassung dar.

In den letzten Jahren ist national wie international zu beobachten, dass das Konzerninsolvenzrecht zunehmend in den Fokus von Regulierungsbemühungen gerückt ist. UNCITRAL hat 2010 einen Legislative Guide on Group Insolvencies vorgelegt, und zwar unter dem maßgeblichen Einfluss der US-amerikanischen Delegation.[100] Dieser Gesetzgebungsleitfaden sieht sowohl die Möglichkeit einer verfahrensmäßigen Koordinierung als auch diejenige einer substanziellen Konsolidierung vor. Beim Bundesjustizministerium ist seit mehreren Jahren eine Expertengruppe angesiedelt, die sich ebenfalls einer möglichen Kodifizierung des Konzerninsolvenzrechts annimmt. Die Vorschläge dieser Expertengruppe gehen eindeutig in Richtung einer verfahrensmäßigen Koordinierung unter Verzicht auf die Möglichkeit einer substanziellen Konsolidierung. Diese Zielsetzung ist nach dem oben

---

97 Nachweise bei *Eidenmüller*, ZHR 169 (2005), 528, 532.

98 AG Essen, NZI 2009, 810.

99 *Eidenmüller*, ZHR 169 (2005), 528, 549 ff.

100 UNCITRAL, Legislative Guide on Insolvency Law, Part three: Treatment of enterprise groups in insolvency, 2010, abrufbar unter: http://www.uncitral.org/pdf/english/texts/insolven/pre-leg-guide-part-three.pdf.

Ausgeführten nachdrücklich zu begrüßen. Dies bedeutet, dass die Rechtsbeziehungen zwischen einzelnen konzerngebundenen Rechtsträgern nicht kollabieren, sondern auch in den diversen Insolvenzverfahren erhalten bleiben und abgewickelt werden müssen. Vermögensverschiebungen zwischen Konzerngesellschaften sind durch das insolvenzrechtliche Anfechtungsrecht sowie das materielle Haftungsrecht auszugleichen.

2. *Eckpunkte einer (nationalen) gesetzlichen Regelung*

Eine verfahrensmäßige Koordinierung mehrerer Insolvenzverfahren über konzerngebundene Rechtsträger in der dritten Reformstufe des BMJ könnte vor allem die folgenden drei Elemente aufweisen:

Wesentlich wäre zunächst die Möglichkeit, eine regelmäßige Zuständigkeit desselben Insolvenzgerichts für mehrere insolvente Konzerngesellschaften zu schaffen. Hier sind unterschiedliche Lösungen denkbar. Angeknüpft werden könnte an den Sitz der Konzernmutter. Diese Lösung aber versagt, wenn ein Gleichordnungskonzern vorliegt oder der Sitz der Mutter im Ausland liegt. Vorzugswürdig erscheint deshalb, das als erstes angerufene Gericht für konzernzuständig zu erklären. Es ist nicht zu verkennen, dass damit ein gewisses Potenzial für Forum Shopping innerhalb Deutschlands geschaffen wird. Da Insolvenzrecht jedoch Bundesrecht ist und sich auch die Insolvenzpraktiken – anders als etwa in den USA – nicht von Insolvenzgericht zu Insolvenzgericht fundamental unterscheiden, kann dieses beschränkte Forum Shopping hingenommen werden. Zu klären ist dann noch die Frage, ob diese Zuständigkeitsregel auf Eigenanträge des schuldnerischen Unternehmens beschränkt werden sollte. Dafür könnte sprechen, dass den schuldnerischen Rechtsträgern – ähnlich wie bei der Eigenverwaltung – ein zusätzlicher Anreiz zur rechtzeitigen Insolvenzantragsstellung gegeben werden sollte. Auf der anderen Seite dient die verfahrensmäßige Koordinierung ja den Interessen auch und gerade der Gläubiger, da die Gesamthaftungsmasse über alle konzerngebundenen Rechtsträger maximiert werden soll. Je nach dem, welchen Schwerpunkt der Gesetzgeber hier setzen möchte, wird die Entscheidung so oder so ausfallen.

Zur verfahrensmäßigen Koordinierung gehört ferner, dass im Regelfall derselbe Insolvenzverwalter eingesetzt werden sollte, wenn es zu einer Fremd- und nicht zu einer Eigenverwaltung kommt. Etwaigen Interessenkonflikten, die sich insbesondere aufgrund der vielfältigen Vertrags- und sonstigen Rechtsbeziehungen zwischen Konzernunternehmen ergeben könnten, wäre durch die Einsetzung eines Sonderinsolvenzverwalters Rechnung zu tragen.

Ein drittes wesentliches Element einer verfahrensmäßigen Koordinierung könnten Informations- und Koordinationspflichten zwischen unterschiedlichen Verwaltern sein, wenn denn nicht derselbe Insolvenzverwalter eingesetzt wird. Grundprinzip für entsprechende Koordinationspflichten wäre, dass eine Pflicht zur Zustimmung zu abgestimmten Verwertungshandlungen nur besteht, sofern der pflichtbelastete Verwalter keine Schlechterstellung der „eigenen" Masse zu befürchten hat. Ökonomisch gesprochen geht es also darum, Pareto-Verbesserungen zu ermöglichen. Eine weitergehende Frage wäre, ob auch Gerichte entsprechenden Informations- und Koordinationspflichten unterworfen werden sollten. Dies ist zu bejahen.[101]

Zusammenfassend ist festzuhalten, dass der deutsche Reformgesetzgeber mit Recht in der dritten Reformstufe eine Kodifikation des nationalen Konzerninsolvenzrechts in Angriff nehmen möchte. Entschließt er sich zu diesem Schritt, so sollte er auf eine verfahrensmäßige Koordinierung der mehreren Insolvenzverfahren über konzerngebundene Rechtsträger beschränkt bleiben. Sinnvoll sind eine gesetzliche Regelung der Gerichtszuständigkeit (einheitliches Insolvenzgericht in den mehreren Verfahren über konzerngebundene Rechtsträger), eine einheitliche Verwalterbestellung sowie Informations- und Koordinationspflichten zwischen Insolvenzverwaltern und -gerichten.

VI. Internationale Sanierungen

Die Krise eines größeren Unternehmens ist heutzutage nicht nur regelmäßig die Krise mehrerer, konzerngebundener Rechtsträger. Die Krise eines solchen Unternehmens hat praktisch immer auch eine internationale Dimension. In Europa bedeutet dies, dass Fragen der internationalen Zuständigkeit sowie des anwendbaren Rechts maßgeblich durch die Europäische Insolvenzverordnung (EuInsVO) normiert werden. Diese hat in den ersten zehn Jahren ihres Bestehens eine große Bedeutung erlangt, insbesondere aufgrund des (umstrittenen) Anknüpfungspunktes für Hauptinsolvenzverfahren, des „Mittelpunkts der hauptsächlichen Interessen" eines Unternehmens (Art. 3 Abs. 1 EuInsVO). Bis zum 1.6.2012 hat die Europäische Kommission einen Bericht zu etwaigen Reformen bzgl. der EuInsVO vorzulegen. Zu welchen Veränderungen sich der europäische Gesetzgeber im Anschluss an diesen Bericht entschließen wird, ist heute naturgemäß ungewiss. Indes ist absehbar, dass insbesondere das eben genannte Anknüpfungskriterium (Mittelpunkt der hauptsächlichen Interessen = Center of Main Interests = COMI) einen Schwerpunkt der Reformüberlegungen bilden wird. Sinnvoll wäre es, die derzeit nur widerlegliche Vermutung des Satzungssitzes bzw. Registrierungsortes für den COMI unwiderleglich auszugestalten, d.h. für allein maßgeblich zu erachten.[102] Dies würde ein Forum Shopping deutlich gegenüber dem gegenwärtigen Rechtszustand erschweren. Natürlich kann ein Unternehmen auch grenzüberschreitend seinen Satzungssitz verlegen, indem es etwa auf der Grundlage der 10. Gesellschaftsrechtlichen Richtlinie auf ein Zielunternehmen im Zielstaat verschmolzen wird.

---

101 *Eidenmüller,* ZHR 169 (2005), 528, 553 f.

102 Vgl. zu diesem Vorschlag *Eidenmüller*, EBOR 6 (2005), 423, 438 ff.

Indes ist eine derartige Prozedur nur unter Anwendung der Schutzmechanismen der 10. Gesellschaftsrechtlichen Richtlinie für die Betroffenen, insbesondere die Gläubiger und Arbeitnehmer, möglich.

Von einer Veränderung des Anknüpfungspunktes für Hauptinsolvenzverfahren abgesehen, gibt es eine Reihe von weiteren denkbaren Reformfeldern, auf denen ggf. Verbesserungen gegenüber dem europäischen Status quo erreicht werden können. So ließe sich zum einen der Anwendungsbereich der Verordnung präzisieren. Das betrifft insbesondere das Verhältnis zwischen Art. 1 EuInsVO und den in dem Anhang aufgeführten Verfahren. Geregelt werden sollte ferner, dass Sekundärverfahren nicht zwingend Liquidationsverfahren sein müssen. Ebenso wie im nationalen Recht empfehlen sich auch gewisse Regelungen für die Koordination von mehreren Verfahren bei Rechtsträgern, die einer Unternehmensgruppe angehören. Entsprechende Regelungen könnten insbesondere Informations- und Koordinationspflichten zum Gegenstand haben. Wünschenswert wäre ferner ein europaweites Verfahrens- und Entscheidungsregister. Auch Vorschriften zur Kommunikation und Kooperation der Insolvenzgerichte wären sinnvoll. Der deutsche Gesetzgeber geht im autonomen internationalen Insolvenzrecht mit § 348 Abs. 2 InsO-n.F. einen entsprechenden Weg. Zu Recht erstreckt sich die mögliche Kommunikation nach dieser Vorschrift auch auf die Frage, ob überhaupt eine Anerkennung eines Auslandsverfahrens in Betracht kommt.

Insgesamt bleibt festzuhalten, dass im Anschluss an den von der Kommission bis 1.6.2012 vorzulegenden Bericht zur Anwendung der EuInsVO gewisse Reformen dieses Regelwerks für 2012/2013 zu erwarten sind. Voraussichtlich werden sie sich vor allem auf Fragen der Verfahrenskoordination und der Konzerninsolvenz erstrecken. Sinnvoll, aber vermutlich unwahrscheinlich, wäre eine Reform des Anknüpfungspunktes für Hauptinsolvenzverfahren dergestalt, dass immer und ausschließlich an den Satzungssitz bzw. Registrierungsort eines Rechtsträgers angeknüpft würde.

VII. Zusammenfassung

Etwa 12 Jahre nach Inkrafttreten der Insolvenzordnung unternimmt der deutsche Gesetzgeber erneut eine grundlegende Reform des Unternehmensinsolvenzrechts. Vor dem Hintergrund vermeintlicher oder tatsächlicher Defizite des gegenwärtigen Rechts und eines wahrgenommenen Wettbewerbsdrucks im Recht der Unternehmenssanierung geht es dem Reformgesetzgeber darum, die Rahmenbedingungen für Unternehmenssanierungen in Deutschland zu verbessern. Demzufolge wurde im Oktober 2011 der Entwurf eines „Gesetzes zur weiteren Erleichterung der Sanierung von Unternehmen“ vom Bundestag verabschiedet. Mit ihm und den mit ihm verbundenen Fragen des Rechts der Unternehmenssanierung in Deutschland hat sich der vorliegende Beitrag beschäftigt. Seine wesentlichen Ergebnisse lassen sich thesenartig wie folgt zusammenfassen:

1. Im Unternehmensinsolvenzrecht besteht kein signifikanter Regulierungswettbewerb. Ein Zwang zur Nachahmung besonders erfolgreicher ausländischer Verfahren besteht nicht, mit Ausnahme vielleicht des englischen (vorinsolvenzlichen) Scheme of Arrangement. Die Deckungsquoten in Deutschland sind komparativ hoch. Reformen im Unternehmensinsolvenzrecht können also mit Bedacht angegangen werden und inkrementelle Verbesserungspotenziale identifizieren.
2. Unternehmen sollten nur saniert werden, wenn ihr Fortführungswert größer ist als ihr Liquidationswert. Bei fortführungswürdigen Unternehmen gilt es, den haftenden Unternehmenswert zu maximieren, und zwar durch eine frühzeitige Auslösung von Sanierungen, durch eine Trägersanierung, sofern der Unternehmenswert in diesem Fall größer ist als bei einer übertragenden Sanierung, sowie durch eine Minimierung der Insolvenzkosten. Defizite des Status quo in Deutschland bestehen darin, dass keine Anreize für frühzeitige Sanierungen gesetzt werden, die Gesellschafter nicht in das Planverfahren einbezogen werden können und dieses auch zu langwierig ist.
3. Ein wesentliches Reformfeld des ESUG ist die Governance von Insolvenzverfahren: (a) Das Reformgesetz strebt eine höhere Professionalität der Insolvenzgerichte an. Das ist zu begrüßen. Leider wurden die Regelungen für eine stärkere Konzentration der Insolvenzgerichte wieder fallengelassen. (b) Die neuen Regelungen des Gesetzes zu einer stärkeren Gläubigerbeteiligung bei der Bestellung eines Insolvenzverwalters greifen zu kurz. Sinnvoll wäre ein bindendes Vorschlagsrecht von mindestens 25 % der Gläubiger (Kapital) im Hinblick auf die Bestellung eines (vorläufigen) Insolvenzverwalters. (c) Das Gesetz sieht Erleichterungen bei den Voraussetzungen für die Anordnung der Eigenverwaltung vor und errichtet einen Schutzschirm für den Schuldner im Eröffnungsverfahren. Allerdings gibt das ESUG dem Schuldner keine rechtssichere Perspektive auf Eigenverwaltung bei Antragstellung und hält zu Unrecht an Insolvenzgründen und einem Eröffnungsverfahren fest. Ein effizienteres Eigenverwaltungs-Regime würde eine sofortige Eröffnung des Verfahrens in Eigenverwaltung bei einem Eigenantrag des Schuldners vor Zahlungsunfähigkeit oder Überschuldung vorsehen; gleichzeitig käme es immer zur Bestellung eines Sachwalters.
4. Das ESUG reformiert das Insolvenzplanverfahren vor allem durch eine Einbeziehung der Gesellschafter als letztrangig Berechtigte. Dieser Schritt ist zu begrüßen. Auf dieser Basis lässt sich ein Debt/Equity Swap durch gestaltende Planregelungen realisieren. Ein zentrales Problem ist die Forderungsbewertung. Richtigerweise ist der Nominalwert anzusetzen. Gesetzgeberischer Handlungsbedarf im Insolvenzplanverfahren besteht weiter vor allem im Hinblick auf die steuerrechtlichen Rahmenbedingungen einer Sanierung. Die Attraktivität des englischen Scheme of Arrangement und Schwächen der deutschen Eigenverwaltung könnten den Druck in Richtung eines vorinsolvenzlichen Sanierungsverfahrens erhöhen.
5. Ziel des Konzerninsolvenzrechts sollte nicht eine substanzielle Konsolidierung, sondern eine verfahrensmäßige Koordination mehrerer Verfahren über Grup-

penunternehmen sein. Eckpunkte einer (nationalen) gesetzlichen Regelung sind eine Normierung der Gerichtszuständigkeit für Konzerninsolvenzen, eine Bestellung desselben Verwalters im Regelfall sowie von Informations- und Koordinationspflichten zwischen den unterschiedlichen Verwaltern.

6. Für 2012/2013 sind Reformen der Europäischen Insolvenzverordnung zu erwarten, die vor allem Fragen der Verfahrenskoordination und der Konzerninsolvenz betreffen könnten.

Tagungsbericht[1]

I. Einleitung

Der zweiundzwanzigste Bankrechtstag der Bankrechtlichen Vereinigung – wissenschaftliche Gesellschaft für Bankrecht e.V. (BrV) fand am 01. Juli 2011 in München statt. Der Einladung waren erneut über 300 Teilnehmer gefolgt. Die erste Abteilung widmete sich der Stärkung des Anlegerschutzes, Thema der zweiten Abteilung waren Fragen nach einem neuen Rechtsrahmen für Sanierungen.

II. Begrüßung

Nach den Eröffnungsworten von Prof. Dr. *Mathias Habersack*, Inhaber des Lehrstuhls für Bürgerliches Recht und Unternehmensrecht an der Universität München und Vorstandsmitglied der BrV, der sich insbesondere darüber erfreut zeigte, dass auch zahlreiche Vertreter des für Bank- und Kapitalmarktrecht zuständigen XI. Zivilsenats des Bundesgerichtshofs anwesend waren, überbrachte *Dr. Andreas Früh*, Chefsyndikus und Bereichsvorstand der HypoVereinsbank, ein Grußwort. Darin zeichnete er einen kurzen Rückblick über Entstehung und Verlauf der Finanzmarktkrise, gefolgt von einer Darstellung und rechtspolitischen Bewertung zahlreicher Regulierungsmaßnahmen in Deutschland, Europa und dem Rest der Welt.

III. Stärkung des Anlegerschutzes (1. Abteilung)

Die Moderation der ersten Abteilung lag bei Herr *Dr. Thomas Schürmann*, Rechtsanwalt aus Berlin.

1. In seinem Eröffnungsreferat zu den „Änderungen im WpHG zur Verbesserung des Anlegerschutzes“ widmete sich *Nils Philipp* von der Bundesanstalt für Finanzdienstleistungsaufsicht (BaFin) vier Schwerpunkten. Nach einem Überblick über die Vorstellungen der BaFin zum Inhalt des Beratungsprotokolls, die seit Juni 2011

---

1 Auszüge aus *Martina Kern und Dr. Christian Wulfers, LL.M. oec.*, Stärkung des Anlegerschutzes – Neuer Rechtsrahmen für Sanierungen – Bericht zum Bankrechtstag 2011 in München, WM 2011, 1489–1499 und *Jan-Dirk Winkelhaus,* Stärkung des Anlegerschutzes, Neuer Rechtsrahmen für Sanierungen – Bericht zum Bankrechtstag 2011, ZBB 2011, 318–326.

in den MaComp[2] konkretisiert sind, stellte *Philipp* sodann die Regelungen des Anlegerschutz- und Funktionsverbesserungsgesetzes (AnsFuG) dar. Neben den bereits am 8.4.2011 in Kraft getretenen Informationspflichten, Organisationspflichten und Anforderungen an die Anlageberatung erörterte er auch den sog. Beipackzettel (Finanzinstrumente-Informationsblatt) und schließlich das künftige Mitarbeiter- und Beschwerderegister.

[Beitrag *Philipp,* S. 13]

2. Dr. *Thomas Paul*, Rechtsanwalt (Hengeler Mueller) in Frankfurt am Main, ging in seinem Beitrag „Das neue Recht der offenen Immobilienfonds" auf die Neuregelungen des AnsFuG für offene Immobilienfonds ein, die als nationale Reaktion auf zwei Schließungswellen von offenen Immobilienfonds nach massiven Rücknahmeverlangen zu begreifen sind. Dabei skizziert er die Entwicklung der „offenen Fonds" zu „halb geschlossenen Fonds" durch die Novellierung des Investmentgesetzes mit seinen Regelungen zur Mindesthaltefrist von 24 Monaten (Lock-up) und einer Rückgabefrist von 12 Monaten bis hin zur möglichen Aussetzung von Anteilsrücknahmen.

[Beitrag *Paul,* S. 31]

3. Der Vortrag von *Klaus Rotter*, Rechtsanwalt (Rotter Rechtsanwälte) in München hatte das „Neue Recht für geschlossene Fonds" zum Gegenstand. Dabei stellte Rotter die geplanten Regulierungen dieses „Epizentrums des grauen Kapitalmarktes" durch den Entwurf eines Gesetzes für Vermögensanlagen (RegE-VermAnlG) dar. Eingehend behandelte er dabei die mit dem Gesetz verbundene Ersetzung des Verkaufsprospektgesetzes (VerkProspG) sowie die erweiterten Prüfungskompetenzen der BaFin hinsichtlich der Prospekte.

[Beitrag *Rotter*, S. 55]

5. Die anschließende Diskussion eröffnete Prof. Dr. *Petra Buck-Heeb*, Universität Hannover, mit der Erwägung, dass einige der neuen Pflichten des WpHG dem eigentlich intendierten Anlegerschutz zuwider laufen könnten. So müsse etwa das Beratungsprotokoll von den Kunden unterschrieben werden und könne so als Beweismittel auch gegen sie verwendet werden. Ferner werde – so *Buck-Heeb* – die Befürchtung laut, der Beipackzettel und die mit seiner Einführung einhergehende Kostenlast führe dazu, dass einfach strukturierte, weniger profitable Finanzpro-

---

2 Mindestanforderungen an die Compliance-Funktion und die weiteren Verhaltens-, Organisations- und Transparenzpflichten nach §§ 31 ff. WpHG für Wertpapierdienstleistungsunternehmen (MaComp).

dukte aus der Angebotspalette der Banken herausgenommen werden. Als weitere Gefahr für den Anlegerschutz sieht *Buck-Heeb,* dass die Verpflichtung zur Vorlage des Beipackzettels zu einer Flucht in das beratungsfreie Gespräch führen könne.

Philipp sieht darin eher abstrakte Gefahren und verwies darauf, dass gerade Umgehungsstrategien durch interne Kontrollen und das Beschwerderegister bekannt würden. Die Kosten des Beipackzettels würden ohnehin von den Produzenten des Produkts getragen, sodass nicht zu erwarten sei, dass einfache Produkte aus dem Angebotsportfolio herausgenommen werden.

Prof. Dr. Katja Langenbucher, Universität Frankfurt, regte – auch unter Verweis auf eine kürzlich veröffentlichte Studie, die zeige, dass beratene Anleger oft nicht besser abschneiden als unberatene Anleger – an, den Fokus der Diskussion statt auf die Beratungssituation eher auf nachgelagerte Transparenz- und Produktbeobachtungspflichten zu richten.

Philipp entgegnete, dass auch nachgelagerte Pflichten für bestimmte Produkte in Planung seien. Er verwies ferner auf eine Studie von *Prof. Dr. Andreas Hackethal*, der festgestellt habe, dass es durchaus Indikatoren dafür gebe, dass aktiv verwaltete Fonds besser seien als passiv gemanagte Fonds.

Dr. Rainer Metz, BMELV, Berlin ergänzte zu der angesprochenen Studie, die vom Verbraucherministerium in Auftrag gegeben wurde, dass diese noch nicht abgeschlossen sei und es auch weniger um juristisch motivierte Erkenntnisse ginge, als vielmehr darum, dem Verbraucher bei der Unterscheidung zwischen guten und schlechten Fonds zu helfen.

Dr. Karl-Dietrich Bundschuh, Vorsitzender Richter am Bundesgerichtshof a.D., Wörth, berichtete in eigener Sache von dem Versuch eines Aktienkaufs, der scheiterte, weil er von seiner Bank als konservativer Anleger eingestuft wurde. Philipp mutmaßte, dass die betreffende Bank über diverse EDV-Mechanismen den Vorgaben des WpHG gerecht zu werden versuchte.

Prof. Dr. Johannes Köndgen, Universität Bonn, führte aus, dass es – insbesondere vor dem Hintergrund der aktuellen Rechtsprechung des XI. Zivilsenats des Bundesgerichtshofs in Bezug auf Zins-Swaps – unmöglich sei, etwa ein CDS Swap auf drei Seiten zu erklären. Aus seiner Sicht schüfen die hohen Anforderungen an die Informationspflichten eine quasi Vertriebsbeschränkung für derartige Produkte.

Martin Wolters, Rechtsanwalt aus Berlin, merkte zum Referat *Rotters* an, dass insbesondere in Bezug auf Zuwendungen an freie Vermittler noch Regelungsbedarf bestünde.

Rotter stimmte dem zu und schlug vor, die für Wertpapierdienstleistungsunternehmen geltenden Regelungen auch auf freie Vermittler zu übertragen.

Weitergehend wurde unter Bezugnahme auf das Referat von *Rotter* erwogen, ob nicht die Verjährungsfristen des BGB bei einem Verstoß gegen Prospektpflichten zu gering seien, wobei zu beachten sei, dass mangels Kenntnis des Anlegers zumeist ohnehin von einer 10-jährigen Verjährung auszugehen sei.

IV. Neuer Rechtsrahmen für Sanierungen (2. Abteilung)

Die zweite Abteilung stand unter der Leitung von *Thorsten Höche*, Chefsyndikus beim Bundesverband deutscher Banken e.V., Berlin.

1. Prof. Dr. *Carsten Schäfer*, Universität Mannheim, eröffnete die zweite Abteilung mit seinem Referat über die „Sanierung von geschlossenen Fonds". Darin behandelte er die zentralen Fragestellungen im Zusammenhang mit der Sanierung von (Publikums-)Personengesellschaften. Im Mittelpunkt stand dabei die kritische Würdigung der Rechtsprechung des Bundesgerichtshofs zu den Nachschusspflichten eines Gesellschafters in der Krise der Gesellschaft sowie die Möglichkeiten des Umgangs mit Gesellschaftern, die nicht zu Sanierungsmaßnahmen bereit sind („Sanieren oder Ausscheiden").

[Beitrag *Schäfer*, S. 81]

2. *Prof. Dr. Georg Bitter,* Universität Mannheim, eröffnete die sich anschließende Diskussion mit dem Hinweis auf die seiner Meinung nach bestehenden Schwierigkeiten im Konzept *Schäfers* zur Behandlung des zwangsweise aus der Gesellschaft ausscheidenden Gesellschafters, da zum Zeitpunkt der Entscheidung über Verbleib oder Ausscheiden die Höhe der jeweiligen finanziellen Belastung typischerweise noch gar nicht feststehe.

Hierauf erwiderte *Schäfer*, dass nach seinem Lösungsansatz lediglich auf die zum Entscheidungszeitpunkt absehbaren finanziellen Belastungen abzustellen sei, da eine Bewertung aller möglichen zukünftigen Entwicklungen nicht möglich sei.

Bitter entgegnete daraufhin, dass die Beiträge der Gesellschafter zur Sanierung weniger als Ausfluss der Treuepflicht, als vielmehr vor dem Hintergrund einer Aufopferungspflicht zu sehen seien.

Habersack kritisierte aus personengesellschaftrechtlicher Sicht bereits die den Ausgangspunkt der Diskussion bildende Entscheidung des Bundesgerichtshofs, dass sanierungsunwillige Gesellschafter einer überschuldeten Gesellschaft aus dieser ausgeschlossen werden könnten. Dies widerspreche den Besonderheiten des Personengesellschaftsrechts, das eine Null-Beteiligung kenne. Außerdem beteiligten sich die ausscheidenden Gesellschafter erheblich an der Sanierung, ohne, so *Habersack*, an dem Sanierungserfolg partizipieren zu können.

Franz Enderle, Rechtsanwalt in München, stimmte den Ausführungen *Habersacks* zu und wies auf die besonderen Haftungsrisiken des mit einer Null-Beteiligung eingebundenen Gesellschafters hin.

Dr. Christian Hofmann, Syndikus der Deutschen Bundesbank, Frankfurt a.M., setzte die von *Schäfer* angebrachte Kritik in Relation zu der von ihm als problematisch empfundenen HRE-Entscheidung des LG München und fragte nach der Möglichkeit der Übertragbarkeit der Argumentation zur Zulässigkeit des Gesellschafterausschlusses auf den HRE-Fall.

Schäfer steht einer Übertragbarkeit aufgrund der aktienrechtlichen Besonderheiten skeptisch gegenüber.

3. Ihren Vortrag zum „Neuen Recht der Restrukturierung von Kreditinstituten" eröffnete *Dr. Karen Kuder*, Syndikus Deutsche Bank AG, Frankfurt a.M., mit einem Überblick über den bisherigen Umfang staatlicher Stützmaßnahmen für den Finanzsektor. Aus dem Bereich der Vorsorgemaßnahmen griff *Kuder* in ihren Ausführungen insbesondere die Vorfeldmaßnahme der bedingten Pflichtwandelanleihen, sog. CoCo-Bonds (Contingent Convertible Bonds), auf. Dabei legte sie sowohl Ausgestaltung als auch Wirkung der Wandelanleihen dar. Hinsichtlich geplanter Begrenzungen von Ansteckungsrisiken befasste sich *Kuder* mit dem deutschen Restrukturierungsgesetz, das am 1.1.2011 in Kraft getreten ist und stellte dessen Regelung entsprechend der dem Gesetz zugrunde liegenden Dreiteilung in Sanierungs- und Reorganisationsverfahren sowie Übertragungsanordnung nebst Bankenabgabe dar.

[Beitrag *Kuder*, S. 95]

4. *Prof. Dr. Horst Eidenmüller*, Universität München, schloss die Reihe der Vorträge mit seinem Referat zum Thema „Unternehmenssanierung nach der Insolvenzrechtsreform 2011". *Eidenmüller* gab einen Überblick über die geplanten Neuregelungen des Insolvenzrechts durch den Entwurf eines Gesetzes zur weiteren Erleichterung der Sanierung von Unternehmen (ESUG). Dabei ging er insbesondere auf die Bestimmungen zur Steuerung des Insolvenzverfahrens, die verbesserte Möglichkeit der Eigenverwaltung sowie die vorinsolvenzrechtlichen Sanierungsverfahren ein.

[Beitrag *Eidenmüller*, S. 129]

5. *Arne Wittig,* Chefsyndikus der Deutschen Bank AG, Frankfurt a.M. sieht in der Praxis keinen Anwendungsbereich für das durch das Restrukturierungsgesetz geschaffene Sanierungs- und Reorganisationsverfahren. Insbesondere die öffentlichkeitswirksame Einleitung ebendieser Verfahren und der damit einhergehende Vertrauensverlust am Markt würden eine in die Krise geratene Bank von vornherein abschrecken.

Auch *Kuder* teilt diese skeptische Haltung im Grundsatz. Gleichwohl sieht sie die Möglichkeit, dass nicht systemrelevante Kreditinstitute von dem Sanierungsverfahren Gebrauch machen werden. Insgesamt müsse sich die Regelung ohnehin als Reaktion auf die Krise der HRE verstehen lassen, bei der der Gesetzgeber neben der Übertragungsanordnung auch ein freiwilliges Verfahren zur Verfügung stellen wollte.

Kritischer äußerte sich *Eidenmüller* zum Sanierungsverfahren. Insbesondere im internationalen Vergleich stelle es einen Fremdkörper dar. Die größte Schwäche sieht er in der überlangen Verfahrensdauer.

Bezugnehmend auf das Referat *Eidenmüllers* fragte *Wittig*, warum es nach dem Reformansatz richtig sei, dass die Geschäftsführung im Rahmen der Eigenverwaltung gesellschaftsrechtlichen Bindungen nicht unterliegen soll.

Eidenmüller entgegnete, dass sich die Geschäftsführung in der Eigenverwaltung in einem durch prozedurales und materielles Insolvenzrecht eng gezogenen Rahmen bewege und es daher nicht erforderlich sei, das Management zusätzlich den gesellschaftsrechtlichen Bindungen zu unterwerfen. Außerdem würde eine kumulative gesellschafts- und insolvenzrechtliche Bindung zu erheblichen Abstimmungsproblemen führen.

Abschließend dankte *Habersack* den Referenten und Teilnehmern für ihre Anregungen für Wissenschaft und Praxis und kündigte den nächsten Bankrechtstag für den 29.06.2012 in Frankfurt a.M. an.

Stichwortverzeichnis